대원불교
학술총서

36

대원불교
학술총서

36

만해 한용운
미학의 철학

∴

한용운의 생명존중과
자비실천의 미학

∴

백원기 지음

∴

온주사

발간사

오늘날 인류 사회는 4차 산업혁명을 통해 완전히 새로운 세상을 맞이하고 있습니다. 전통적인 인간관과 세계관이 크게 흔들리면서, 종교계에도 새로운 변혁이 불가피하게 되었습니다. 이런 상황에서 대한불교진흥원은 다음과 같은 취지로 대원불교총서를 발간하려고 합니다.

첫째로, 현대 과학의 발전을 토대로 불교를 현대적으로 재해석할 필요가 있습니다. 불교는 어느 종교보다도 과학과 가장 잘 조화될 수 있는 종교입니다. 이런 평가에 걸맞게 불교를 현대적 용어로 새롭게 이해할 수 있도록 하려고 합니다.

둘째로, 현대 생활에 맞게 불교를 이해할 필요가 있습니다. 불교가 형성되던 시대 상황과 오늘날의 상황은 너무나 많이 변했습니다. 이런 변화된 상황에서 부처님의 가르침을 제대로 이해할 수 있도록 하려고 합니다.

셋째로, 불교의 발전과정을 종합적으로 이해할 필요가 있습니다. 북방불교, 남방불교, 티베트불교, 현대 서구불교 등은 같은 뿌리에서 다른 꽃들을 피웠습니다. 세계화 시대에 부응하여 이들 발전을 한데 묶어 불교에 대한 총체적 이해가 가능하도록 하려고 합니다.

대원불교총서는 대한불교진흥원의 장기 프로젝트의 하나로서 두 종류로 출간될 예정입니다. 하나는 대원불교학술총서이고 다른 하나는 대원불교문화총서입니다. 학술총서는 학술성과 대중성 양 측면을 모두 갖추려고 하며, 문화총서는 젊은 세대의 관심과 감각에 맞추려고 합니다.

    본 총서 발간이 한국불교 중흥에 조금이나마 기여할 수 있기를 바랍니다.

불기 2569년(서기 2025년) 8월
(재)대한불교진흥원

머리말

복합 위기의 시대이다. 분쟁과 다툼이 없이 서로 이해하고 우호적이며 조화를 이루는 평화로운 세계가 절실히 요구되고 있다. 지난 몇 년 간 전 세계를 불안케 하였던 Covid-19, 기후변화, 러시아-우크라이나 전쟁, 중국의 대만 침공 예상, 이스라엘-하마스 전쟁, 북한의 핵무장 등으로 전 세계가 불안과 상실, 기아, 난민 등 아픔의 시대적 상황에 처한 사실이 이를 방증한다. 이러한 갈등과 불안한 시대적 상황에서 우리의 상황인식과 그에 대한 철저한 대응전략과 정신적 무장은 어느 때보다 시급하다. 세상사가 그러하듯이, 고통의 강도는 성찰의 깊이와 무관하지 않다. 이러한 삶의 어려운 과정을 지나면서 우리는 인류 전체가 하나로 서로가 깊이 연결된 운명공동체라는 사실을 절감하였다.

이에 우리는 일제 강점기에 어떠한 회유와 강요에도 굴하지 않고 지조를 지키며 설중매화雪中梅花의 정신으로 자유와 평등, 화해와 조화 기반의 조국 독립과 중생구제, 그리고 인류 평화를 지향하며 보다 밝은 희망의 미래를 일깨워 주며 치열한 삶을 살다간 만해 한용운(1879~1944)의 생명존중과 자비실천적 삶의 미학에 관심을 갖게 된다. 그렇다면 만해는 무엇을 위해, 누구를 위해 그토록 마음을 울리는 문학작품을 쓰고자 했던 것일까? 결국 그의 글쓰기는 일제 강점기라는 시대적 상황에서 투철한 현실인식의 반영인 동시에 그것을 극복할 수 있는 정신력의 결과물이라 할 수 있다. 그 결과물이 시집 『님의 침묵』(1926)이다. 실로, 만해는 『님의 침묵』을 통해 일제 강점기라는 시대적 삶을 성찰하고 해방된 미래를 염원하며, 나아가 보편적 삶의 모순을 극복하고 보다 나은 삶의 가능성을 모색하는 새로운 시혼을 보여주었다. 그러한 목표를 위해 그는 『님의 침묵』에서 풍부한 시적 이미지로 은유와 상징, 역설을 통하여 보다 높은 정신적 차원에서 일제에 대한 문학적 저항을 시도하였다.

한편 만해는 미학에서 강조하는 주체의 철학, 주체 능력의 철학의 구현자로서의 면모를 보여주었다고 할 수 있다. 즉, 그 자신만의 빛깔로 모든 인간이 지향하는 생명존중과 자유와 평등 평화를 추구하는 미학적 삶을 살았다 할 수 있다. 최초의 미학은 주체 개념을 아로새긴 바움가르텐(A. G. Baumgarten, 1714~1762) 미학이다. 그것은 능력의 총괄, 할 수 있음의 심급인 주체 개념, 곧 능력자로서의 주체 개념을 새겨 놓고 있다. 미학 속에서 주체의 철학, 주체 능력의 철학은 자기 고유의 가능성을 확신한다.[1] 그래서 모든 존재는 가장 자기다울 때 아름답다고 한다. 인간이 불행해지는 이유는 자기다움을 잃어버리고 남이 정한 기준과 가치를 맹목적으로 따라가기 때문이다. 미학적 인간은 자신의 창조적 미의식으로 형식을 자유롭게 하는 사람이다. 우리가 훌륭한 사상가, 과학자, 정치가 등을 존경하는 이유는 전통의 관습적 형식을 자유롭게 하는 창조적 미의식 때문이지 외적 형식 때문만이 아니다. 그렇다면 우리가 인간의 모범으로 추앙하는 모든

---

1 크리스토프 멘케, 김동규 옮김, 『미학적 힘』, 그린비. 2019, p.9.

분야의 위대한 영웅들은 대부분 안주하고 답습하는 삶이 아니라 창조하고 저항하는 삶을 살아내고자 한 미학적 인물이었다는 사실이다. 그들은 정치적 권력에 순응하거나 타협하지 않고 관습적 형식과의 투쟁을 통해 형식 내부의 본질에 도달하고자 하였던 것이다. 그래서 미학적 파괴는 파괴를 위한 파괴가 아니라 창조를 위한 파괴이고, 본질을 위한 해체이다.

『조선불교 유신론』에서 주장한 바와 같이, 만해는 조선불교의 개혁을 외치며 새로움은 파괴로부터 시작된다고 보았다. 새로운 현실을 만들고자 하는 뜨거운 발원이라 할 수 있는 이러한 삶의 태도가 『님의 침묵』에 그대로 깔려 있다. 비록 '님'은 침묵하였지만 만해는 결코 침묵하지 않았다. 그런데 '침묵'의 의미는 그것이 단순한 명상의 침묵이 아니라 처절한 삶의 몸부림과 깨달음이 분출하는 희망과 생성의 적극적 침묵이었다 할 수 있다. 그것은 온 생명을 존중하고 감싸 안는 그의 자비실천적 삶에서 잘 드러난다. 실로, 만해에게는 모든 존재가 서로 조화를 이루고 화합하는 사랑과 평화의 관계망 구축이 그의 유일한 화두였다. 그것은 곧 모든 생명 존재가 상호 연기적이며 상호 의존의 화엄적 세계관을 역동적으로 보여주고 있는 문학적 장치라 할 수 있다. 그렇다면 만해가 엄혹한 일제 강점기에 우리 민족의 상실과 아픔을 치유하고자 끝까지 노력한 자비의 대승적 삶을 산 것은 가장 자기다운 미학적 삶의 전형이라 할 수 있다.

무엇보다도 만해는 깨달음의 경지와 자연과의 긴밀한 교감에서 단순한 사랑이 아니라 국가와 민족, 중생과 님을 위한 자비실천의 변주곡을 만들어내고자 하였던 것이다. 그의 동체대비는 『님의 침묵』의 서문인 「군말」에서 밝히고 있는 '길을 잃고 헤매는 어린 양이 기루어서' 이 시를 쓴다는 사실에서 확인된다. 만일 어린 양의 길 잃음이 시련의 상징이라면 어린 양의 시련은 곧 나의 시련일 수 있다. 그런데 이러한 시련을 견디어 낼 수 있는 것은 인욕과 보시의 자비실천임을 만해는 강조한다. 널리 애송되고 있는 「나룻배와 행인」은 만해의 생명사랑과 자비실천의 미학적 삶을 선명하게 잘 표현하고 있다.

  또한 근대 아시아 불교중흥 기수로 불리는 만해와 스리랑카 출신의 다르마팔라의 미학적 삶을 주목해 볼 수 있다. 비록 만해와 다르마팔라는 공간을 달리하여 살았지만, 거의 동시대의 선각자로 서구 열강의 식민지 상황에서 자국민들에게 영원히 꺼지지 않을 자존감과 민족혼을 불어넣어 주며, 위기에 처한 불교의 부흥운동을 새롭게 전개한 애국자인 동시에 영원한 전법사였기 때문이다. 무엇보다 만해와 다르마팔라가 추구했던 자유와 생명에 대한 존엄성과 평화와 평등사상은 모든 인류가 지향하는 언제나 살아있는 시대정신이며 또 당대를 초극하고자 하는 보편적 가치였다. 이 점에서 만해와 다르마팔라의 불교 근대화 운동과 개혁사상은 우리들의 가슴에 자유와 평화가 얼마나 귀중하고 인류에게 반드시 보장되어야 할 보편적 가치임을 되새겨 주고 있다. 이는 인간적 삶의 존립 기반을 상실해 가는 근대적 삶에 대한 반성에서 출발하며 고립과 대립을 넘어서 조화와 화해의 상생을 도모하는 우주 공동체를 지향한다는 점에서 현재적 의의를 지닌다.

  만해가 살았던 일제 강점기의 시대와 오늘날 우리가 살고 있는 초연결 시대 사이에는 현격한 차이의 변화가 있음에도 불구하고 만해의 삶과 문학이 근원적으로 연속성을 가지고 있는 것은 우리의 정체성

고취와 현실 극복에 따른 각성과 위로, 희망의 치유적 메시지를 담지하고 있기 때문이라고 할 수 있다. 특히 동체대비의 생명존중과 자유와 평등 기반의 깊은 불교적 사유에서 형성된 만해의 삶과 문학작품들은 일제 강점기라는 어두운 시대의 고난을 극복하고 해방된 미래를 지향하게 할 뿐만 아니라 갈등과 반목, 전쟁 등 오늘날 불안한 시대적 상황에서 우리의 상황인식과 그에 대한 철저한 대응전략과 자기다운 삶의 필요성을 일깨워준다.

발간사 • 5
머리글 • 7

제1장 미학적인 삶의 의미와 가치 17

    1. 미학적인 삶은 가장 자기다운 삶 • 17

    2. 미학적인 삶의 가치 • 19

    3. 불교적 관점의 실천적 삶의 미학 • 20

제2장 만해의 삶과 사상 33

    1. 만해의 출가 이전의 삶 • 33

    2. 만해의 출가 이후의 사상 • 35

    3. 만해의 독립사상의 특징 • 48

제3장 독립의지의 표상으로서의 '이미지' 61

    1. 어디로 가야 하나 • 61

    2. 독립의지의 표상 – '꽃'과 '나무'로 • 65

    3. 진정한 자유와 평등의 표상 • 81

제4장 만해의 '심우장 시대'와 문학의 특징 85

    1. 삶의 회향처 '심우장' • 85

   2. 만해의 '심우장 시대' • 88
   3. '심우장 시대' 상황과 만해 문학 • 95
   4. '님'은 침묵했으나 결코 침묵하지 않은 만해의 설중매 정신 • 124

제5장 침묵의 미학:『님의 침묵』과 독립 129
   1. 왜 만해는 시작詩作에 몰두했던가? • 129
   2. 님을 위한 사랑의 변주곡 • 130
   3. 역설적 저항 • 133

제6장 희망의 상징: 자아 찾기와 깨달음 그리고 희망 143
   1. 자아 찾기와 깨달음 • 143
   2. 미래 지향적 희망의 메시지 • 146
   3. 자연 관조를 통한 조화와 합일의 메시지 • 155

제7장 자비의 실천: 화엄적 사유와 생명사랑 161
   1. 만해와 화엄적 사유 • 161
   2. 생명에 대한 외경과 자비심의 실천 • 170
   3. 연기적 존재 인식과 합일의 조화 • 177

제8장 초월의 미학: 만해의 시와 초현실주의
　　　　회통 187

　　1. '평상심시도'의 선적 사유 • 187

　　2. 초현실주의와 선의 회통 • 191

　　3. 초현실주의 시와 선시의 양상 • 195

　　4. 깨닫고 보니 '산은 산, 물은 물' • 207

　　5. 초현실주의 시와 만해 선시의 회통 • 222

제9장 실천의 자비행: 「심우송」에 나타난 깨달음
　　　　과 보살도 225

　　1. 「심우도」의 연원 • 225

　　2. 구도와 깨달음의 미학 「십우도」 • 230

　　3. 회향의 미학 「십우도」 • 245

　　4. 동체대비의 자비실천 • 259

제10장 근대 아시아 불교중흥 기수:
　　　　만해와 다르마팔라의 미학적 삶 261

　　1. 불교중흥과 자비실천의 서원 • 261

　　2. 만해와 다르마팔라의 삶과 사상 • 265

　　3. 만해와 다르마팔라의 불교중흥운동 실천 미학 • 272

　　4. 불교중흥운동의 역사적인 의미 • 285

5. 자유와 생명존엄의 인류사랑 지향 • 287

참고문헌 • 291
찾아보기 • 299
추모의 글 • 307

제1장 미학적인 삶의 의미와 가치

1. 미학적인 삶은 가장 자기다운 삶

본래 미학을 뜻하는 '에스테틱(Aesthetics)'이란 말 자체가 '감각', '지각'이라는 고대 그리스어 '아이스테시스(aisthetis)'에서 왔듯이, 미학은 본질적으로 감성의 세계와 연결되는 학문이다. 그렇다면 '느낌' 중에서 특히 '아름답다'라는 느낌의 정체와 그런 느낌을 주는 대상이 과연 무엇인지를 합리적인 논리로 설명하는 학문, 그것이 바로 미학美學이다.[1] 따라서 '느낌'과 관련되는 미학은 그러한 비논리, 비합리의 자료를 논리화하여 개념적으로 설명하고자 하는 학문이다. 이러한 미학이 독립된 분과 학문으로 정립된 것은 1750년 독일의 철학자 바움가르텐(A. G. Baumgarten)에 의해서이다.

---

[1] 노영덕, 『처음 만나는 미학』, RHK, 2015, p.10.

바움가르텐이 활동하던 18세기 초는 합리적인 것과 규칙, 전통을 중시하는 신고전주의가 주도적 경향을 이루고 있었고, 또 한편으로 데카르트 이후 철학적으로 배제되어왔던 감성이나 상상력 그리고 개성 등이 새로이 주목받기 시작하던 때였다. 분열이 일어났던 시기였던 것이다. 바움가르텐은 당대의 이러한 사정을 잘 파악하고 있었고 그래서 데카르트적 이성 원리 하에서 인간의 감성 능력을 설명할 수 있는 학문이 필요하다고 판단하였다. 그 결과, 그는 인간의 정신세계를 이성, 감성, 의지라는 세 분야로 구분해서 각각의 영역에 해당하는 독자적인 학문 연구가 이루어져야 한다고 주장한 당시 라이프니츠(G. W. Leibniz)-볼프(H. C. Wolf) 학파의 표상 이론을 수용하여 논리학과 윤리학 등 이미 구축되어 있는 이성 영역 및 의지 영역과 대등한 학문적 격식을 감성 영역에도 부여하기 위해서 감성을 다루는 학문을 새로이 내세웠다. 그리고 이 학문의 이름을 '미학(Aesthetics)'이라고 명명하였다.[2]

우리가 훌륭한 사상가, 과학자, 정치가 등을 존경하는 이유는 전통의 관습적 형식을 자유롭게 하는 창조적 미의식 때문이지 외적 형식 때문만이 아니다. 그래서 미학적 인간은 자신의 창조적 미의식으로 형식을 자유롭게 하는 사람이다.[3] 그렇다면 우리가 인간의 모범으로 추앙하는 모든 분야의 위대한 영웅들은 대부분 미학적 인물이었다는 사실이다. 그들은 정치적 권력에 순응하거나 타협하지 않고 관습적 형식과의 투쟁을 통해 형식 내부의 본질에 도달하고자 했던 것이다.

---
2 노영덕, 위의 책, p.20.
3 최광진, 『미학적 인간으로 살아가기』, 현암사, 2022, p.146.

그래서 미학적 파괴는 파괴를 위한 파괴가 아니라 창조를 위한 파괴이고, 본질을 위한 해체이다. 미학적인 삶이 가장 자기다운 삶인 이유가 여기에 있다.

2. 미학적인 삶의 가치

모든 존재는 가장 자기다울 때 아름다운 것이라 할 수 있다. 인간이 불행해지는 이유는 자기다움을 잃어버리고 남이 정한 기준과 가치를 맹목적으로 따라가기 때문이다. 자연은 그런 일이 없는데, 인간은 정신을 똑바로 차리지 않으면 어느새 남의 인생을 살고 있다. 자기를 안다는 것은 보편성과 특수성을 함께 깨닫는 것이다. 그래서 자신의 고유성을 찾은 사람은 자기 본성에서 뿜어져 나오는 감출 수 없는 향기가 있다. 인간이 자유롭다는 것은 남이 만든 규범을 따르지 않고 자기 본성의 반성적 판단력에 따라 자율적으로 산다는 것이다. 이 자유의지야말로 기계인 로봇이 인간을 넘볼 수 없는 고유한 영역이다. 자유는 아무렇게나 사는 게 아니라 자신만의 빛깔로 사는 것이다. 제 빛깔로 살 때 자유롭고 창조적일 수 있다. 이러한 삶은 자아실현을 꿈꾸는 모든 인간이 지향하는 세계이다.[4]

겨울이 지나면 어김없이 봄이 오고, 봄이 되면 약속이나 한 듯 초목들이 꽃망울을 터트린다. 우리 사회도 이와 같은데, 이러한 변화를 이끄는 힘을 '시대정신'이라 한다. 시대정신을 파악하고 그 변화에

---

4 최광진, 위의 책, pp.13~139.

적응한다면 우리는 도태되지 않고 살아남을 수 있다. 이 점을 주목할 때, 만해는 변화에 적응하고 도태되지 않는 삶을 살고자 하였다. 그렇다면 만해가 엄혹한 일제 강점기에 우리 민족의 상실과 아픔을 치유하고자 끝까지 노력한 자비의 대승적 삶을 산 것은 가장 자기다운 미학적 삶의 전형이라 할 수 있다.

그렇다면 무엇보다도 만해는 그 자신만의 빛깔로 모든 인간이 지향하는 생명존중과 자유와 평등 평화를 주창한 미학적 삶을 살았다 할 수 있다. 『조선불교 유신론』에서 주장한 바와 같이, 만해는 조선불교의 개혁을 외치며 새로움은 파괴로부터 시작된다고 보았다. 새로운 현실을 만들고자 하는 뜨거운 발원이라 할 수 있는 이러한 삶의 태도가 『님의 침묵』(1926)에 그대로 깔려 있다. 비록 '님'은 침묵하였지만 만해는 결코 침묵하지 않았다. 그런데 '침묵'의 의미는 그것이 단순한 명상의 침묵이 아니라 처절한 삶의 몸부림과 깨달음이 분출하는 희망과 생성의 적극적 침묵이었다 할 수 있다. 그것은 온 생명을 존중하고 감싸 안는 그의 자비실천에서 잘 드러난다. 따라서 만해에게는 모든 존재가 서로 조화를 이루고 화합하는 사랑과 평화의 관계망 구축이 그의 유일한 화두였다. 그렇다면 미학적인 삶의 가치는 생명존중과 자유와 평등 평화 기반의 자비실천이라 할 수 있다.

3. 불교적 관점의 실천적 삶의 미학

불교가 강조하는 자비의 특징은 인간 중심적인 사고방식을 떠나 모든 살아있는 중생을 대상으로 한다는 점이다. 불교의 '자비慈悲'라는 낱말을 살펴보면 다음과 같다. 원래 '자慈'와 '비悲'는 별개의 말이다. '자'란 산스크리트어의 '마이트리(maitri)'와 팔리어의 '메타(metta)'를 번역한 말이다. 그 원어는 '미트라(mitra)'라는 말에서 파생한 낱말로, 우정 또는 순수한 친애의 염念을 뜻하는 말로서 인도 일반에서 널리 사용하게 되었다고 한다. '자'란 순수한 우정에 나타나는 것과 같은 깊이 감싸주는 마음을 나타내는 말이라고 할 수 있다. 이에 대하여 '비悲'는 산스크리트어의 '카루나(karuna)'의 번역으로서 이 원어는 인도 일반에서는 애민이나 동정이나 감정 등을 의미한다고 한다. 그래서 '비'란 상대의 슬픔을 자신의 슬픔으로 하는 것같이 깊은 애민의 정을 뜻한다고 말할 수 있다.

그렇다면 자와 비는 어떻게 다른가. 일반적으로 자는 생명 있는 모든 것, 즉 일체중생에게 행복을 주는 것, 즉 '여락與樂'이 된다. 그리고 비는 불행을 없애는 것, 즉 '발고拔苦'라고 표현한다. 자비라는 낱말이 원래 인도 일반에서 사용하였던 용법과 동일하게 사용되고 있다 할 수 있다. 불교와 같은 시대의 자이나교에서도 "수행자는 일체의 생물을 애처로워하고, 동정하여라"라고 설하고 있고, 바라문교 내지 힌두교에서도, 그 성전인 『바가바드기타』(12.13)에서 "일체의 살아있는 것을 미워하지 아니하고 자애심을 가지고 애민한다"라는 가르침이 설해져 있다. 기독교에서는 동물은 영혼이라는 것이 없고, 따라서 영혼의 구제를 받을 수가 없으므로 천국에 들어갈 수 없다고 한다. 그리고 또 동물은 인간에게 봉사하기 위해서 신에 의해서 창조된 것이므로 그것을 죽여도 죄악은 되지 않는다고 한다. 그러나 불교의 자비는 인간만이 아니라 동물에까지도 미치는 무한한 사랑이다. 그러므로 자비는 단지 인간만이 아니라 동물까지도 포함한 모든 생명 있는 존재를 죽이지 않는다는 불살생의 사상을 함축하면서 전개되어 왔던 것이다.

초기불교의 성전 속에는 '자식'을 주제로 하는 경전이 몇 가지 있다. 그중에서 가장 유명한 것은 『숫타니파타』에 수록되어 있는 「메타숫타」이다. 그것은 오늘날도 남방불교권에서는 이른바 호주경전護呪經典으로서 사용하고 있다는 『쿳다카파타』에도 수록되어 있다. 이 경전은 열 개의 게송으로 되어 있는데, 그중 무량한 자비심을 노래하는 구절은 다음과 같다.

마치 어머니가 자기의 외동아들을 신명을 걸고 지키는 것과도 같이, 그렇게 일체의 살아있는 것에 대하여서도 무량한 자비의 마음을 수행해야 한다. 또 전 세계에 대하여 무량의 자비심을 수행해야 한다. 상에도 하에도 또한 옆으로도 가림 없이, 원한 없이, 적대심 없는 자비를 수행해야 한다. 서거나 걷거나 앉거나 눕거나, 잠들지 않는 동안은, 이 자비심을 확립해야 한다. 이 세상에서는 이러한 상태를 자비의 숭고한 경지라고 부른다.[5]

인용 경문은 수행자는 항상 모든 존재에게 한량없는 자비의 마음을 수행해야 함을 강조하고 있다. 그것을 마치 어머니가 외아들에 대하여 갖는, 본능적이고 절대 무조건의 애정에 비유하고 있는데, 이는 그러한 깊은 애정을 모든 생명 있는 중생에게도 두루 미치도록 해야 한다고

---

5 전재성 역, 『쿳다카파타』, 한국빠일리성전협회, pp.149~151.

설하고 있는 것이다. 또한 이러한 무량의 자비심은 전 세계의 모든 것에 대해서도 원한이나 적대감이 없는, 또 화내지 않는 마음으로서 대해야 한다는 것을 설한다. 그래서 그러한 자비심을 행주좌와行住坐臥 속에 늘 잊지 않고 지니는 것을 자비심의 숭고한 경지라고 말하고 있다. 그런데 이와 같은 자비심은 초기불교에 있어서는, '자慈'와 더불어 설하고 있을 뿐만 아니라, 더욱 나아가서 '희喜'나 '평정平靜'이라는 덕목과 더불어 설하는 일이 많다. 그러므로 『숫타니파타』에서도 출가 수행자가 취해야 마땅한 태도로서 자비와 평정, 연민을 상황에 맞게 잘 다스리길 설하고 있다.

> 자비와 평정과 연민, 그리고 해탈과 즐거움을 때에 따라 잘 다스려, 세상을 등지는 일 없이, 무소의 뿔처럼 오직 혼자서 걸어가라.[6]

이상과 같이 자慈와 비悲와 희喜와 평정(捨)의 네 가지의 마음이 일체 한량없이 충만한 것을 초기불교에서는 '사무량四無量' 또는 '사무량심四無量心'이라고 부르고 있다.

주지하는 바와 같이, 『화엄경』은 보현행으로써 깨달음에 이를 수 있음(以普賢行悟菩提)을 강조한다. 여기서 말하는 보현행이란 약자와 가난하고 소외된 이웃에 대한 무한한 배려와 관심, 자비심의 실천을 자신의 행복으로 삼을 때 깨달음에 이른다는 것이다. 이처럼 불교에서의 자비심은 그 대상에 있어서는 인간과 동물 모두가 차별 없이 동등하

---

6 석지현 역, 『숫타니파타』, 민족사, 1997, p.73.

다. 불교의 자비가 인간을 포함한 모든 동물 영역까지도 포함한 일체 생명 있는 존재를 죽이지 않는다는 불살생 사상을 강조하였던 것도 이런 연유이다.

가령, 이(虱)와 벼룩들이 우리의 관심 대상이 될 만한 존재는 아니지만, 불교에서는 몸속 존재들의 생명의 소중함을 인식하고 있다. 이러한 생명존중 인식은 백장 선사의 『선원청규』에서 말한, 성인과 범부는 말할 것도 없고 동물과 하찮은 미물이라도 해치지 말라는 생명윤리와 동일한 선상에 있다 할 수 있다. 즉, 이러한 생명 인식은 곧 『선원청규』의 "한 방울의 물속에 눈에 보이지 않는 팔만 사천의 미세한 생명들이 있고, 그 모든 생명에게는 불성이 있다"[7]라는 사유와 다르지 않다. 모든 생명 존재가 불성을 지니고 있다는 점에서 보면 동일한 법성의 존재이기 때문이다. 무수한 생명들이 살아가는 거대한 이 기세간器世間은 큰 것의 생명은 소중하고 작은 것의 생명은 하찮다는 통념을 깨고, 생명이 있는 모든 것은 존엄하며 평등하다는 것을 드러내고 있다. 이는 곧 한 방울의 물속에도 수많은 생명들이 살고 있고, 꿈틀거리는 모든 생명 존재들에게 고유의 존엄성이 있다는 존재들의 상호 관계성에 대한 이해이다. 이는 곧 미물과 인간이 서로 연결된 하나의 그물망을 이루어 '둘이면서 하나이고 하나이면서 둘인 관계의 존재자(自他不二)' 라는 의식의 심화가 이루어졌음을 의미한다 할 수 있다. 이러한 존재의 상호 연기적인 관계성은 곧 불교 생명관의 핵심이다. 이러한 무한한 자비심 발현의 보살행은 『범망경』에서 말한, 인간뿐만 아니라 동식물

---

7 최법혜 역주, 『고려판 선원청규 역주』, 가산불교문화원출판부, 2001, p.334.

까지 확대하여 그들의 생명을 보호하여야 하며, 나아가 적극적으로 생명을 살리는 것을 강조하는 대목과 다르지 않다.

> 불자들아, 너희는 직접 죽이거나, 남을 시켜서 죽이거나, 방편을 써서 죽이거나, 칭찬을 해서 죽이게 하거나, 죽이는 것을 보고 기뻐하거나, 주문을 외어서 죽이는 그 모든 짓을 하지 말지니, 죽이는 인因이나 죽이는 연緣이나 죽이는 방법이나 죽이는 업業을 지어서 생명 있는 온갖 것을 고의로 죽이지 말아야 하느니라. 보살은 항상 자비로운 마음과 효순하는 마음을 일으켜서 그 마음에 머물러 일체중생을 방편을 다해서 구호해야 하니, 제멋대로 하려는 마음과 즐거워하는 생각으로 산 것을 죽인다면 이는 보살의 바라이죄가 되기 때문이다.[8]

위의 경문은 스스로 산목숨을 죽이거나, 다른 사람에게 죽이게 하거나, 방편을 써서 죽이거나, 찬탄하거나 속여서 죽이거나, 죽는 것을 보고 기뻐하거나 주술로 죽이는 일을 하지 말라는 것을 강조하고 있다. 나아가 죽이는 이유(殺因)와 죽이는 까닭(殺緣)과 죽이는 방법(殺法)과 죽이는 업(殺業)으로 일체 생명 있는 것을 죽여서는 안 됨을 강조하고 있다. 살생은 바라이죄가 되고 자비종자를 끊는 것이기 때문이다. 이러한 사상은 불교경전 전반에 걸쳐 나타나고 있다. 예를 들면, 『자비경』에 모든 생명 존재들의 행복과 안전을 소망하는 '생명살림'의 정신이 설해지고 있고, 또한 『정법념처경』에서 길을 가다가

---

8 『범망경노사나불설보살심지계품제십』, 한글대장경, 동국역경원, p.34.

개미, 지렁이, 두꺼비, 기타 곤충을 보더라도 그것들을 피해 멀리 돌아서 가라고 설하고 있는 것은 곧 자비심으로 중생들을 보호하고 헤치지 말 것을 강조한 것이라 할 수 있다.

 수많은 생명이 살아가는 데 있어 타자와의 관계 속에서 형성된 생존방식도 불성의 한 단면으로 있음을 엿볼 수 있다.[9] 즉, 타자의 생명을 가엽게 여기고, 보다 적극적으로 나서서 그 생명 존재들을 구함으로써 생명존중과 사랑을 실천에 옮기고 있는 것이다. 여기에 생명의 존귀함을 인식하고 그 생명들을 적극적으로 감싸 안는 자비실천의 덕목이 내재되어 있음을 알 수 있다.

 생명경시가 팽배해지고 있는 오늘날, 모든 생명 존재를 보듬고 배려하며 조화롭게 살아가는 친화적 생명연대의 삶이 더욱 요청되고 있다. 개미와 벌 등의 곤충, 여우와 사슴 등의 짐승, 물속의 미생물에 이르는 그 모든 존재가 평등한 생명가치로 이해되어야 한다. 보살이 자신의 모든 행을 대비심을 근본으로 삼고, 타자의 생명을 무엇보다 소중히 여기며 생명을 살리는 것을 자신의 수행 첫째 덕목으로 삼는 이유이다. 이와 같이 모든 생명에 대한 사랑을 근본으로 삼는 대승의 보살 계율은 『범망경』에 선명하게 나타나 있다. 예를 들면, 『범망경』의 십중대계 중 첫 번째의 불살생계는 어떤 형태로든 생명을 해지지 말 것을 강조하고 있다. 산목숨을 죽이거나, 다른 사람에게 죽이게 하거나, 방편을 써서 죽이거나, 주술로 죽이는 일을 하지 말 것을 설하고 있다.[10]

---

9 서재영, 「선의 생태철학 연구」, 동국대학교 대학원 박사학위논문, 2004, pp.299~300.

다시 말해 고의로 뭇 존재의 생명을 빼앗아서는 아니 됨을 강조하고 있다. 죽이는 이유(殺因)와 죽이는 까닭(殺緣), 죽이는 방법(殺法)과 죽이는 업(殺業)으로 일체 생명 있는 것을 고의로 죽여서는 안 된다는 것이다. 즐거워하는 생각으로 산 것을 죽인다면 이는 보살의 바라이波羅夷죄가 되고 불성을 끊고 자비종자를 끊는 것이기 때문이다. 그래서 보살은 항상 자비로운 마음과 효순하는 마음을 일으켜서 일체중생을 방편을 다해서 구호해야 한다는 것이다. 따라서 보살의 모든 행은 대비심을 근본으로 삼고 있기 때문에, 중생의 목숨을 구하는 것을 수행의 첫 번째 덕목으로 삼는 것임을 강조하고 있는 것이다.

첫째, 이른바 보살의 모든 행은 대비심을 근본으로 삼지 않음이 없으므로 보살의 모든 행을 근본으로 두기 위하여 먼저 제정한 것이다. 둘째, 유정들이 소중히 하는 바는 생명을 우선으로 삼지 않음이 없으므로 중생의 목숨을 구하기 위해 먼저 분별하였다. 이른바 이는 중생을 구제하는 행위를 우선하고 저것은 자신의 수행을 첫째로 삼기 때문이다.[11]

보살은 유정들이 소중히 하는 바는 생명을 우선으로 삼지 않음이 없으므로 중생의 목숨을 구하기 위해 먼저 분별하였는데, 이는 중생을 구제하는 행위를 우선하고 있다. 인용 경문 이외에도 『범망경』은 동물(제32輕戒)뿐만 아니라 산천초목(제14輕戒) 등에 생명에 대한 존중

---

10 각주 8 참고.
11 법장, 『범망경보살계본소』 권1(대정장 40권), 610하.

을 규정하고 있다. 이처럼 대승의 보살계는 소극적인 계율지상주의가 아닌 자율적이고 이타적인 생명존중의 실천을 강조한다. 보다 적극적인 대승적 생명 이해와 자비의 실천은 자비심의 방생을 규정한 『범망경』 제20경계輕戒에 한결 잘 설파되고 있다.

> 불자여, 자비심으로 방생을 행하라. 그들이 지금은 어류이지만 모두 전생의 너의 부모이니라. 만약 세상 사람이 중생을 죽이고자 하는 것을 보았을 때 방편을 써서 구호해 괴로움을 풀어 주어야 한다. 세세생생世世生生 서로 바꿔 태어나지 않음이 없기 때문에 고기를 먹는 것은 곧 내 부모를 죽이는 것이다. … 일체의 땅과 물은 나의 옛 몸이요, 일체의 불과 바람은 나의 본체이니 항상 방생을 행할지어다.[12]

이와 같이 보살계에서는 생명을 죽이지 않을 뿐만 아니라 죽기 전에 있는 중생들을 살려주는 '방생'을 행하라고 가르치고 있다. 방생은 세상의 복을 짓는 행위 가운데 으뜸가는 행위라고 한다. 살생을 하는 것은 부모형제를 죽이는 것이고, 미래의 부처님을 죽이는 행위이다. 일체중생이 불성을 지녔기 때문에, 영원한 시간을 두고 육도에 윤회하면서 수없이 부모가 되었다가 자식이 되었다가 하기 때문에 뭇 생명을 죽여서는 안 된다는 내용을 함축하고 있다.[13] 여기에는 뭇 생명체들의 한 생의 과보는 다른 생에 절대적으로 작용하게 되는 것임을 강조하고

---

12 법장, 위의 책, p.43.
13 윤영해, 「불교의 생명 이해」, 『신학사상』, 제92호, 한국신학연구소, 1996, p.74.

있다. 그러므로 살생의 반대인 방생의 공덕을 짓는 일은 결국 내 부모를 살리는 길이며 자신의 생명을 더욱 살리는 일이다. 이는 곧 인과응보로 나타난다. 다시 말하면, 살아있는 생명을 살려주고 어려움을 극복하도록 만들어주는 그 노력 가운데 자기의 생명이 건강하게 지속된다는 것이다.

이처럼 전생에 치열한 수행과 수많은 공덕을 쌓아야 한 성현이 출현하게 된다는 설화에는 다분히 지계와 지혜바라밀행 실천이 내재되어 있다. 물론 그 밑바닥에는 모든 생명의 존엄성에 인식과 상호존중 및 배려의 마음이 다분히 깔려 있다. 그럼에도 불구하고 지금까지 우리 인간은 만물의 영장이라고 주장하며 많은 생명체들을 해치거나 경시해 온 것이 사실이다. 즉, 인간들은 자연 생명을 죽이고, 산업화에 따른 경제적인 논리로 생태계의 원리를 훼손해 오고 있다.

그런데 이러한 경제논리는 공동체적 생명윤리의 가치를 파괴하고 우리를 반생명의 일상생활과 생명살림이 아니라 생명 죽임의 문화로 몰아갈 뿐이다. 최근 충격적으로 전 세계를 휩쓸었던 코로나바이러스 감염증(Covid-19)은 그 결과물이다. 여기에 생명의 소중함과 생명사랑 인식이 확산되어야 할 필요성이 더욱 요청되고 있다. 그렇다면 모든 존재는 연기적 관계에 있고, 동등하며 또한 윤회의 과정을 따르고 있기에 뭇 생명을 해치지 말고 존중하며 자비심을 베푸는 행위는 갈등과 반목을 치유하고 생명연대의 길로 나갈 수 있는 하나의 대안이 될 수 있을 것이다.

『현우경』의 '생명의 저울'이라는 설화는 중생의 모습이 어떤 양상으로 나타나든 무관하게 생명이란 시각에서 모든 존재는 동일한 생명의 무게를 지니고 있음을 강조한다. 왜냐하면 '생명의 저울'은 생물체의 몸집이나 크기, 경제 효용가치 등의 시각에서 가치를 재는 저울이 아니라 생명의 본원적 가치를 다는 저울이기 때문이다. 따라서 만해의 이러한 사유는 곧 생명의 평등성에 대한 정당성을 뒷받침하는 중요한 사상적 토대가 된다는 데 그 의의가 있다 할 수 있을 것이다.

그런데 전통적인 형이상학적 관점의 인간은 자연의 다른 생명 존재와 본질적으로 다른 존재라고 보는 것이다. 이는 곧 인간과 비인간의 존재를 구분하는 이분법적 사유에 근거하고 있다. 반면, 모든 생명 존재의 평등을 주장하는 관점은 인간과 타자들의 사이의 근원적인 차별성을 해체하고자 한다. 바로 이러한 점에 불교가 생명 존재의 평등성에 대한 영향을 미칠 수 있는 근거가 놓여진다. 불교의 소중한 덕목은 이분법적 가치관과 사량분별을 극복하고 모든 존재의 차별 없는 고유한 본성을 깨닫는 데 그 핵심이 있기 때문이다. 이러한 생명존중과 배려의 윤리 덕목은 "『보살계경』의 10중계 가운데 불살생계는 가장 먼저 위치하고, 보살은 자비를 근본으로 삼으며, 중생은 생명으로써 귀함을 삼는다"[14]라는 대목에서도 확인된다. 왜냐하면 불교윤리의 관점에서는 생명의 가치를 '고유한(inherent)' 것으로 보기 때문에, 생명을 해치는 일은 도덕적인 면이나 윤리적으로 정당화될 수 없다. 따라서 인간의 욕심 때문에 모든 생명들이 파괴되고 있는 현실에서, 만해는 생명에 대한 존중과 어떠한 차별을 받지 아니한다는 무차별성의 가르침을 우리에게 제공한다는 점에서 매우 가치가 있다.

---

14 최법혜 역주, 『고려판 선원청규 역주』, 가산불교문화원출판부, 2001, p.331.

무엇보다도 만해는 그 자신만의 빛깔로 모든 인간이 지향하는 생명존중과 자유와 평등 평화의 미학적 삶을 살았다. 그것은 온 생명을 존중하고 감싸 안는 그의 생명존중과 자비실천의 행위에서 잘 드러난다. 가령, 중생이 아프면 부처도 아플 수밖에 없는 동체대비의 자비심은 시집 『님의 침묵』의 서문인 「군말」에서 밝히고 있는 '길을 잃고 헤매는 어린 양이 기루어서' 이 시를 쓴다는 사실에서 확인된다. 만일 어린 양의 길 잃음이 시련의 상징이라면 어린 양의 시련은 곧 나의 시련일 수 있다.

그런데 이러한 시련을 견디어 낼 수 있는 것은 인욕과 보시의 자비실천임을 만해는 강조한다. 널리 애송되고 있는 「나룻배와 행인」은 만해의 생명사랑과 자비실천의 미학적 삶을 잘 표현하고 있다. 비록 흙발에 짓밟힐지라도 언젠가는 반드시 돌아오리라는 확신을 가지고 날마다 낡아가면서도 님을 기다리겠다는 화자의 의지는 만남과 헤어짐을 통합하는 근원적인 깨달음을 바탕으로 하고 있다. 이는 곧 자아실현이 곧 남에게 이로움을 주는 자기 초월로 이어진다는 것이다. 앞서 언급했듯이, 모든 존재는 가장 자기다울 때 아름답다. 인간이 불행해지는 이유는 자기다움을 잃어버리고 남이 정한 기준과 가치를 맹목적으로 따라가기 때문이다. 그렇다면 만해가 그 자신만의 빛깔로 엄혹한 일제 강점기에 우리 민족의 상실과 아픔을 치유하고자 끝까지 노력한 자비의 대승적 삶을 산 것은 가장 자기다운 미학적 삶의 전형이라 할 수 있다.

제2장 만해의 삶과 사상

1. 만해의 출가 이전의 삶

만해 한용운(1879. 8. 29~1944. 6. 29.)은 한국 근대 독립운동사에 있어서 큰 업적을 남긴 승려이자, 시인이다. 그는 충남 홍성군 결성면 성곡리 박철마을에서 부농인 부친 한응준과 모친 창성 방씨 사이의 두 아들 중 차남으로 태어났다. 민감한 사회의식과 애국심을 가진 농촌 지식인[15]이라 할 수 있는 부친으로부터 세계정세와 국가사회의 여러 일들은 물론, 역사상 독립 자결의 의인義人과 결사들의 언행을 들으며 자란 그는 그들의 모습을 닮고자 하였다.

나는 선친에게서 조석으로 좋은 말씀을 들었으니, 선친은 서책을

---

15 염무웅, 「한용운의 민족사상」, 『한국근대사논고』, 1977, p.3 ; 『한용운사상연구』 제1집, 민족사, 1980, p.237.

보시다가 가끔 어린 나를 불러 세우시고 역사상에 빛나는 의인. 걸사의 언행을 가르쳐 주시며, 또한 세상 형편, 국가 사회의 모든 일들을 알아듣도록 타일러 주셨다. 이런 말씀을 한두 번 듣는 사이에 내 가슴에는 이상한 불길이 일어나고, 그리고 '나도 그 의인. 걸사와 같은 훌륭한 사람이 되었으면…' 하는 숭배하는 생각이 바짝 났었다.[16]

의인과 걸사의 언행에 대한 부친의 말씀을 듣고 또한 그러한 인물이 되길 소망하며 자란 만해는 9세 때에는 『서상기西廂記』를 독파하였다. 그리고 『서경』의 기삼백주朞三百註에 통달할 정도로 신동으로 불린 그는 서당에서 『대학』을 열심히 읽었다. 부친의 강요에 의해 14세에 전정숙과 결혼을 했으나 부인과의 정분은 그다지 깊지 않았다고 한다. 1894년 16세에 동학농민운동을 만나게 되었는데, 이는 청년 만해의 마음을 동요케 하는 큰 요인으로 작용하였다. 그의 부친 한응준은 중군中軍 참모로 동학농민운동 진압에 참여하게 되었으나, 도중 전사하였다. 그런데 부친의 동학세력 진압은 만해의 어린 시절 의인, 걸사의 이야기를 자주 해주던 것과 대립되는 것이어서 만해는 심한 대립과 갈등을 느꼈다고 한다. 이 점을 주목할 때, 만해는 역사적 격변기의 상황에 상당한 영향을 받은 것으로 추측된다.

1896년 18세에 만해는 서당의 훈장이 되어 향리의 아이들을 가르쳤고, 아울러 그해에 동학에 가담, 홍주의 호방을 습격하여 천 냥이란

---

16 한용운, 「시베리아를 거쳐 서울로」, 『한용운전집 2』, 신구문화사, 1979, p.388.

거액의 군자금을 탈취하는 등 눈부신 활약을 하다가 실패하였다. 그 후 몸을 숨기기 위해 절에 들어갔다는 입산 동기가 전하고 있으나 확실하지는 않다. 이에 김광원은, 1895년 겨울부터 전국 각지에 의병활동이 있었으나 그 당시의 저항운동이 의병활동인지 동학인지 구별하기가 어려우며, 특히 그 무렵의 저항은 단일한 역사적 운동 단위로서의 동학혁명의 성격을 벗어난다는 점에서, 만해의 입산 동기를 동학과 관련짓는 것은 정확하지 않다고 말한다.[17] 시대의식에 눈을 뜨게 되면서 여러 날을 고민한 만해는 지금 이렇게 산골에 파묻혀 있을 때가 아니라고 생각하고 서울로 향하였다.

2. 만해의 출가 이후의 사상

만해는 한학밖에 소양이 없는 자신이 무슨 지식으로 큰 뜻을 이룰 수 있겠는가 하는 회의를 하게 되었다. 그래서 '인생이란 무엇인지 그것부터 알고 뜻을 펼치리라'는 결론을 얻고 서울로 향하던 발걸음을 강원도 설악산 백담사로 돌렸다. 그곳에 고승 도인이 있다는 말을 듣고 그곳으로 향하였던 것이다. 그렇다면 만해의 입산은 당대가 그가 직면하고 있었던 개인적, 사회적 제반 문제에 대한 돌파구의 모색으로 진단해 볼 수 있다.

백담사에 거처를 둔 만해는 불목하니로 거친 일을 도맡기도 하고, 얼마 뒤 탁발승이 되어 염불을 외우며 불도를 닦기 시작하였다. 1905년

---

[17] 김광원, 『님의 침묵과 선의 세계』, 새문사, 2008, p.28.

1월 26일 백담사 주지인 연곡 스님을 은사로, 영제 스님을 수계사로 모시고 수계를 받았다. 득도 때의 계명은 봉완, 법명이 용운, 법호는 만해였다. 백담사에서 연곡 스님에게 득도를 한 만해는 경전을 읽고 오세암을 오르내리며 참선수행에 정진하였다. 그러던 중 그는 연곡 스님이 건봉사에서 구해다 준 청말 민국 초 계몽주의 사상가 양계초(梁啓超, 1873~1929)의 『음빙실문집』과 세계의 역사와 지리를 다룬 서계여(徐繼畬, 1795~1873)의 『영환지략』을 읽고 근대사상을 다양한 시각에서 인식하게 된다. 끊임없는 변화는 곧 우주와 인간의 질서의 근원적 이치 원리라는 믿음을 지닌 양계초의 사상은 이후의 혁신적인 만해의 행보에 상당한 영향을 주게 된다.

또한 더 넓은 미지의 세계가 있음을 알려 준 『영환지략』을 읽은 만해는 세계에로의 모험을 감행하기도 하였다. 그가 근대문명과 근대사회의 실상을 파악하고자 1907년 블라디보스토크를 여행하였다. 그런데 뜻하지 않게 친일 앞잡이 단체인 일진회 회원으로 오인을 받아 청년 독립군들에 의해 충격을 받아 죽을 고비를 넘기고 두만강을 건너 간신히 귀국하였다. 블라디보스토크 여행에 실패하고 귀국하여 석왕사의 깊은 산골 암자를 찾아가 참선 생활을 하였다고 한다.[18] 그렇다면 석왕사에서의 참선은 그에게 자신을 돌아볼 성찰의 기회를 주었던 것으로 생각된다.

이후 만해는 명진학교(동국대학교 전신)를 입학하였는데, 이는 건봉사의 추천에 의해 가능하였을 것이다. 명진학교를 수학하고 건봉사로

---

18 김광식, 『첫키스로 만해를 만난다』, 백담사 만해마을, 2004, p.47.

간 만해는 1907년 4월 15일부터 선방에 입방하여 선의 세계에 본격적으로 입문하였다. 그 이전에도 간간히 참선의 맛을 체험하였지만, 건봉사 선방에서의 참선수행은 이전과는 전혀 차원이 다른 것이었다. 만해 역시 이곳에서의 참선수행을 자신의 최초 선입문인 수선안거修禪安居로 표현하였다. 건봉사 내 무불선원에 입방한 그는 치열한 참선수행을 통하여 그의 불교에 대한 경지를 확장시켜 나갔다. 그리고 이제까지 불교경전에서 배운 이론과 사상을 자신의 선적 체험으로 옮겨와 점검을 하였던 것이다. 따라서 자신을 선사라고 불리는 것에 대한 자부심을 갖게 되었던 것, 후일 다양한 잡지에 선과 관련된 글을 쓸 수 있었던 것도 이곳 건봉사에서의 참선수행에서 비롯된 것이라 할 수 있다. 또한 그가 3·1 운동 이후 자신만의 고독한 길을 걸어갈 수 있었던 것도 이러한 선수행에서 비롯된 것으로 볼 수 있다.

한편 만해는 건봉사에서 자신의 인생에서 또 하나의 획기적인 전기를 맞게 된다. 김광식에 의하면, "그것은 무엇보다도 자신의 승려로서의 위상과 사상을 검증, 인가해 주었던 만화 스님의 법을 이어받은 것이었다. 만화 선사는 건봉사의 만일염불선회를 1881년 결사하여 1908년에 회향한 주도자였다. 그는 1918년 입적하기 이전까지 건봉사의 큰 어른인 정신적 지주였다. 만해는 바로 이 만화 선사로부터 법을 인가받고 용운이라는 법호를 받았다[19]는 것이다. 봉완에서 용운으로 새로 태어난 만해는 의연한 중견 승려로 나아갔다. 건봉사 조실인 만화 선사로부터 법을 전수받은 만해는 건봉사에서 약 1년간의 참선수

---

[19] 김광식, 위의 책, 2004, p.47.

행을 마치고 유점사로 가서 서월화 강백으로부터 『화엄경』을 배우게 되었다.

또한 만해가 1908년 일본에 가서 신문물을 보고 불교와 서양철학을 조동종 대학에서 청강한 것도 결국은 『영환지략』과 『음빙실문집』 이 두 권의 텍스트에 힘입은 바 크다 할 것이다. 따라서 『음빙실문집』이 구체적으로 서구문화를 경험하고 세계사적 흐름을 가늠하게 하는 직접적인 독서 체험이 되었다면, 『영환지략』은 더 넓은 세계를 향한 충동을 일으켜 만해에게 세계의 흐름과 사회인식을 갖게 하는 동기를 부여했다 할 수 있다. 만해는 『음빙실문집』을 통해 진보사관과 사회진화론을 학습하고 이를 바탕으로 조선불교의 유신을 적극 주도하게 된 것으로 보인다. 즉 『조선불교 유신론』(1913) 간행을 통하여 민족주체성 상실과 타락한 친일적 조선 불교계를 비판하고 대안을 제시했던 것이다.

아울러 만해는 『불교대전』(1914)을 편찬함으로써 불교경전의 대중화를 시도하였다. 이후 1917년 『채근담』을 번역·출간한 만해는 다시 한번 자신의 본래면목을 성찰하고자 세간을 떠나 설악산 오세암으로 들어가 수행에 전념하게 된다. 만해는 상좌 이춘성을 데리고 설악산 백담사로 갔다. 그런데 백담사는 1915년 화재로 건물이 거의 소실되었고, 절의 사무도 오세암에서 볼 수밖에 없는 상황이었다. 때문에 만해는 오세암으로 올라갔다. 오세암에서 추운 겨울 한철을 났는데, 겨울의 오세암은 눈과 바람이 드세기로 유명한 곳이다. 만해는 오세암 선방에서 좌정하고 존재의 근원에 대한 물음을 던지고 이에 대한 화두 참선에 열중하였다.

선가에는 '문성오도聞聲悟道 견색명심見色明心'이라는 선구禪句가 있는데, 곧 사물의 소리를 듣고 홀연히 깨닫고 사물의 색깔을 보고 마음을 밝힌다는 의미이다. 1917년 12월 3일 밤, 만해는 좌선 중에 돌연 바람이 불어 무엇인가 떨어지는 소리를 듣는 순간, 지금껏 의심하였던 마음이 확 풀렸다. 확철대오하였던 것이다. 그 깨달음의 노래가 "남아 가는 곳마다 바로 고향인 것을 / 그 몇이나 객수 속에 오래 있었나 / 한 소리 크게 질러 삼천세계를 깨뜨리니 / 눈 속에 복사꽃이 조각조각 붉기만 하네"이다.[20] 스승 만화 선사는 만해의 깨달음을 점검하고서 "한 입으로 온 바다를 다 마셨다(一口汲盡萬海水)"라고 말하면서 깨달음을 인정하였다고 한다. 한편 만해는 자신이 오세암에서 깨달은 게송을 수덕사 선승 만공 선사에게 보냈다. 이에 만공은 "나는 조각은 어느 곳에 떨어졌는고?(飛者 落在什麼處)"라고 응대하는 편지를 보냈다고 한다. 실로 깨달음과 탁마의 아름다움이고, 진정한 수행자의 자신감의 표출이었다 할 수 있다.[21]

하지만 만해는 깨달음에서 오는 법열法悅에만 빠지지 않고 그 깨달음의 실천을 위해 이듬해 봄(1918. 4.) 백담사를 떠나 서울에 오게 된다. 특히 일제의 온갖 검열과 무단정치의 억압 속에서 민족의 눈을 뜨게 하고 소식을 제공해야 하는 소명의식을 지닌 만해는 그해 9월 서울 계동 43번지에 유심사唯心社를 마련하고 편집인 겸 발행인으로『유심』지를 1918년 9월 1일 창간하였다. 여기에는 백용성, 박한영, 권상로, 김남전, 최린, 최남선, 이능화, 현상윤 등 당대의 기라성 같은

---

[20] "男兒到處是故鄉 / 幾人長在客愁中 / 一聲喝破三千界 / 雪裏桃花片片紅."
[21] 김광식, 위의 책, 2004, p.101.

지성인들이 기고하였다. 이 무렵 만해에게 거처를 제공하고 편의를 제공한 분은 선학원을 창건하고 조선불교 수호에 앞장섰던 남전 스님 (1868~1936)[22]이었다. 삼엄한 일본 경찰의 시찰을 받고 있어 어느 누구도 선뜻 나서 편의를 제공하기 어려운 상황에서도 남전 스님은 불굴의 저항정신으로 일본의 만행을 규탄하고 구도자로서 소외당하고 있는 만해에게 선학원의 방을 흔쾌히 내주고 보살펴 주었다. 이에 만해는 『유심』을 통하여 굽힐 줄 모르는 투지로 일제에 대한 투쟁과 저항을 감행함으로써 조국의 독립을 위해 혼신의 노력을 기울이게 된다. 여기에 선사로서의 만해가 독립지사로서의 만해로 거듭나는 중요한 의미가 있다. 무엇보다도 가장 대표적인 것은 『유심』 창간호의 맨 앞에 기고한 시 「심心」이다.

심心은 심이니라.
심만이 심이 아니라 비심非心도 심이니 심외心外에는 하물何物도 무無하니라.
생生도 심이오 사死도 심이니라.
무궁화도 심이오 장미화도 심이니라.
...

---

[22] 남전 스님은 합천군 가야면에서 출생하여 7세 때부터 안동 서송재의 문하에서 약 12년간 한학을 배웠다. 1885년, 18세에 해인사로 출가한 뒤 백련암에서 수행정진하고 완허 장섭의 법을 이었다. 1904년 해인사 주지로 취임해 승풍을 바로 세우고 사찰을 정비했으며, 도봉·석루·성월 스님 등과 더불어 서울 안국동에 선학원을 세웠다. 이후 직지사 조실 등을 지내다 1936년 선학원에서 입적했으며, 제자로는 석주 스님 등이 있다.

심이 생하면 만유가 기起하고 심이 식息하면 일공一空도 무니라.

심은 무의 실재요 유의 진공이니라.

…

심은 절대며 자유며 만능이니라.

- 「심心」

만해가 이처럼 『유심』을 간행한 것은 조선인, 청년들에게 다양한 교양과 정신을 고취시키려는 것에 있었다 할 수 있다. 그 다음해 3·1 운동을 주동하며 일본 경찰에 체포되어 옥중에서 유명한 「조선 독립 이유서」를 기초, 제출하였다.[23] 그 서문에서 "자유는 만유의 생명이요, 평화는 인생의 행복이라, 고로 자유가 없는 사람은 죽은 시체와 같고, 평화가 없는 사람은 고통스러운 자"라고 하여, 자유와 평화에 기반 한 그의 독립사상을 선명히 밝혔다. 하지만 같은 해 8월, 만해는 유죄판결을 받았고, 1920년에는 회개의 참회서를 제출하면 사면해 주겠다고 일제가 회유했으나 이를 완강히 거부하였다. 비록 3·1 운동은 실패로 끝나고 말았지만 만해는 3·1 운동을 겪으면서 민족주의와 제국주의에 대한 객관적 인식과 더불어 자유와 평등을 강조하는 사회주의에 대한 새로운 인식을 갖게 되었다. 다음의 시에는 조선 독립에

---

23 만해가 옥중에서 작성한 「조선 독립의 서」는 상하이에서 발간되는 〈독립신문〉 1919년 11월 4일자 부록에 「조선 독립에 대한 감상의 개요」라는 제목으로 발표되었다. 만해는 이 글을 통해 민족자존성, 조국사상 및 자유주의는 우리 독립의 기반이자 원동력이었으며, 대 세계의 의무는 우리나라가 다른 나라의 독립을 위하여 지켜야 할 의무임을 역설하고 있다.

대한 그 자신의 결연한 의지가 담겨 있다.

 달아 달아 밝은 달아
 네 나라에 비춘 달아
 쇠창을 넘어와서
 나의 마음 비춘 달아
 계수桂樹나무 베어내고
 무궁화無窮花를 심고자.

 달아 달아 밝은 달아
 님의 거울 비춘 달아
 쇠창을 넘어와서
 나의 품에 안긴 달아
 이지러짐 있을 때에
 사랑으로 도우고자.

 달아 달아 밝은 달아
 가이없이 비친 달아
 쇠창을 넘어와서
 나의 넋을 쏘는 달아
 구름재(嶺)를 넘어가서
 너의 빛을 따르고자.
  - 「무궁화無窮花 심고자」 전문

1922년 3월, 약 3년간의 옥고를 치르고 출옥한 만해가 6월 『개벽』에 발표한 옥중시이다. 쇠창살 감옥의 어둠속에서 비쳐든 달을 보고, 만해는 달이 자신을 위로함을 느낀다. 그러면서 내 마음을 비추고, 님의 거울을 비춘 달 속의 계수나무 대신 겨레의 상징인 무궁화를 심고자 하는 정서를 보여준다. 그리고 그 달에 이지러짐이 있을 때 사랑으로 이를 품고, 맑은 빛을 따르겠다는 간곡한 심경을 표출한다. 밝은 달을 보고 이지러짐을 생각하는 까닭은 당시의 조국 현실을 사랑으로 극복하겠다는 것으로 읽힌다. 어쩌면 『님의 침묵』의 시적 상상력의 발상도 여기에서 연유한 것으로 생각된다.

오도 후 하산한 만해는 1919년 3월 1일 태화관에서 33인의 대표로 독립선언 취지의 연설을 한 후 독립만세를 선창하고 투옥되어 3년의 옥고를 치르게 된다. 일제 강점기의 암울한 현실 속에서 자유가 속박되고 무력에 의한 억압이 혹독함을 경험한 만해는 자유와 평화에 기초한 독립 조국의 건설을 궁극적 지향점에 두게 된다. 이에 대한 사실은 만해가 옥중에서 작성한 「조선 독립의 서」를 통해 알 수 있다. 「조선 독립의 서」는 상하이에서 발간되는 〈독립신문〉 1919년 11월 4일자 「조선 독립에 대한 감상의 개요」라는 타이틀로 발표되었다. 이 논설은 만해가 1919년 7월 10일, 당시 경성지방법원의 검사장 요구로 작성한 글로서, 만해의 독립정신과 조선이 독립되어야 하는 타당성을 논리적으로 밝힌 명문장이다.[24] 만해는 이 글을 통해 민족자존성, 조국사상 및 자유주의는 우리 독립의 기반이자 원동력이었으며, 세계에 대한

---

24 김광식, 『첫키스로 만해를 만난다』, 백담사 만해마을, 2004, pp.117~118.

의무는 우리나라가 다른 나라의 독립을 위하여 지켜야 할 의무임을 역설하고 있다. 궁극적으로 만해는 이 글에서 만유의 자유와 평등권을 강조하고, 나아가 이것을 인간의 본성과 민족의 자존성에 결부시켜 조선의 독립의 필연성을 주장하고 있다.

1921년 12월 22일 출옥한 만해는 다양한 사회활동을 중단하고 그의 정신적인 고향인 백담사로 돌아가 잠시 머문 뒤 오세암에서 그간의 지친 심신을 치유하고 참선수행을 통해 새로운 활력을 얻었다. 한편 만해의 문학사에서 빼놓을 수 없는 것은 『십현담』의 주해(1925)이다. 『십현담』은 중국 당나라 동안상찰同安常察의 선화禪話 게송으로, 불법의 진리를 7언 율시의 형식으로 읊은 8구의 게송이다. 즉, 10편의 시로 표현된 현묘한 선에 대한 담론이다. 매월당 김시습(설잠 스님)이 『십현담』을 오세암에서 주해하였고, 만해는 매월당의 주해를 읽었다. 『십현담』에 담긴 선의 핵심을 알게 된 만해는 원래의 주해와 매월당의 주해를 확인하고 자신의 관점에서 새로운 주해를 시도하였다. 만해는 『십현담주해』를 통해 그의 선사상을 더욱 깊게 하였다. 오세암에서의 선수행이 『십현담』을 주해할 수 있는 역량을 키웠던 것으로 생각된다. 만해의 선수행은 『십현담』을 주해한 후에 창작된 『님의 침묵』에 적지 않은 영향을 주었던 것으로 추론해 볼 수 있다. 『십현담』의 주해를 탈고한 후 집중적으로 수십 편의 시를 창작하였다. 오세암 주변의 자연환경, 즉 산색과 계곡물, 풀과 바람, 구름과 바위 등의 자연물과 동화됨은 물론 자연물이 들려주는 무정설법을 듣고 깊은 사색에 잠기기도 하면서 내면의 심경을 시로 담아냈다. 그 결과물이 독립의 소망과 그 원력을 담은 불후의 시집 『님의 침묵』(1926)이다. 『님의 침묵』을 통해 만해는 새로운 선풍을 진작하는 계기를 마련하는 한편 불교적 사유에 기반한 명상의 심오한 시편을 통하여 대중적 반응을 크게 얻었음을 물론 학계와 문단에도 큰 충격을 주었다. 시 「오세암」은 만해의 선적 사유를 잘 담아내고 있다.

> 구름과 물이 있으니 이웃할 만하고
> 보리菩提도 잊었거니 하물며 인仁일 것가.
> 저잣거리는 멀어 송차松茶로 약을 대신하고
> 산이 깊어 고기와 새 어쩌다가 사람을 구경해
> 아무 일이 없음이 참다운 고요 아니오.
> 처음 맹서를 어기지 않는 것이 진정한 새로움이거니
> 비 와도 끄떡없는 파초와 같다면
> 난들 티끌 속 달려가기 꺼릴 것이 있겠는가.
> – 「오세암」

구름과 물이 있어 지낼 만하고 보리도 잊고 송차로 약을 대신하는 산중 생활이지만, 아무 일이 없음이 참된 고요라고 보지 않는 만해이다. 많은 산중의 고요보다는 많은 중생들이 다니는 저잣거리가 그에게 더 어울릴 수 있는 것이다. 어디에 가든 처음 맹세, 초심을 어기지 않는 것이 진정한 새로움이고, 비가 와도 끄떡없는 파초와 같은 먼지가 날리는 속세 한가운데로 달려가길 전혀 꺼리지 않는 자세, 이것이 곧 만해의 입전수수의 선적 정신이다.

나아가 만해는 1927년 1월 신간회를 발기하고, 5월 신간회 중앙집행위원회 겸 경성지회장에 선임된다. 아울러 조선불교청년회의 체제를 개편하여 조선불교총동맹으로 개칭하고 일제의 불교 탄압에 맞서서 불교 대중화에 진력하였으며, 1931년에는 『불교』지를 인수하여 많은 논설을 발표하였다. 그해 김상호, 김법린, 최범술 등이 조직한 항일비밀결사대 '만당'의 영수로 추대되었다. 이어 1933년에 『유마힐소설경』 번역을 시작하였고, 또 서울 성북동에 심우장尋牛莊을 짓고 주석하였다. 이곳에서 그는 새벽과 저녁에 꼭 참선수행을 하며 무애자재의 삶을 살았다. 당시, "조선의 땅덩어리가 하나의 감옥인데 어떻게 불 땐 방에서 편히 살겠느냐"며 심우장의 냉돌 위에서 꼿꼿하게 앉아 지냈다 하여 만해에게는 '저울추'란 별명이 따라다니기도 하였다. 만해는 조선의 독립과 불교 대중화를 통한 민족의 해방, 그리고 자아와 진리를 찾으려는 구도정신을 이렇게 표현하였다.

잃은 소 없건마는
찾을 손 우습도다.
만일 잃을시 분명하다면
차라리 찾지나 말면
또 잃지나 않으리라.
- 「심우장尋牛莊」 전문

암울한 일제 강점기에 더 이상 방황하지 말고 초심으로 돌아가 살아가리라는 만해의 외로운 결기와 단단하고 매운 자아성찰이 잘 드러나 있다.[25] 마음이란 늘 가까이 있으니 애써 멀리서 찾으려 하지 말라는 것이다. 그런데 일체종지가 모두 자신 안에 있으므로 잃을 것이 없는데, 마음 밖에서 소(自性)를 찾는다고 법석을 뜨니 우스울 수밖에 없다는 것이다. 진여의 세계는 어디에 따로 있는 것이 아니다. 깨닫고 보면 모든 것이 다 부처의 법신이기 때문이다. 때문에 또다시 방황하지 말고 자아를 찾겠다는 자신의 초심 구도와 조국 독립의 결의를 굳건히 하겠다는 것이다.

필자는 1933년부터 1944년까지를 만해의 '심우장 시대'라 명명한 바 있다. 만해는 성북동 심우장에서 유마적維摩的 삶을 살면서 17편의 '심우장 산시散詩'와 시조를 발표하고, 『유마힐소설경강의』를 저술하였다. 시에서의 한계성을 극복하고 새롭게 소설을 씀으로써 민족의 얼과 독립사상을 고취시키고자 했던 그는 1935년 4월부터 〈조선일보〉에 첫 장편소설 『흑풍』을 10개월간 연재하여(241회) 선풍적인 인기를 끌었고, 또한 고정 칼럼 「심우장만필」을 썼다. 만해가 소설 연재 제의를 받고 제일 고민한 것은 "그 지면을 통해 독자들에게 무엇을 어떻게 전달할 것인가의 문제"[26]이었다. 이처럼 그는 소설의 교화적·계몽적 효과를 통해 독자에게 무언가를 전달하려고 애썼다. 그 대표적인 것이 신문 연재소설 『흑풍』[27]과 『박명』,[28] 『후회』[29] 등이다. 결국 이들은

---

25 백원기, 『명상은 언어를 내려놓는 일이다』, 도서출판 동인, 2012, p.32.
26 장영우, 「심우장 시절의 만해문학」, 『한국문학연구』 47권, 동국대학교 한국문학연구소, 2014, p.171.
27 〈조선일보〉, 1935. 4. 9~1936. 2. 4(연재).
28 〈조선일보〉, 1938. 5. 18~1939. 3. 12(연재).
29 〈조선중앙일보〉, 1936. 6. 27~1936. 7. 31(미완).

전인적인 이상을 추구하며 고난의 식민지 시대를 극복해 온 만해가 만년에 그의 모든 사회활동과 불교사상 및 문학관, 인생관을 응축한 결과물로서 시에 못지않은 비중을 차지하고 있다. 그리고 1940년 8월 일제가 〈조선일보〉를 폐간시킬 때까지 『삼국지』를 번역하였다. 1939년 7월 12일(음), 박광·이원혁 등이 동대문 밖 청량사에서 마련한 회갑연에 참석하였고, 1940년 박광·이동하 등과 창씨개명 반대 운동을 펼쳤으며, 1943년 조선인 학병의 출정을 반대하였고, 1944년 6월 29일 조국 광복 1년을 앞두고 원적에 들었다.

3. 만해의 독립사상의 특징

1) 생명 본성의 핵심: 자유와 평화, 평등사상

앞서 언급한 바와 같이, 「조선 독립의 서」는 만해가 만해의 독립정신과 조선이 독립되어야 하는 타당성을 논리적으로 밝힌 명문장이다.[30] 「조선 독립의 서」를 통해 짐작되는 것은 그의 자유와 평화에 대한 열망이 혹독한 식민통치의 경험에서 비롯되었다는 사실이다. 여기에 나타난 만해 독립사상의 핵심은 생명 본성으로서의 자유와 만유 평등사상이다. 이는 곧 자주성에 바탕을 둔 자유사상의 표현으로, 곧 절대적 개념의 자유를 말한다. 이러한 절대적 자유는 「조선 독립 이유서」의 서문에서 '자유'는 만유의 생명임을 설파하고, 자유를 유지하는 것이 인생의 행복의 근원적인 가치인 평화임을 설파하고 있는 대목에서

---

[30] 김광식, 『첫키스로 만해를 만난다』, 백담사 만해마을, 2004, pp.117~118.

명징하게 드러난다.

> 자유는 만유의 생명이요, 평화는 인생의 행복이다. 그러므로 자유가 없는 사람은 주검과 같고 평화가 없는 사람은 가장 괴로운 자이다. 압박을 당하는 사람의 주위는 무덤으로 변하고 쟁탈을 일삼는 자의 주위는 지옥이 되는 것이니, 세상의 이상적인 최고의 행복의 바탕은 자유와 평화에 있는 것이다. 그러므로 자유를 얻기 위해서는 생명을 터럭처럼 여기고 평화를 지키기 위해서는 희생을 달게 받는 것이다. 이것은 인생의 권리인 동시에 또한 의무이기도 하다. 그러나 자유의 규범은 남의 자유를 침해하지 않음을 그 경계로 삼는 것으로서 침략적 자유는 평화를 깨뜨리는 야만적 자유가 된다. 평화의 정신은 평등에 있으므로 평등은 자유의 대등 개념이 된다. 그러므로 위압적인 평화는 굴욕이 될 뿐이니 참된 자유는 반드시 평화를 보장하고, 참된 평화는 반드시 자유를 수반해야 한다.[31]

자유와 평화, 평등사상을 바탕으로 한 이 논설은 만해의 독립운동의 당위성을 주장할 수 있는 명분을 극명하게 보여준다. 자유와 평화를 유지하기 위해서는 생명을 터럭처럼 여기고, 어떠한 희생이라도 감수하며 투쟁하겠다는 것은 인간의 권리인 동시에 의무라는 만해의 의지는 확고하다. 그것은 개인의 자유와 전체의 자유가 별도로 존재할 수 없으며 나와 전체가 결코 별개가 아닌 하나로 될 수밖에 없기

---

31 「조선 독립의 서」, 『한용운전집』 1권, 불교문화연구원, 2006, p.346.

때문이다. 따라서 개인의 자유는 전체의 자유 속에 있으며, 개인의 자유가 곧 전체의 자유인 것이다. 하지만 어느 한 자유가 다른 것에 의해 강요되거나 귀속되어서는 안 되며 서로 조화로운 관계가 유지되어야 한다는 것이다. 이러한 논리는 다분히 불성의 자각과 화엄적 사유에 근거를 두고 있다. 그렇다면 이선이의 지적대로,[32] 만해에게 있어서 자유의 문제가 생명 본성으로서의 자유와 결부됨은 불교적 평등주의에 입각한 생명 이해와 밀접한 관련성을 지닌다 할 수 있다. 또한 만해에게 있어 자유란 인간의 가장 고귀한 본질이기에, 그것이 침해받을 때 인간은 전투적으로 변할 수밖에 없으며 따라서 조선 독립을 막을 수 없음을 강하게 개진한다.

> 인생으로서 생활하는 목적은 참된 자유에 있는 것이니, 자유가 없는 생활이 무슨 취미가 있으며 무슨 쾌락이 있겠는가. 자유를 획득하기 위해서는 무슨 대가도 아끼지 않는 것이니, 즉 생명을 바쳐도 조금도 물러서지 아니할 것이다. 단 한 사람이 자유를 잃어도 천지의 평화로운 기운이 손상되는 것인데 어찌 2천만 인의 자유를 말살함이 이렇게도 극심한가. 조선의 독립을 침해치 못할 것이다.[33]

만인 공유의 자유가 어떤 형태로도 훼손되어서는 안 된다는 만해의 자유에 대한 강한 인식이 드러나 있다. 때문에 만해는 어떠한 희생을

---

[32] 이선이, 『만해시의 생명사상 연구』, 도서출판 월인, 2001, p.251.
[33] 「조선 독립의 서」, 『한용운전집』 1권, p.351.

감수하더라도 자유는 인간존재의 목적이자 행복이라는 사실을 일깨우고 그것을 짓밟은 일제의 야만적 행동을 준엄하게 질타한다. 결국 어느 한 사람이 아무리 자유롭다고 해도 다른 사람이 자유스럽지 못하다면 완전한 자유를 이룰 수 없다는 것이다. 이러한 주장은 개인적 자유와 사회적 자유가 서로 긴밀하게 관련을 맺고 있는 전체로 인식되고 있다. 곧 이러한 논리는 불교의 만유 평등성에 근거하고 있다는 점에서 만해의 인식론이 불교적 인식논리에 근거하고 있음을 알 수 있다.[34] 그의 논리를 따르면, 자신의 자유는 타인의 자유와 동일한 것이고 상호 연관되어 있기 때문에 개인의 자유는 곧 사회적 자유라 할 수 있다. 결국 참다운 평등은 타자와 동일시하고 서로의 삶이 깊숙이 연관되어 있음을 인식하는 데서 출발한다. 이러한 인식은 생명을 통일된 동체적 관계 속에서 파악하는 불교적 생명관의 표출이라 할 수 있다.[35] 곧 '절대적 자유가 곧 절대적 평등'[36]인 것이다. 따라서 단 한 사람의 자유 상실이 천지의 평화로운 기운을 깨뜨림을 인식한 만해는 2천만 조선인의 자유가 극심하게 말살되고 있는 현실을 직시하고 독립자존을 위한 운동을 할 수밖에 없었던 것으로 진단된다.

이처럼 만해는 억압적이고 불평등한 식민지 현실의 극복방안으로 서양사상의 자유론과 불교의 만유평등성을 잘 융합하고 있다. 결국 만해는 자유와 평등의 부합은 이를 생명의 본성으로 인식하는 데서

---

[34] 이선이, 『만해시의 생명사상 연구』, 도서출판 월인, 2001, p.44.
[35] 이선이, 위의 책, p.4.
[36] 안병직, 「만해 한용운의 독립사상」, 『창작과 비평』 제5권 제4호, 창작과 비평사, 1970; 『한용운사상연구』 제1집, 민족사, 1980, p.73.

비롯된다고 진단하고 있다.

2) 민족 독립 자결과 평화주의

만해가 독립은 누가 시켜 주는 것이 아니라 스스로 독립국가라 선언할 때 가능하다고 주장한 것은 그의 독립사상의 또 다른 특징이다. 당시 세계정세는 모든 인류가 자유와 평화를 갈망함에도 불구하고 군국주의가 등장하면서 우승열패와 약육강식의 논리, 그리고 진화의 법칙이 대세를 이루어 전쟁이 그칠 날이 없는 상황이었다. 따라서 만해는 무엇보다 타파해야 할 적은 바로 독일과 일본으로 대표되는 군국주의 세력임을 밝히고, 그러한 군국주의 세력이 영원할 수 없다고 확신한다. 그래서 그는 민족의 독립 자결은 인간의 본능이며 동시에 인류 행복의 원천이기에 세계적인 대세인 독립 자결 운동의 흐름을 결코 막을 수 없음을 단호하게 주장하고 있다.

> 18세기 이후의 국가주의는 실로 전 세계를 풍미하여 그 들끓어 오르는 꼭대기에서 제국주의와 그 실행의 수단인 군국주의를 산출하기에 이르러 이른바 우승열패·약육강식의 학설은 불변의 진리로 인식되기에 이르렀다. … 전 세계를 대표할 만한 군국주의 국가로는 서양에는 독일이 있고, 동양에 일본이 있다. … 군국주의 곧 침략주의는 인류의 행복을 희생시키는 가장 흉악한 마술일 뿐이니 어찌 이와 같은 군국주의가 이 세상에서 무궁한 운명을 유지할 수 있겠는가. 침략만을 일삼는 극악무도한 군국주의는 독일로써 최종으로 막을 내리지 않았는가. 정의는 인도의 승리요,

군국주의의 실패니라. … 각 민족의 독립 자결은 자존성의 본능이며 세계의 대세며 하늘이 찬동하는 바로서 전 인류의 앞날에 올 행복의 원천이라. 누가 이것을 억제하고 누가 이것을 막을 것인가.[37]

만해가 이와 같이 제국주의 곧 침략주의와 그들의 기만성을 신랄하게 공격한 것은 모든 인류의 죄악이 평화와 정의를 향해 끊임없이 발전하는 역사의 한 과정, 즉 멸망해 가는 한 부분으로 인식한 것에서 비롯된다. 따라서 그는 이러한 야만적인 군국주의가 인류 역사에서 마침내 사라지고 자존적 평화주의가 반드시 승리할 것이라고 단언한다. 이처럼 만해는 일제의 식민주의에 대한 모든 타협적인 태도를 단호히 배격함으로써 민족의 자주독립에 대한 강한 신념을 표출하고 있다. 무엇보다도 그는 조선인은 독립민족으로서의 유구한 역사와 전통을 지니고 있고 현대문명에 부응할 만한 능력을 갖추고 있기에 독립요건을 갖춘 다음에 독립하겠다[38]는 준비론자들의 허구성과 강대국의 선의에 의존하여 독립을 하겠다는 외교적 입장의 기만성을 통렬히 비판한다. 안병직의 지적처럼,[39] 만해의 이러한 태도는 민족자존성 및 조국사상이 바로 우리 민족이 독립할 수 있는 기반이며 우리 민족의 능력이 이미 독립할 수 있는 상태에 있음을 자각한 만해의 독립사상을 잘 보여주고 있다 할 것이다.

제국주의와 민족 자주독립의 이러한 본질적인 모순을 제대로 인식하

---

37 「조선 독립의 서」, 『한용운전집』 1권, 불교문화연구원, 2006, pp.346~349.
38 「조선 독립의 서」, 『한용운전집』 1권, p.349.
39 안병직, 「만해 한용운의 독립사상」, 『한용운사상연구』, 민족사, 1980, p.74.

지 못한 역사인식의 부족 때문에 당시의 많은 지식인들이 자구의 노력은 강구하지 않고 일본의 도움으로 내정 독립을 얻어내려 했다. 하지만 만해는 이런 일체의 타협주의와 투항주의의 맹점을 간파하고 있었기 때문에 오로지 일제 식민지 체제를 당장 청산하는 것만이 유일한 해결책이라 생각했고, 독립자존을 열망하는 2천만 민중을 믿었기에 '조선 독립은 시간문제일 뿐'이라는 확고한 낙관론을 가질 수 있었다. 그래서 그는 세계 평화의 근본이 되는 민족자결주의의 필요성을 강조하고 조선의 독립이 동양 평화의 열쇠가 될 것임을 단언하며 어느 누구도 조선의 독립을 침해할 수 없음을 역설하였다.

민족자결은 세계 평화의 근본적인 해결책이다. 민족자결주의가 성립되지 못하면 아무리 국제 연맹을 체결해서 평화를 보장할지라도 결국 수포로 돌아가고 말 것이다. 그러므로 조선민족의 독립 자결은 세계 평화를 위한 것이요, 또 동양에 대해서는 실로 중요한 열쇠가 되는 것이다. 일본이 조선을 합병한 것은 일본 민족을 이식하고자 할 뿐만 아니라, 만주, 몽고를 삼키고 지나 대륙까지 꿈꾸는 것이다. 침략주의 일본의 야심은 길가는 행인도 다 아는 것이다. 지나를 요리하는 데에는 조선을 버리고 딴 길이 없기 때문에 침략 정책상 조선을 유일한 생명선으로 아는 것이나 조선의 독립은 곧 동양의 평화가 될 것이다.[40]

이처럼 만해가 굽히지 않고 강력하게 일제에 저항할 수 있었던

---

[40] 「조선 독립의 서」, 『한용운전집』 1권, p.351.

것도 그의 확고부동한 독립사상과 신념에 기반한 것이었다. 앞서 언급했듯이, 각 민족의 독립 자결이 '자존성의 본능'이요, '세계의 대세'이며, '인류의 앞날에 올 행복의 근원'이라고 보았던 뚜렷한 신념과 세계관을 지녔기에, 만해는 3·1 운동 후 일제의 법정 심문과정에서도 민족과 역사 앞에 한 치의 흐트러짐이 없이 당당하게 자신의 입장과 향후의 포부를 개진하고, 나아가 조선민족의 자존을 굳건히 견지하며 '독립의 정당성'을 천명해 나갈 수 있었던 것으로 진단된다.

그렇다면 만해가 조선 독립을 그토록 강하게 주장하게 된 동기는 무엇인가? 그것은 그의 역사인식과 민족자존에 대한 확고한 신념 때문이라 할 수 있다. 이에 만해는 어느 한 민족이 다른 민족의 간섭을 받지 않으려 하는 것은 인류 공통의 본질이기에 남이 결코 해칠 수 없고, 따라서 어느 누구도 결코 조선의 독립을 감히 막을 수 없음을 강조하였다.

> 한 민족이 다른 민족의 간섭을 받지 아니하려는 것은 인류 공통의 본질인 것이다. 이것에 대해서는 어떠한 사람이라도 감히 막지 못할 뿐만 아니라, 자기 민족이 자기네 민족의 자존심을 억제코자 하여도 불가능한 것이다. 이 자존성은 항상 탄력성이 있어서 팽창의 극도, 즉 독립자존의 목적을 달성치 아니하면 정지하지 않는 것이니 우리 조선의 독립을 감히 침해하지 못할 것이다.[41]

---

41 「조선 독립의 서」, 위의 책, p.350.

위의 인용문에서 알 수 있듯이, 일본제국의 조선 침략이 부당한 것이기에 독립자존의 목적이 달성될 때까지 투쟁이 지속될 것이라고 만해는 주장하고 있다. 또한 만해가 천명하고 있는 독립선언의 이유 중의 하나인 조국사상도 그 표현이 약간 다를 뿐, '근본'을 잊지 못하는 것은 천성인 동시에 만물의 미덕이라는 것이다. 그래서 반만년의 유구한 역사를 가진 나라가 다만 국력이 열세하다는 이유로 남의 나라에 유린당할 수 없는 것임을 단호히 역설했던 것이다.[42] 유구한 역사를 지닌 조국을 잊을 수 없기에 만해에게 그 역사의 단절이란 결코 참을 수 없는 것이었다. 따라서 민족 독립을 위한 역사적 사명은 한결 절실할 수밖에 없었던 것이다. 장구한 역사와 전통을 가진 독립 조국의 정체성을 잊지 못하는 것, 이는 곧 만해의 조국사상이고 독립운동의 골간이었다. 이러한 조국사상과 역사인식을 자각함으로써 상실한 주권을 회복하고 독립국가로서의 위상을 유지하기 위한 독립사상이 고조되었으며, 이는 결국 3·1 운동의 도화선이 되었음을 만해는 분명히 밝히고 있다. 한 걸음 더 나아가 만해는 인류 역사를 끝없는 발전으로 인식하며 독립의 기운을 비교적 낙관적으로 보면서 다음과 같이 주장을 하고 있다.

인류의 지식은 점차적으로 발전하는 것이다. 역사는 인류가 몽매한 데서부터 문명으로, 쟁탈에서부터 평화로 발전하고 있음을 사실로써 증명하고 있다. 인류 진화의 범위는 개인적인 데로부터 가족,

---

[42] 「조선 독립의 서」, 위의 책, p.351.

가족적인 데로부터 부락, 부락적인 것으로부터 국가, 국가적인 것에서 세계, 다시 세계적인에서 우주주의로 진보하는 것인데 여기에서 부락주의 이전은 몽매한 시대의 티끌에 불과하다.[43]

인용문에는 만해의 인류 역사에 대한 진보사관과 민중사관이 명징하게 드러나 있다. 즉 인류가 무지몽매함과 쟁탈의 틀에서 벗어나 새로운 문명과 평화를 지향하며 점진적으로 발전해 간다고 하는 것은 진보적 역사인식이다. 또한 소수의 지배자가 역사를 움직이던 시대에서 다수 민중의 힘이 역사를 만드는 시대로 나아가고 있다고 믿는 것은 민중에 기반을 둔 역사인식이다. 이런 맥락에서 만해는 세계사의 현 상태를 면밀히 분석하여 제국주의의 침략적 본질을 갈파하는 동시에 제국주의와 군국주의가 몰락할 수밖에 없음을 지적하고, 나아가 이러한 세계사의 필연적 흐름에 비추어 볼 때 조선의 독립은 불가피하다고 결론을 내리고 있다.[44] 그렇다면 만해의 독립정신은 보편적 인류애에서 출발하고 있다 할 수 있다.

3) 생명존중과 자비실천 사상

'생명'의 문제는 끊임없이 제기되는 가장 근원적인 물음이다. 불교의 생명윤리는 모든 생명 존재의 존귀함과 고유한 내재적(inherent) 가치를 강조한다. 모든 생명에 대한 사랑은 모든 생명체에는 상호 의존성이 있다는 연기의 법칙이 그 배후에 깔려 있는 것으로 보는 데서 비롯된다.

---

43 「조선 독립의 서」, 위의 책, p.356.
44 염무웅, 「한용운의 민족사상」, 『한국근대사론』 III, 지식산업사, 1978, p.316.

생명을 가진 모든 존재는 그 형상이 다를 뿐 다 같이 자비와 구제의 대상이 될 수 있기 때문이다. 그렇다면 생명존중이란 살아있는 모든 것을 귀하게 여기고 모든 생명에 가치를 부여하는 것이라 할 수 있다.

따라서 모든 생명 존재에 대한 존중은 불교의 핵심이다. 이러한 사실은 불살생을 첫 번째의 계율로 삼으며 상호 연기적 관점에서 생명을 존중하고 배려를 실천해 오고 있는 면에서 잘 드러나고 있다. 특히『화엄경』에서 삼세간이 서로 그물의 코처럼 상호 장엄으로 존재하고 있기에 모든 생명에 대한 존엄과 평등성을 강조하고 있는 것도 이러한 연유이다. 이는 곧 모든 생명 존재는 깨달음의 세계인 지정각세간智正覺世間, 뭇 생명들의 세계인 중생세간衆生世間, 산천초목 등의 세계인 기세간器世間에서 독립되어 존재하는 것이 아니라 분별과 경계를 넘어서 조화롭게 어울리면서, 저마다의 본분을 다하며 동등한 관계에서 상호 의존하고 있다는 것이다.[45] 결국 모든 생명 존재가 독립된 존재가 아니라 상호 의존(interdependence)의 관계에 있다는 것은 생명의 존엄과 평등을 강조한 것이다. 이러한 연기적 생명관에는 '나'와 '타자'가 이항대립(binary opposition)의 관계에 있는 것이 아니라 그 둘은 하나(自他不二)라는 사유가 내재되어 있다. 상호 연기의 생명 이해는 붓다의 전생 이야기인『자타카』에서 잘 드러나고 있다. 여기에서 가장 강조되고 있는 특징적인 것 중 하나는 '등가의 생명'이라 할 수 있다. 곧 그 핵심은 모든 '생명의 무게는 동일하다'는 것이다. 즉, 생물과 인간의 무게는 같다는 것이다. 만물은 무수한 조건들이

---

[45] 도법,『화엄의 길, 생명의 길』, 선우도량, 1999, pp.67~72.

서로 의존하고 화합하여 생성되는 것이기에, 전혀 새로운 것이 생겨나거나 완전히 사라져 없어지는 것이 아니라 끝없이 반복, 순환의 과정을 거친다. 그러므로 줄거나 늘어남이 없이 관계되는 만물의 그물망 전체는 늘 평형의 상태를 유지하는 것이다.[46]

한편 만해의 오도 체험은 이후 그의 삶에 큰 변화를 가져다주었다. 이전의 불교적 영역에서 민족적 영역으로 관심이 확대되었던 것이다. 그것은 그의 자리와 이타가 하나로 통합 인식되는, 즉 출세간적 입장을 견지하는 대승불교의 자타불이自他不二의 적극적인 보살행 실천에서 확인된다. 따라서 만해의 문학에 내재된 핵심적 가르침 중의 하나는 모든 생명 존재의 존엄성과 평등성을 기반으로 한 자비실천이라 할 수 있다. 그에게 있어서 시를 쓰는 행위는, 생명의 모습을 통해 자신의 내면세계를 펼쳐 보이는 일이자 모든 생명 있는 것들의 존재성에 대한 질문이기 때문이다. 이러한 보살행 실천은 모든 차별과 분별을 넘어서는 깨달음을 통해 묘유의 보살행을 보여주는 『유마경』과 일체 만물의 차별상을 넘어선 평등을 강조하고, 보살도 실현을 통해 중생구제를 역설한 『화엄경』에 근거를 두고 있다.[47]

현상계 중의 모든 것들이 서로가 서로를 비추고 있는 인드라망의 관계 속에서 중중무진重重無盡의 연기緣起를 담고 있다는 화엄적 사유에서 하나의 사물은 고립된 부분이 아니라 전 우주와의 관계망 속에서 그 우주 전체를 반영한다. 『님의 침묵』의 「군말」에서 "'님'만이 아니라

---

[46] 백원기, 『불교설화와 마음치유』, 도서출판 동인, 2017, pp.21~23.
[47] 만해가 고려대장경을 요약 정리하여 나름대로 재구성한 『불교대전』에 『화엄경』을 200여 회 인용하고 있다.

기룬 것은 다 님이다"라는 언설은 화엄적 사유체계에서 삼라만상은 모두 불성을 담지한 존재로 여겨짐을 의미한다. 그렇다면 삼라만상은 궁극적으로 '님'이라고 할 수 있다. 따라서 '사랑'은 '님'과 '나'가 둘이면서 하나인 불일불이不一不二의 세계관을 보여주는 만해의 많은 시편들은 자아와 세계의 원융적 조화와 통일을 지향한 화엄적 인식의 결과라 할 수 있다.

나아가 우주의 합일과 조화로운 화엄적 세계관은 만해의 시에서 생명에 대한 무한한 자애로움으로 나타난다. 즉 일체 생명을 보살피고 보듬는 마음은 자연과 우주로 확대되어 생명의식을 고양할 뿐만 아니라 역설적 합일을 바탕으로 상호 의존적이며 상호 침투하는 면을 보이기도 한다는 것이다. 따라서 이를 내면화하여 인식한 만해가 두두물물의 아름다운 조응에 주목하는 것은 자연스런 결과라 할 수 있다. 이러한 자연과의 교감은 님과 나와 관계 속에서도 자연스럽게 스며든다. 그런데 중요한 것은 이러한 근원적 동일성이 우주 만유에 대한 사랑하는 마음을 낳아 사랑의 그물망 속에서 동체대비의 포괄적인 자비실천으로 전개된다는 사실이다.

제3장 독립의지의 표상으로서의 '이미지'

1. 어디로 가야 하나

1920년대는 3·1 운동의 좌절로 우리 민족 모두가 큰 절망과 상실감의 비애를 맞게 되었던 시기이다. 즉 정치적 좌절감과 함께 경제적으로는 일제의 식민지 착취와 세계 공황으로 인한 경제적 궁핍화 현상의 심화로 민족 생존이 크게 위협을 받았던 시기였다. 그런데 무단적 압박정책이 한층 가열됨으로써 야기된 3·1 운동을 통해 우리 민족의 저항 역량을 재빨리 간파한 일제는 문화정치라는 그럴듯한 정략을 내걸고 당대의 지식인들로 하여금 올바른 현실인식을 갖지 못하도록 획책하였다. 그 정략은 소위 일제는 조선의 합병으로 양국이 한 집안이 되고 한국인도 일본인들과 똑같이 천황의 신민이 되어 천황의 일시동인一視同仁하는 은덕을 입을 것이라고 선전함으로써 우리 민족 및 민족운동의 분열을 시도한 기만정책이었다. 그것은 일제가 한국에

"자치부여自治賦與"[48] 여론을 환기시키고, 그 조작된 여론을 그 당시 세계적 혁명사조의 영향으로 유입된 좌익적인 비타협운동 세력과 대결시켜 이른바 '분할해서 통치하는' 본격적인 식민지정책을 감행한 데에서도 그 일단이 드러난다.[49]

이러한 의미에서 문화정치는 '분할해서 통치하는' 분리주의 정책이라 할 수 있다. 이 분리주의 정책의 기본목표는 한국인의 물질적 궁핍을 가속화하는 데 있었다. 그러기 위해서는 우선 식민지 지식인들의 현실인식, 역사인식을 흐리게 할 필요가 있었다. 그 한 방편으로 일제는 당대 한국의 지식인들에게 서구 또는 아시아 서구로서의 일본에 대하여 눈을 돌리도록 문호를 개방하였다. 그렇게 함으로써 일제는 한국 지식인들이 현실적인 여러 제약 조건들을 쉽게 잊어버리고 서구라는 보편적 지평에 머무르는 정신적인 이중 국적자가 되기를 바란 것이다.

이에 일제 강점기의 암울한 현실 속에서 자유가 속박되고 무력에 의한 억압이 혹독함을 경험한 만해는 자유와 평화에 기초한 독립 조국의 건설을 궁극적 지향점에 두게 된다. 앞서 언급한 바와 같이, 만해가 옥중에서 작성한 「조선 독립의 서」는 상하이에서 발간되는 〈독립신문〉 1919년 11월 4일자 부록에 「조선 독립에 대한 감상의 개요」라는 제목으로 발표되었다. 이 논설은 만해가 1919년 7월 10일, 당시 경성지방법원의 검사장 요구로 작성한 글로서, 만해의 녹립정신

---

[48] 신일철, 「일제의 한국문화침탈의 기조」, 『변혁시대의 한국사』, 동평사, 1979, pp.226~227 참조.

[49] 신일철, 위의 글, p.226.

과 조선이 독립되어야 하는 타당성을 논리적으로 밝힌 명문장이다.[50] 만해는 이 글을 통해 민족자존성, 조국사상 및 자유주의는 우리 독립의 기반이자 원동력이었으며, 대 세계의 의무는 우리나라가 다른 나라의 독립을 위하여 지켜야 할 의무임을 역설하고 있다. 궁극적으로 만해는 이 글에서 자유와 평등권을 제시하고 그것이 인간의 본성, 민족의 자존성에 연결시켜 조선의 독립이야말로 자유의 광범위한 의미임을 주장하고 있다.

무엇보다 만해는 시대적 상황, 개인적 기질, 전통사상과 서구 철학에 대한 식견 등이 그로 하여금 선방에 머물기보다는 독립운동의 길에 자신을 던졌다고 생각된다. 그 과정에서 만해가 공력을 들인 것이 계몽담론의 생산이었다. 대표적인 것으로 「조선 독립의 서」, 「민족문화의 설계」, 『조선불교 유신론』, 「조선불교의 진로」 등 적지 않은 글들이다. 이들 담론이 지닌 특징은 직설적이고 선동적 요소마저 갖추고 있어 이해에 어떤 지장도 주지 않는다는 점이다. 즉 자유, 평등, 자강, 독립의식 등을 고취하는 방편으로 그가 계몽 산문을 택하고 있다.

「조선 독립의 서」를 통해서 알 수 있듯이 만해는 "국가란 물질문명이 구비된 후에라야 꼭 독립되는 것은 아니다. 독립할 만한 자존의 기운과 정신적 준비만 있으면 충분하며, 또한 조선민족은 당당한 독립국민의 역사와 전통을 가지고 있다"고 선언함으로써 민족의 자존성과 함께 전통 계승론을 바탕으로 한 비타협주의로 일제에 항거하며 독립운동을

---

50 김광식, 『첫키스로 만해를 만난다』, 백담사 만해마을, 2004, pp.117~118.

전개했다. 비록 3·1 운동은 실패로 끝나고 말았지만 만해는 3·1 운동을 겪으면서 민족주의와 제국주의에 대한 객관적 인식과 더불어 자유와 평등을 강조하는 사회주의에 대한 새로운 인식을 갖게 되었다.

근대 지성인이 대체로 그러했던 것처럼 만해 역시 시대의 변화를 앞서 간파하고 무지몽매한 민중들을 각성시키고 인도하는 것을 그 자신의 소명으로 삼았다. 비록 승려이긴 하지만 만해는 철저한 수행자의 모습을 보임은 물론 대중 앞에 나서 실천하는 지성인으로서의 면모를 보여주었다. 특히 그는 3·1 운동 실패 후 나라를 잃고 헤매는 민중들에게 『님의 침묵』을 통해 나아갈 방향을 제시하려는 의도를 보이고 있다. 현실의 부재한 '님'을 읊고 있는 인식의 근간에는 다분히 중생구제라는 대승적 차원의 자비실천 사상이 놓여 있다. 이러한 관점에서 『님의 침묵』은 일제 치하를 살아가는 민족적 아픔 내지 저항정신의 산물이라 할 수 있다. 특히 민족의 자주독립에 대한 강한 의지를 분명히 표명한 그의 시와 정신은 다분히 구국문학의 전통을 심화시키고 확대시킨 것으로 진단된다. 따라서 만해의 시문학은 독립의 의지 그 자체의 표출이라 할 수 있다.

그렇다면 만해는 무엇 때문에 일제 강점기라는 암울한 시대적 상황에서 고도의 상징과 비유, 역설로 『님의 침묵』(1926)이라는 주옥같은 시집을 낳았으며 거기에 내재된 사상은 무엇인가? 이러한 문제의 연장선상에서 만해의 독립사상과 문학적 글쓰기가 실천적 행위로서 서로 분리된 것이 아니라 민족 독립에 대한 강한 의식과 상상력을 바탕으로 상호 유기적인 관계를 맺고 있다.

2. 독립의지의 표상 - '꽃'과 '나무'로

니체는 쇼펜하우어(Arthur Schopenhauer)에게서 상당한 영향을 받았다. 니체는 세계의 근원으로서의 의지를 부정해야 할 대상으로 보았던 쇼펜하우어와 달리 의지를 긍정해야 할 것으로 보았다. 즉 세상은 삶에의 의지가 전부라는 사실을 직시하여 인정하고 삶으로 인한 고통이 있을지라도 끌어안아 사랑하자는 것이 그의 주장이다. 이를 이행할 수 있는 비결로 니체는 이성의 소리나 하늘의 소리를 들으려 하지 말고 몸의 소리나 대지의 소리를 들을 것을 주문한다. 그런 면에서 흔히 혁명적이고 정치적 기표로서의 '꽃'의 특징은 문학의 미학성을 명징하게 보여준다는 점에서 중요한 의의가 있다. 그래서 시인들은 자신의 삶과 시정신이 개혁적이고 투쟁적인 것으로 투영하는 데 꽃을 이용한다. 만해 시에서도 꽃은 전통적 상징으로 사랑, 부드러움, 아름다움, 에로틱함을 포함할 뿐더러 독립, 혁명, 저항까지 두루 포함하는 은유의 장치로 사용되고 있다. 꽃의 순수한 이미지를 혁명적이고 정치적 이미지로 변용시켜 그 자신의 독립의지를 선명하게 드러내 보이는 모습을 다음 세 편의 시를 통해 살펴보고자 한다.

당신은 나의 꽃밭으로 오세요. 나의 꽃밭에는 꽃들이 피어 있습니다.
만일 당신을 쫓아오는 사람이 있으면 당신은 꽃 속으로 들어가서 숨으십시오.
나는 나비가 되어서 당신 숨은 꽃 위에 가서 앉겠습니다.

그러면 쫓아오는 사람이 당신을 찾을 수는 없습니다.
오세요. 당신은 오실 때가 되었습니다. 어서 오세요.
당신은 나의 품으로 오세요. 나의 품에는 부드러운 가슴이 있습니다.
만일 당신을 쫓아오는 사람이 있으면 당신은 머리를 숙여서 나의 가슴에 대십시오.
나의 가슴은 당신이 만질 때에는 물같이 부드럽지마는 당신의 위험을 위해서는
황금의 칼도 되고 강철의 방패도 됩니다.
- 「오세요」 부분

화자의 몸, 특히 에로틱한 몸의 은유였던 '꽃'이 '물'의 형상으로 바뀌고, 이는 다시 '칼'과 '방패'의 이미지로 극화되어 긴장감을 자아내고 있다. 위험한 전쟁터에 나가 있는 그녀의 님의 사랑을 그토록 간절하게 구애하던 화자가 갑자기 정욕의 마음을 버리고 그를 보호하는 강한 투사의 모습으로 변해 나타난다. 그리고 화자의 '낙화'의 이미지는 화자의 님과 한몸이 되기 위한 죽음을 상징하는 매개물이다. 이어지는 시행에서 이미지화되는 '죽음'은 군국주의에 맞서는 상징적 저항으로 그려진다. 시인은 "죽음의 앞에는 군함과 포대가 티끌이 됩니다"라고 노래하며 군국주의가 지배하는 현실에서 벗어나고자 한다.[51] 즉, 죽음으로 적의 '군함'과 '포대'를 티끌로 만들겠다는 강한 전투적 자세로

---

51 이선이, 「평화의 밤을 공양한다는 것」, 『불교평론』 제26권 3호(통권 99호), 2024, p.281.

님과의 육화를 시도하고 있다. 따라서 '꽃'의 이미지는 국권을 상실한 시인 혹은 그의 민족을 암시하고 동시에 시인의 님의 이미지이며, 또한 '꽃'과 '칼' 그리고 '방패'와 같은 전쟁의 이미지는 민족 독립을 궁극적인 모티프로 설정한 만해의 문학을 상징하는 기호라 할 수 있다.

  미의 형상은 정신에 존재하고 있으니 외부 대상의 아름다움을 본 사람은 이제 자신 내부에 정신이 내재하고 있음을 깨닫게 된다. 그래서 이제 자기 내부의 정신을 본다. 여기에서 동일성의 원리가 적용된다. 정신을 인식했다는 사실은 자신이 이미 그와 동일한 것, 정신이 되었음을 의미한다. 정신과 하나가 된 것이다.[52] 칸트는 숭고를 자연의 경외스러운 대상이 아니라 인간 정신의 위대함에서 찾았다. 또 그에 의하면 미는 대사의 형식과 관련되는 것인 반면, 숭고는 몰형식의 대상과 연결되는 것이다. 그리고 미는 인식 능력인 오성의 영역에 머무는 것이지만 숭고는 사유 능력인 이성 차원의 것이다. 이해나 추론, 인식의 범위를 벗어나 사유의 대상이 되는 숭고는 '物物 자체(Ding an sich)'에 가까운, 절대적이고 초월적인 것과 관련된다는 점에서 도덕적 의식과도 무관하지 않다. 오성의 인식은 상상력이 제작한 표상으로부터 시작되는데 숭고의 대상 앞에서 상상력은 표상을 만들어낼 수 없고 좌절하기 때문이다. 당연히 미는 상상력과 오성 간의 자유로운 유희를 일으키는 유쾌한 것인 반면, 숭고는 상상력과 오성이 감히 유희조차 할 수 없는 그런 엄숙한 것이다. 그래서 미가 직접적인 삶의 촉진

---

[52] 노영덕, 『처음 만나는 미학』, RHK, 2015, p.202.

감정이라면 숭고는 감탄이나 경외를 내포하는 소극적이고 간접적인 쾌감이다.[53] 한편 플로티노스는 미와 존재를 하나의 본성으로 파악하고 "존재 없이는 미도 있을 수 없다"라고 주장하면서 이 둘을 동일시한다.[54]

한편 임진왜란으로 인해 국가가 위기에 처했을 때 일본 장수에게 부득이하게 자신의 정절이 더럽혀지자 자신을 더럽힌 장수를 죽이고 스스로 죽음을 택함으로써 자신의 순결을 지키는 한편 나라를 구하는 싸움에 목숨을 바친 대표적인 의기義妓로 논개(1574~1593)와 계월향(?~1592)을 들 수 있다. 만해는 '꽃'을 논개와 계월향에 비유하여 그의 절대적인 님으로 표현하고 있다. 논개는 임진왜란 때 진주성을 빼앗은 왜장들이 촉석루에서 술자리를 가질 때에 참석했다가 장수 케야무라(毛谷村)를 껴안고 남강으로 뛰어들어 함께 죽은 그 기생이고, 계월향은 왜장 고니시(小西行長)의 한 부하 장수가 평양 연광정에 주둔하고 있을 때, 오빠를 만나고 싶다며 김응서 장군을 끌어들여 적장의 머리를 베게 했던 기생이다. 만해는 '꽃'을 의기인 논개와 계월향에 비유하여 그의 절대적인 님으로 표현함으로써 그들의 저항의지를 예찬하고 그들의 의로운 행동에 대한 흠모의 정을 보여준다. 이처럼 조국을 위해 목숨을 아까워하지 않았던 논개와 계월향은 일제 강점기에 또 다른 임진왜란과 유사한 상황을 걸어가는 만해가 사랑할 수밖에 없는 여인이었다. 만해는 그녀들을 기꺼이 애인으로 삼아 조국 독립의 의미를 한결 승화시키고 있다.

---

[53] 노영덕, 위의 책, pp.168~169.
[54] 노영덕, 위의 책, p.194.

논개여, 나에게 울음과 웃음을 동시에 주는 사랑하는 논개여.
그대는 조선의 무덤 가운데 피었던 가장 좋은 꽃의 하나이다.
그래서 그 향기는 썩지 않는다.
나는 시인으로 그대의 애인이 되었노라.
그대는 어디 있느뇨. 죽지 않은 그대가 이 세상에는 없구나.
나는 황금의 칼에 베어진 꽃과 같이 향기롭고 애처로운 그대의
당년當年을 회상한다.
…
아아, 나는 그대도 없는 빈 무덤 같은 집을 그대의 집이라고 부릅
니다.
만일 이름뿐이나마 그대의 집도 없으면 그대의 이름을 불러 볼
기회가 없는 까닭입니다.
나는 꽃을 사랑합니다마는 그대의 집에 피어 있는 꽃을 꺾을 수는
없습니다.
그대의 집에 피어 있는 꽃을 꺾으려면 나의 창자가 먼저 꺾어지는
까닭입니다.
나는 꽃을 사랑합니다마는 그대의 집에 꽃을 심을 수는 없습니다.
그대의 집에 꽃을 심으려면 나의 가슴에 가시가 먼저 심어지는
까닭입니다.
　- 「논개의 애인이 되어서 그의 묘에」 부분

만해에게 촉석루의 주인공 논개의 삶은 비극이자 희망이다. 꽃다운
죽음은 비극이지만 적장을 죽인 의기는 식민지 민족의 희망이다.

그러기에 논개는 울음과 웃음을 동시에 준다.[55] 논개의 의로운 정신이 결코 퇴색하지 않으리라는 만해의 생각은 '조선의 무덤 가운데 피었던 가장 좋은 꽃의 하나'이기에 '그 향기는 썩지 않는다'고 한 대목에서 절정을 이룬다. 논개는 주권을 상실하고 식민지가 된 조선 역사의 '무덤' 가운데 핀 좋은 꽃의 하나이다. 그 꽃을 시인은 아름다운 꽃이라 하지 않고 '좋은 꽃'으로 표현하고 있다. 의로운 삶에서 나오는 썩지 않는 향기를 지닌 꽃이기 때문이다. 시인은 조선 역사의 좋은 꽃, 아름다운 여인을 사랑한다. 그것은 아름다운 여인에 대한 사랑이자 민족에 대한 사랑이다. 이렇게 시인의 마음속에서 에로스와 역사, 가치는 하나가 된다.[56] 그렇다면 논개는 화석화한 하나의 상징에 불과한 것이 아니라 우리 자신의 역사에 대한 실천적 의지와 더불어서만 존재할 수 있다는 의미이다. 즉 치열한 현실 인식을 함으로써만 논개의 애인이 될 수 있고, 또 논개의 애인이 되었을 때 비로소 더욱 치열한 현실적 인식을 하게 된다는 것이다.

    여기에서 우리는 칸트가 주장하는 인간 정신의 위대성이 드러날 때 생기는 '숭고미'를 느낄 수 있다. 역설적인 표현으로, 하루도 살 수 없는 논개는 화석화한 하나의 상징에 불과한 것이 아니라 우리 자신의 역사에 대한 실천적 의지와 더불어서만 존재할 수 있다는 의미이다. 그러므로 논개는 우리가 한순간이라도 현실에 대한 치열한 의식이 없어지면 바로 사라져 버린다는 뜻이다. 웃음이나 눈물은 서로 상승적 효과를 가져다준다. 즉 치열한 현실 인식을 함으로써만

---

55 김종인, 『날카로운 첫 키스의 추억』, 나남, 2008, p.298.
56 김종인, 위의 책, pp.298~299.

논개의 애인이 될 수 있고, 또 논개의 애인이 되었을 때 비로소 더욱 치열한 현실적 인식을 하게 된다는 것이다. 시인은 이것을 논개의 애인이라는 가정 아래서 그를 추모하고 그리워하는 심정으로 절절히 표현해 내고 있다.

남쪽에 논개가 있었다면 북쪽에는 계월향桂月香이 있었다. 계월향 역시 임진왜란 때 고니시 유키나가(小西行長)의 한 부하 장수가 몸을 더럽히게 되자, 그 적장을 속여 김응서로 하여금 적장의 머리를 베게 한 뒤 자신은 자결한 의기이다. 만해는 계월향의 애인이라는 가정 아래서 그녀를 추모하고 그리워하는 심정으로 애절하게 묘출해 내고 있다.

계월향이여, 그대는 아리따웁고 무서운 최후의 미소를 거두지 아니한 채로 대지의 침대에 잠들었습니다.
나는 그대의 다정多情을 슬퍼하고 그대의 무정無情을 사랑합니다.

대동강에 낚시질하는 사람은 그대의 노래를 듣고, 모란봉에 밤놀이하는 사람은 그대의 얼굴을 봅니다.
아이들은 그대의 산 이름을 외우고, 시인은 그대의 죽은 그림자를 노래합니다.
…
그대의 붉은 한恨은 현란한 저녁놀이 되어서 하늘 길을 가로막고, 황량한 떨어지는 날을 돌이키고자 합니다.
…

나는 황금의 소반小盤에 아침볕을 받치고 매화가지에 새봄을 걸어서, 그대의 잠자는 곁에 가만히 놓아 드리겠습니다.
자 그러면 속하면 하룻밤, 더디면 한겨울, 사랑하는 계월향이여.
- 「계월향에게」 부분

그야말로 계월향을 '눈물 속에 피는 꽃'으로 그려내고 있다. 앞서 노래한 논개와 마찬가지로 계월향 역시 적장을 죽이는 데 자신의 목숨을 바쳤다. 적장을 죽이기 위해 자신의 목숨을 바치는 여인의 미소는 정녕 '아리땁고 무서운 미소'이다.[57] 시인은 기생임에도 불구하고 끝내 연인과의 정분을 잊지 못하여 적장의 품에 있게 된 것을 슬퍼하는 것은 그의 다정이며, 그로 인하여 결국 자신의 목숨을 잃었으니 다정을 슬퍼한다고 한다.

결국 자신을 죽음에 이르게 한 적장을 살해하는 계획을 실천에 옮겼기에 그것은 무정함이고, 또한 사랑하지 않을 수 없는 무정함인 것이다. 저녁놀은 찬란하지만 결국에는 태양의 죽음을 알리는 것이고, 그 붉은빛은 죽음 속에서도 식을 수 없는 열정을 표상한다. 떨어지는 날을 돌이키고자 함은 죽음이 되어버린 생명을 회복하고자 함이며, 황금의 소반은 아침볕을 상징하고 매화는 봄을 상징한다. 아침볕과 봄은 잠자는 이를 깨우고자 함이다. 시인은 그렇게 푸른 근심을 두고 잠자는 계월향을 깨우고자 한다. 아침볕은 하룻밤의 잠을 깨우고 매화는 한겨울의 잠을 깨우는,[58] 즉 민족 독립의 각성을 촉구하는

---

[57] 김종인, 위의 책, p.336.
[58] 김종인, 위의 책, pp.337~338.

상징이다. 진정 차원 높은 환희와 기쁨은 그와 정반대에 있는 것, 즉 진한 슬픔을 통해서 피어나는 것이라 할 수 있을 것이다.

만해가 논개와 계월향을 노래한 것은 우연이 아니다. 그들은 모두 『님의 침묵』의 주제의 골격을 이루는 요소들을 두루 갖추고 있다. 논개와 계월향에게는 에로스가 있고, 죽음의 이별이 있고, 역사가 있기 때문이다. 만해는 논개와 계월향을 그의 애인으로 사랑하다고 고백하면서도 그들을 그의 이성적으로 사랑하는 연인이라기보다는 그의 조국을 위해 몸 바친 애인으로 승화시켜 숭모하고 있다. 다시 시인은 스스로 그들의 애인임을 천명함으로써 두 여인의 거룩한 희생 정신에 자신의 민족애와 독립을 위한 투쟁정신을 이입시키고 동시에 그들과 육화된 일체적 영웅의 자아상을 반영시키고 있다. 논개는 '가장 좋은 꽃 중의 하나'로 나타났고, 계월향은 '매화'로 나타나고 있는데, 이 모두가 시인의 님이다.

이와 같이 만해는 많은 꽃을 사용하여 시를 창작하였는데, 이는 다분히 정치적이고 혁명적인 이미지의 시적 장치로 작용하고 있을 뿐만 아니라 그의 독립사상을 전달하는 매우 중요한 기제로 작용하고 있다 할 수 있다. 이처럼 조국을 위해 목숨을 아까워하지 않았던 논개와 계월향은 일제 강점기에 또 다른 임진왜란과 유사한 시대상황을 살아가는 만해가 사랑할 수밖에 없는 여인이었다. 만해는 의로운 두 기생을 기꺼이 애인으로 삼아 조국 독립의 의지를 한결 고취시키고 있다. 이는 "시인과 소설가의 임무는 가장 장엄한 것의 기초가 되는 슬픔을 보여주는 것이며, 가장 슬픈 것의 기초가 되는 장엄함을 보여주는 것"[59]이라는 점을 상기시켜 준다.

시의 생명은 '은유'라고 처음 주장한 인물은 바로 아리스토텔레스였다. 그리고 훌륭한 시를 지을 수 있는 조건으로 은유를 잘 구사할 줄 아는 능력을 꼽았다. 그에 의하면 다른 것은 몰라도 은유 능력만은 배울 수 없는 것으로, 애초에 타고나는 것이다. 은유의 구사력은 "천재의 징표"라는 것이다.[60] 은유를 만들어내는 시인의 시적 시각은 바로 상상력에서 나온다. 결국 좋은 시를 쓸 수 있는 관건이란 바로 시인의 상상력에 달려 있다는 것이 된다.[61]

만해는 작품 속에 '나무'를 정치적이고 혁명적인 이미지로 투영하여 그 자신의 민족주의적 독립사상을 삼투시켜 이를 다시 표출시킨다. 그에게 '나무'는 님의 상징물로서 그들의 신, 연인, 그리고 국가와 민족의 이미지로 표상되고 있다. 육화된 자아상을 '나무'의 이미지를 통해 투영시키고 있는 뚜렷한 예를 1918년에 창간한 『유심』지의 서시에서 찾아볼 수 있다. 만해는 여기에서 시 정신의 중심이 조국의 독립을 위한 항해임을 표방하고 동시에 나무의 객관적 상관물로 해방된 조국의 이미지를 상징화하고 있다.

배를 띄우는 흐름은 그 근원이 멀도다. 송이 큰 꽃나무는 그 뿌리가 깊도다.
가벼이 날리는 떨어진 잎새야 가을바람이 굳셈이랴.
서리 아래 푸르다고 구태여 묻지 마라. 그 대(竹)의 가운데는 무슨

---

[59] F. E. Hardy, p.171
[60] 노영덕, 『처음 만나는 미학』, RHK, 2015, p.129.
[61] 노영덕, 위의 책, p.133.

걸림도 없나니라.
...
가자, 가자. 사막도 아닌 빙해도 아닌 우리의 고원故園 아니 가면
뉘라서 보랴.
한 송이 두 송이 피는 매화.
- 「처음에 쏨」 부분, 『유심』 창간호

배를 띄어서 매화를 찾겠다는 만해의 『유심』 창간사의 의미는 매우 깊다. '사막'과 '빙해' 같은 일제 강점기의 암울한 시대적 상황에서, 화자는 해방된 자유 조국, 즉 '고원'을 향해 배를 띄우는 강한 수군水軍의 리더로 나타나 최후의 목적지인 '고원'에는 '뿌리'가 깊은 '송이 큰 나무'가 있고, 그 나무 위엔 '매화'가 피어난다고 노래한다. 시인은 화자를 통한 이와 같은 언설에서 '고원'을 이상향(淨土)으로 동시에 평화로운 조국의 이미지로 담아내고 있다. '송이 큰 나무'는 강한 국가의 힘의 은유로, 새로이 피어나는 '매화'는 꿈과 이상, 즉 자유 획득 또는 독립을 쟁취한 민중의 상징으로 표현되고 있다. 이와 같이 나무와 숲의 이미지는 만해의 작품 속에서 자유 독립의 조국을 환기시키는 상징으로 빈번하게 나타나고 있다. 「님의 침묵」은 그 전형적인 예라 할 것이다.

님은 갔습니다. 아아, 사랑하는 나의 님은 갔습니다.
푸른 산빛을 깨치고 단풍나무 숲을 향하여 난 작은 길을 걸어서 차마 떨치고 갔습니다.

황금의 꽃같이 굳고 빛나던 옛 맹세는 차디찬 티끌이 되어서 한숨의 미풍에 날려 갔습니다.

날카로운 첫 키스의 추억은 나의 운명의 지침을 돌려놓고 뒷걸음쳐서 사라졌습니다.

나는 향기로운 님의 말소리에 귀먹고 꽃다운 님의 얼굴에 눈멀었습니다.

- 「님의 침묵」 부분

화자는 자신의 님이 사랑의 옛 맹세를 잊은 채 '단풍나무 숲'을 향하여 떠났으며, 또한 그의 님은 그 숲을 향하여 난 '작은 길'을 걸어서 갔다고 언설함으로써 그 님의 정체가 남녀 간 사랑을 떨쳐버리고 구도의 길 혹은 구국전선의 길을 따라 갔음을 은연중 내비친다. 여기서 시인은 그의 님이 목표로 한 '단풍나무 숲'을 이상향이면서 동시에 자유 독립의 조국을 환기시키는 상징으로 치환하고 있다. 그리고 '작은 길'을 택한 님을 곧 구도자의 수행에 못지않은 조국 독립을 위한 험난한 길에 들어선 지사의 영웅적 표상으로 투영시키고 있다. 또한 만해는 「알 수 없어요」에서 나무의 형상을 조국 독립의 의지를 상징하는 것으로 묘출해 낸다.

바람도 없는 공중에 수직垂直의 파문을 내이며 고요히 떨어지는 오동잎은 누구의 발자취입니까.

…

꽃도 없는 깊은 나무에 푸른 이끼를 거쳐서 옛 탑塔 위의 고요한 하늘을 스치는 알 수 없는 향기는 누구의 입김입니까.
…

연꽃 같은 발꿈치로 가이없는 바다를 밟고 옥 같은 손으로 끝없는 하늘을 만지면서 떨어지는 날을 곱게 단장하는 저녁놀은 누구의 시詩입니까.

타고 남은 재가 다시 기름이 됩니다. 그칠 줄을 모르고 타는 나의 가슴은 누구의 밤을 지키는 약한 등불입니까.

- 「알 수 없어요」 부분

"경이감(sense of wonder)"은 숭고함을 시사한다. 만해의 시가 매력을 끄는 것은 자연의 신비를 묘사함으로써 숭고미를 자아내는 것이다. 이 시는 자연의 신비로운 아름다움 뒤에 있는 절대자에 대한 동경을 간절한 물음과 기원의 형식으로 표현하고 있다. 시인은 수동적인 관찰자로서 모든 자연의 겉모습을 기록한 신비에 대한 우주적인 물음을 자신의 상상력의 환상을 통해서 표현하고 있다. 그는 또한 어떤 알 수 없거나 불가해한 창조자를 생각하고 경험한 엄청난 경외와 공포가 있음을 보여준다. 바람도 없는 허공에 오동나무 잎이 떨어지는 그림 같은 동영상은 상실된 자유의 현실을 반영하는 은유적 표현미의 극치를 보여주고 있다.

시인은 '꽃도 없는 나무'의 모습을 제시하여 민적이나 국적이 없는 국가를 비극적으로 표현하고 있다. 이 같은 불운한 상황에서도 만해는 온몸으로 헌신하는 희생자로서의 자아상을 재현해 낸다. 가령, '타고 남은 재가 다시 기름이 됩니다'와 '그칠 줄 모르고 타는 나의 가슴'이라는 수사적 표현에서 보듯, 시인은 자신의 몸을 조국의 독립을 위한 화목재의 이미지로 치환하고, 또 그 재에서 남은 '기름'으로 자신의 피를 환기시키고 있다. 여기에는 현실의 고통과 절망에서 한 걸음 더 내딛게 하여 거대한 삶의 에너지, 재생의 활력으로 이를 극복케 하는 힘과 항구성이 내재되어 있다.

아울러 '그칠 줄 모르고 타는 나의 가슴' 같은 언설은 시인의 민중과 민족을 사랑하는 뜨거운 정서를 함축하고 있다. 님을 거대한 냉엄한 현실 세계를 서서히 녹이는 훈풍과도 같은 존재로 부드럽고 강한 힘을 지닌 절대적인 존재로 여기는 시인은 하찮은 자신의 생명을 힘껏 껴안아 줄 것을 간청한다. 이러한 나라를 잃고 자유를 상실한 현실 상황에서 위축되고 힘없는 민중을 보듬어 주기를 바라는 간절한 소망은 「생명」에서 사막과 나무, 그리고 새의 이미지로 응축되어 표현되고 있다.

님이여, 님에게 바치는 이 적은 생명을 힘껏 껴안아 주서요.
이 작은 생명이 님의 품에서 으서진다 하여도 환희의 영지에서 순정한 생명의 파편은 최귀最貴한 보석이 되어서 조각조각이 적당히 이어져서 님의 가슴에 사랑의 휘장을 걸겠습니다.
님이여, 끝없는 사막에 한 가지의 깃들일 나무도 없는 작은 새인 나의 생명을 님의 가슴에 으서지도록 껴안아 주서요.
그리고 부서진 생명의 조각조각에 입맞춰 주서요.
  -「생명」 부분

화자는 극한적 위험에 처한 상황을 호소를 하고 있다. 닻과 키를 잃고 거친 바다에 표류된 작은 생명의 배와 끝없는 사막에 한 가지의 깃들일 나무도 없는 작은 한 마리 새로 나타나고 있다. 국가를 상실하고 떠도는 귀양살이의 존재와 같은 자아상과 민족을 만해는 '한 가지의 깃들일 나무'도 없는 '사막'에 처한 자신으로 묘사하고 있다. 하지만 님이 힘껏 껴안아 주기만 한다면 비록 몸이 으스러지더라도 개의치 않겠다고 한다. 이러한 화자가 가고자 하는 곳이 "아직도 발견도 아니 된 황금의 나라"이다. 이곳은 곧 님과 화자가 만나게 되는 곳이며, 화자의 진정한 사랑이 이루어지는 공간이 된다. 특히 님이 보듬어 주는 기쁨으로 조각된 몸은 영원성을 지닌 최고의 귀한 보석으로 변용되어 님의 가슴에 휘장이 되겠다는 결의를 보이는 화자이다. 남녀의 사랑으로 비유된 이토록 간절하고 진정한 만남은 죽음을 초월한 세계, 즉 깨달음의 세계를 상징한다.

생명에 대한 큰 긍정에 이르는 과정은 시인의 삶의 전 과정을 통해 볼 때, 구도와 참여를 하나로 일체화하고자 한 선적인 사유의 시적 육화로 볼 수 있다. 이것은 결국 살아있는 존재에 대한 사랑과 경외라는 생명의 시학으로 연결된다. 이러한 맥락에서 보면, 인간 생명에 대한 탐구가 아니라 우주 본질에 대한 종교적이며 철학적인 성찰로 확대되는 만해의 시는 시적 주체인 나를 어떻게 비우느냐에 따라 인간의 보다 자유로운 정신을 획득할 수 있음을 보여준다. 삶을 단순히 대상화하는 것이 아닌 자신의 생생한 체험을 수반하고, 삶을 관조하며 그것의 비의를 찾아내는 깊은 시선을 보여준다. 이러한 시각은 자연의 풍경을 그대로 보여줌으로써 독자로 하여금 자연의 일부로서 자신의 삶을 생각하게 한다. 즉 자연 속에 스쳐 지나가는 인간을 그려 넣음으로써 우리가 모두 하나라는 통찰의 직관력을 갖게 하는 것이다.

또한 다음의 시에서 만해는 '나무'의 대상을 주권을 회복하기 위한 전투적이고 혁명적인 투사의 이미지로 고양시킴으로써 독립의 의지를 한결 극대화한다.

뜰 앞에 버들을 심어
님의 말을 매렸더니
님은 가실 때에
버들을 꺾어 말채찍을 하였습니다.

버들마다 채찍이 되어서
님을 따르는 나의 말도 채칠까 하였더니
남은 가지 천만사千萬絲는
해마다 해마다 보낸 한恨을 잡아맵니다.
- 「심은 버들」 전문

화자는 그녀의 님과의 인간적 성애의 향락을 위해 자신이 심은 '버드나무'에 그의 님의 말을 매어놓는다. 하지만 그 님은 '버들'을 꺾어 '말채찍'으로 만들어서 떠나가 버렸다. 여기의 '버들' 혹은 '버드나무'는 화자의 몸의 제유체이며 님의 '말'은 곧 님의 정체가 전쟁에 참가한 투사임을 은유하는 혁명적 이미지라 할 수 있다. 아울러 화자의 몸은 꺾인 '버들'처럼 인간적 사랑을 상실하고 상처 입은 존재로 남게 되지만, 그 '버들'을 님이 '말채찍'으로 만듦으로써 그녀의 님과 함께 전선에 참여하는 존재로 상승된다. 말하자면 여성의 애욕의 몸의 은유인 '버들'이 전쟁의 도구, 즉 '말채찍'으로 변환되는 이미지의 극적 변용을 통해 화자 곧 시인 자신이 혁명적 투사의 이미지로 바뀐다.

만해의 시에서 님은 침묵과 비밀에 싸여 있거나 혹은 숨어 있는 모습이며 또한 현실에도 항상 부재하는 존재로서 나타난다. 하지만 그 님은 언젠가는 꼭 다시 만나야 하는 신념의 존재로서 그 의미망이 열려 있다. 만해의 시의 님은 이처럼 열려 있는 의미망이기에 그것을 메우려는 다양한 재해석이 이루어지고 있는 것이다.

3. 진정한 자유와 평등의 표상

이상에서 「조선 독립의 서」를 중심으로 만해의 독립사상의 특징과 그의 시 쓰기가 실천적 행위로서의 독립운동이 서로 분리된 것이 아니라 민족 독립에 대한 강한 의식과 상상력을 바탕으로 해서 상호 유기적인 관계를 맺고 있음을 살펴보았다. 만해의 혁신적인 사상적 행보에 보다 본질적이고 직접적인 영향을 미친 것은 불교의 평등주의이지만 또한 그에게 지대한 영향을 미친 두 권의 텍스트는 양계초의 『음빙실문집』과 『영환지략』이다. 만해는 이들 텍스트를 통하여 칸트와 베이컨 등 서양의 근대사상과 조우하게 되고, 그 과정에서 문명의 진보와 합리주의를 신봉하는 계몽주의자가 되었다. 비록 3·1 운동이 실패로 끝나고 말았지만 만해는 3·1 운동을 겪으면서 민족주의와 제국주의에 대한 객관적 인식을 하게 됨은 물론 자유와 평등을 강조하는 항구적인 평화 세계에 대한 새로운 인식을 갖게 되었다.

만해의 독립사상의 특징은 제국주의로 요약되는 근대성에 대한 비판이며, 그 핵심은 진정한 자유와 평등, 민족자존성의 회복이었다. 따라서 그는 당시 모든 인류가 자유와 평화를 갈구함에도 불구하고 그것을 위협하는 독일과 일본으로 대표되는 군국주의 세력이 종식해야 한다고 강력하게 주장했던 것이다. 그의 이러한 주장은 각 민족의 독립 자결은 인간 자존성의 본능이며 동시에 세계의 대세이며, 인류 미래의 행복의 원천이라는 믿음과 세계관에서 비롯되었다. 만해가 3·1 운동 후 일제의 혹독한 법정심문에서도 민족과 역사 앞에 당당히 자신의 견해와 포부를 밝히고, 조선민족의 자존을 지키며 '독립의 당위성'을 천명해 나갈 수 있었던 것도 여기에서 연유한다 할 것이다.

3·1 운동의 실패라는 역사적 사건으로 인하여 우리 문학에서는 전에 없이 많은 '님'의 시를 낳고 있다. 이러한 문학의 현실 상황에서 만해는 나라를 잃고 헤매는 우리 민족의 나아갈 방향을 제시하려는 의도를 가지고 현실의 부재한 '님'을 찾았다. 존재와 정신의 지주가 되는 '님'을 상실한, 즉 침묵의 시대에 있어서 불굴의 정신으로 민족의 자주독립에 대한 강한 의지를 표현한 시집이 바로 『님의 침묵』이다.

그런 점에서 만해의 시문학은 불굴의 독립의 의지에서 배태되고 표출된 뜨거운 시혼의 산물이라 할 수 있다. '님'이 떠나 버린, 즉 침묵의 시대에 있어서 굽힐 줄 모르는 민족의 자주독립에 대한 강한 의지를 표현한 시집이 바로 『님의 침묵』이다. 결국 제국주의의 문화적, 정치적 속박에서 독립을 쟁취하기 위한 운동의 한 방편으로 저항적이고 혁명적인 국민문학이 요구되는 시대에 만해 시문학의 핵심적인 주제는 진정한 자유와 평등이 보장된 평화로운 민주국가 건설이었다.

그러한 정치적, 문화적 시문학을 가장 효과적으로 표현하는 시적 매체로 만해는 풀잎, 꽃, 나무와 같은 객관적 상관물을 상징과 은유의 기제로 사용하였다. 다시 말해, 풀잎, 꽃, 나무의 이미지를 혁명적이고 정치적 이미지로 변용시켜 그 자신의 독립의지를 선명하게 드러내 보여주었다. 여기에는 일제 강점기라는 암울한 현실 상황을 극복하려는 탈식민지적 인식과 비판적 인식이 내재되어 있음을 간과해서는 안 될 것이다. 왜냐하면 이는 곧 타자와 공감하며 이상적인 공동체를 이룩하기 위한 인간 본성에 내장된 프로그램 발견의 노력이라 할 수 있기 때문이다.

제4장 만해의 '심우장 시대'와 문학의 특징

1. 삶의 회향처 '심우장'

선가에서 깨달음을 찾아 수행하는 과정을 자신의 본성인 소를 찾아가는 것에 비유한다. 심우尋牛는 곧 자성을 찾는다는 뜻이다. 성북동의 '심우장尋牛莊'[62]은 만해 선사(1879~1944, 이하 만해)가 일제의 온갖 회유에도 굴하지 않고 끝까지 지조를 지키며 국가와 민족을 위해 살다 마지막 생애를 마감한 삶의 회향처이다. 특히 '심우장 시대'(1933~1944)[63]라 할 수 있는 말년 11년 동안, 만해는 이곳 '심우장'에

---

62 「尋牛莊說」에서 "필자(만해)는 성북동 일우一隅에 소거小居를 복卜하고 심우장尋牛莊이라고 명명하였다"라고 언급되고 있다. (한용운, 『한용운 전집 1』, 불교문화연구원, 2006, p.228).

63 백원기, 「일제 강점기 후반 문학계 동향과 후반기 만해 문학 사상」, 『선문화연구』 17, 한국불교선리연구원, 2014, p.211.

서 몸과 마음을 함께 닦으며 대승적 보살정신에 입각하여 철저한 생명사랑과 우리 민족의 정체성을 찾고자 부단한 노력을 하였다.

'심우장 시대'는 일제가 국제적 파시즘의 영향으로 식민정책의 노선을 이전의 무단정치 체제로 다시 선회하게 되고, 국내의 독립운동과 문화운동을 거의 말살하다시피 한 '암흑기'라고 할 수 있다. 하지만 만해는 3·1 독립운동의 여파로 달라진 일제 총독부 당국자들의 정책 변화, 이른바 '문화정치'의 명분 덕분으로 당시의 고립적이고도 폐쇄적인 문단 현실에 개의치 않고 민족 현실을 직시하고 그 고통의 현장에 뛰어들어 생을 마감하는 순간까지 조국 독립과 중생제도를 위해 헌신하였다.

만해는 심우장에서 기거하면서 17편의 '심우장 산시散詩'와 시조를 발표하고, 『유마힐소설경강의』를 저술하였다. 또한 1935년 초부터 〈조선일보〉에 첫 장편소설 『흑풍』을 10개월간 연재(241회)하여 선풍적인 인기를 끌었고, 또한 고정 칼럼 「심우장만필」을 썼으며, 1937년 재정난으로 휴간되었던 『불교』를 속간해 『신불교』라는 이름으로 다시 내면서 많은 불교 관련 논설을 발표하였다. 이는 그의 삶 자체 또한 대승적 삶의 정신과 실천과 같은 것이었다. 그의 이러한 대중불교의 주창은 생활불교의 실현, 불교청년운동의 활성화, 선사상의 생활화, 불경의 번역과 보급, 포교방법의 현대화와 다양화 등으로 다채롭게 나타났다.

한편 양계초는 1940년 8월 일제가 〈조선일보〉를 폐간시킬 때까지 만해의 『삼국지』 번역과 심우장 건립을 지원하는 등 마지막까지 경제적 지원을 아끼지 않았다. 또한 방응모는 인물을 키워야 나라와 민족을 구할 수 있다고 믿고 조만식의 권유로 1933년 3월 〈조선일보〉를 인수해 사장에 취임하였다. 그는 〈조선일보〉가 조선의 내일을 알려주는 신문이라는 의미와 독립을 강조하고 있음을 표방하며 민족정신을 일깨우는 일에 크게 기여하였다. 만해와 〈조선일보〉 중흥 사주 방응모와의 끈끈한 관계는 '심우장 시대'의 만해의 삶과 문학사상을 발현하는 중요한 계기가 되었다. 인재를 기르고 민족을 계몽해야 미래가 있다고 믿었던 만해[64]와 〈조선일보〉와의 인연은 설악 무산(1932~2018)에 의해 1999년부터 시작된 '만해대상시상'과 '만해축전'을 통해 세기를 넘어 지금까지 이어지고 있다. 따라서 본서에서는 일제 강점기 후반 '전시체제'라는 시대상황과 맞물려 있는 만해의 심우장 시대(1933~1944)를 중심으로 그의 삶의 흔적과 문학의 특징을 살펴보고, 그것이 오늘날 우리에게 던져주는 메시지가 무엇인지 모색하고자 한다.

---

[64] 고종의 일곱째 아들 영친왕의 보모였던 최송설당 여사(1855~1939)는 돈독한 불심으로 사회발전 기여는 물론 인재불사를 통해 민족정신을 고취하고자 하였던 자비실천 보살이다. 송설당과 막역지간이었던 만해는 송설당 여사에게 소의를 버리고 대의를 취하라는 '捨小取大'의 정신을 촉구하였고, 개인의 극락왕생보다는 만인의 어머니가 되는 육영사업에 큰 뜻을 두어 달라고 부탁하였다. 송설당 여사는 전 재산을 해인사에 시주를 하려고 했으나 만해의 민족정신 고취와 조선의 미래를 위해서는 인재불사가 무엇보다 중요하다는 설득으로 전 재산 30만 2,100원을 출연하여 1931년 5월 9일 김천고등보통학교(현 김천중고등학교)를 설립하였다(『松雪堂全集』 II, 360쪽; "BBS 불교방송 특집, 2023 광복절 다큐, 눈밭에 홀로 푸른 소나무여, 불교적 삶과 자비보살의 정신 "최송설당, 그녀는 누구인가?"(2023. 8. 16. 22:30 방영 참조). 현재 김천고등학교는 자율형 사립 명문고등학교로 위상을 지니고 있다.

2. 만해의 '심우장 시대'

만해는 55세가 되던 1933년 성북동으로 거처를 옮기고, 택호宅號를 '심우장'이라 하였다. 만해가 심우장에 거처를 정한 것에 대하여 "쇠약해진 몸과 유숙원과 혼인한 것이 이거移居의 큰 이유였다"[65]라고 언급하고 있다. 물론 만해가 유숙원과 "재혼을 하고 사가私家를 지은 일은 승려이자 독립지사 만해의 표상과 어긋나는 일탈 행위로 보일 수 있지만 실제로는 「조선불교 유신론」 등을 통해 꾸준히 강조해 온 그의 종교적 신념과 철학을 실천한 일관된 행위의 결과"[66]라 할 수 있다. 만해가 자신의 거처를 '심우장'이라고 한 것은 "불교학도의 한 사람인 까닭에 초심구도의 뜻을 표하기 위하여 거처를 심우장이라고 명명하였으나 실로 그것도 외람된 일이다"[67]라고 한 사실이 이를 말해 준다.

만해는 통도사 경봉 정석(1892~1982)과도 깊은 교유를 하였다. 만해는 통도사에서 『불교대전』(1914)을 편찬하였는데, 이 무렵 경봉은 만해의 가르침을 받았고, 특히 『화엄경』의 소중함을 깨달았다고 한다. 이때의 인연으로 경봉은 만해를 만나러 심우장을 찾아가기도 했고, 만해가 입적한 후에는 추도 비문을 손수 썼으며, 1967년 '만해선사기념비'를 탑골공원에 세우는 일에도 앞장섰다. 만해가 심우장을 짓고 거주하자 경봉은 「심우장 목부 야월문답」에서 심우장을 두고

---

[65] 성북구, 『만해한용운심우장 사적지정 요청 자료보고서』, 성북구, 2018, p.70.
[66] 장영우, 「심우장 시절의 만해문학」, 『한국문학연구』 47권, 동국대학교 한국문학연구소, 2014, p.169.
[67] 만해, 「심우장서설」, 『불교』, 신제4권, 불교사, 1937, p.14.

언제 소를 잃었는지를 묻고, 이어 잃지 않았다면 무엇 때문에 소를 찾으며, 또 만약 소를 잃었다면 어떻게 소를 먹이고, 찾고 먹이는 것을 함께 잊었는가라고 묻는 선문답의 글을 만해에게 보냈다.

> 경성부 성북동 222번지에 초가집 한 칸이 있으니 한용운 화상의 수도하는 곳이다. 집 이름을 심우장尋牛莊이라 하고 화상의 호를 목부牧夫라 하여서 내가 말하기를, 심우장 목부 화상이여, 어느 날 어느 때에 소를 잃었는가.
> 호를 목부라 하였으니 소를 얻어 기르는 것이 분명한데, 집을 심우장이라 하였으니 소를 잃은 것도 분명하구나. 만약 본래 잃지 않았다면 무엇 때문에 소를 찾는다 하며 또 만약 소를 잃었다면 어떻게 소를 먹인다 할 수 있는가. 소를 먹이고 있는가. 찾고 먹이는 것을 함께 잊었는가.
> 심우장 목부 화상이여! 삼각산이 높고 높아 첩첩하여 높은 봉우리는 높고 낮은 봉우리는 낮아 바람은 소슬하고 물은 차디찬데 알겠습니까. 바라건대 일구一句를 보내시오.[68]

경봉은 삼각산이 높고 높아 첩첩하여 높은 봉우리는 높고 낮은 봉우리는 낮아 바람 소슬하고 물은 차디찬 본모습을 하고 있음을 아는 목부 화상이 심우장을 지은 까닭을 물었다. 만해는 경봉의 물음에 대해 소를 얻고 잃는 일이 없고 다만 목부가 하는 일이 많아 부질없이 심우장을 지었다고 화답을 하였다.

---

68 경봉, 『삼소굴일지』, 극락호국선원, 1979, p.185.

거북 털과 토끼 뿔이 생기지도 않았거니
어찌 얻고 잃었겠나.
목부가 일이 많아서
부질없는 심우장을 지었다네.[69]

거북의 털, 토끼 뿔은 실재하는 것이 아니고, 상상의 이름으로만 있는 것이다. 실재하지 않는 것이므로 이들 간에 아무 차별도 없으며 모두가 공이다. 그러니 어찌 얻고 잃고 할 것이 있겠는가. 다만 목부가 일이 많아서 심우장을 지었을 뿐이라고 화답했던 것이다. 이에 경봉은 일이 많다고 하니 상으로 차 한 잔 줄 만하다고 하였다.

목부가 할 일이 많다 하니
차 한 잔 줄 만하오.[70]

경봉은 이후 심우장으로 만해를 찾아가 차를 함께 마시며 청담을 나누었다고 한다. 두 선사 간의 법거량에서 알 수 있듯이, 만해는 심우장에 거처를 마련한 뒤에도 자성을 찾고, 비밀 항일결사대 '만당卍黨'의 총재가 됨은 물론 다양한 저술과 문학 활동을 통해 조선의 독립과 불교 대중화 운동의 결의를 다시 한번 다졌다.

한편 '심우장'에서 삶의 터전을 마련한 만해의 '심우장 시대'의 삶이 있기까지, 그리고 '심우장 시대'의 삶에 영향을 끼친 두 사람은 양계초

---

[69] 경봉, 위의 책, p.185.
[70] 경봉, 위의 책, p.186.

(1873~1929)와 방응모(1890~1950)라 할 수 있다. 근대 중국의 지성을 대표하는 양계초는 당시 중국의 구국운동을 정신적 차원에서 전개하던 인물이다. 당시 애국 계몽운동에 참여하였던 우리의 민족 지사들은 양계초의 『음빙실문집』을 접하고, 서양문명 혹은 세상의 질서를 설명하는 사회진화론을 수용하였다. 약육강식, 우승열패, 적자생존이라는 사상은 당시 전 세계를 움직이는 논리였으며, 이러한 흐름을 수용하지 않음은 곧 도태, 죽음, 멸망을 의미한다는 것이었다. 이에 만해는 당시 조선이 진화론적인 문명의 세계에서 살아남으려면 조선, 조선인이 자주, 자강, 실력 양성을 하지 않으면 안 된다는 신념에서 구국운동을 전개하였다.

1940년 8월 일제가 〈조선일보〉를 폐간시킬 때까지 『삼국지』 번역과 심우장 건립 지원 등 마지막까지 경제적 지원을 아끼지 않았던 이도 양계초였다. 앞서 언급한 바와 같이, 방응모는 1933년 3월 〈조선일보〉를 인수해 사장에 취임하여 〈조선일보〉가 조선의 내일을 알려주는 신문이라는 의미와 독립을 강조하고 있음을 표방하며 민족정신을 일깨우는 일에 기여하였다. 만해와 〈조선일보〉 중흥 사주 방응모와의 끈끈한 관계는 '심우장 시대'의 만해의 삶과 문학사상을 발현하는 중요한 계기가 되었다. 인재를 기르고 민족을 계몽해야 미래가 있다고 믿었던 만해와 〈조선일보〉의 인연은 설악 무산(1932~2018)의 노력으로 1999년부터 시작된 '만해대상시상'과 '만해축전'을 통해 세기를 넘어 지금까지 이어지고 있다.

잘 알려져 있듯이, '심우장'은 만해를 따르던 선학원의 초부 적음(1900~1961)이 초당을 지으려고 마련한 북장골 송림 중에 52평을 내어 준 것과 방응모, 박광, 김병호, 윤상태 등을 비롯한 몇몇 유지들이 52평의 땅을 더 매수하여 마련한 것이다.[71] 심우장을 설계한 이는 중동中東학교 교사인 최규동이었다고 한다. 그런데 만해는 '심우장'을 지을 때, 정남향으로 하지 않고 동북향으로 하도록 하였다. 남향으로 하면 햇빛이 잘 들고 통풍도 좋지만, 그럴 경우 보기 싫은 돌집(조선총독부 청사)을 자나 깨나 향하고 살아간다는 것이 그에게는 여간 불쾌한 일이 아니었기 때문이었다. 여기에서 만해의 항일에 대한 대쪽 같은 지조를 읽을 수 있다. 하지만 지금 이 심우장의 맞은편에 궁궐 같은 일본 대사관저가 세워져 있으니 참 아이러니한 일이 아닐 수 없다.[72]

'심우장' 시절 만해의 생활은 무척 궁핍하였다. 구공탄을 살 돈이 없어서 불을 때지 않았고, 생활비는 지인들이 주는 생활비와 〈조선일보〉에 연재하던 『흑풍』 원고료로 간신히 충당했다고 한다. 이러한 어려운 살림형편은 차디 찬 냉돌에 앉아 꼿꼿하게 지냈다는 부분에서 확인된다. "조선의 땅덩어리가 하나의 감옥이다. 그런데 어찌 불 땐 방에서 편안히 산단 말인가" 하는 생각에서 차디 찬 냉돌에 앉아 꼿꼿하게 지냈다 하여 만해에게는 "저울추"라는 별명이 따라다녔다.

---

[71] 김관호의 증언에 따르면, 〈동아일보〉 김연국이 일본 오사카 지국장으로 가면서 비어 있던 곳을 김철중과 벽산 김적음 스님의 배려로 집을 짓게 되었다. 건립비용 1,000원 중 700원은 부인 유 씨의 소지금과 적음 스님, 방응모 사장 등 여러 사람의 도움으로 마련했고, 모자란 300원은 월부로 상환하기로 하고 금융조합에서 차용했지만 끝내 갚지 못하고 입적했다고 한다. (정산 법진, 고희기념논총집 『청산은 말이 없고 봄 하늘 저무네』, 한국불교선리연구원, 2022, p.386).

[72] 한때 만해의 외동딸인 한영숙 씨가 살았으나 이 집 건너편에 일본 대사관저가 들어서자 "꼴 보기 싫다"며 이사를 갔으며, 현재는 일산에 거주하고 있다.

이처럼 어려운 환경에도 불구하고 만해는 1933년 『유마힐소설경』 번역을 시작했고, 1935년 신사참배 반대운동, 1936년 신채호의 묘비 건립에 관여함은 물론 정인보·안재홍 등과 다산 정약용 서세逝世 100주년 기념회를 개최하고, 1937년에는 재정난으로 휴간됐던 『불교』지를 인수하여 『신불교』라는 이름으로 다시 내면서 많은 불교 관련 논설을 직접 쓰고 발표함으로써 불교개혁을 통한 대중화 운동을 전개하였다.

아울러 만해는 1937년 3월, 독립지사 일송 김동삼이 서대문 형무소에서 옥사했으나 총독부의 눈이 무서워 아무도 시신을 인수해 가지 않을 때 직접 유해를 심우장에 모셔다 5일장을 지냈다. 김동삼의 장례식에서 당시 시인 지망생이던 젊은 조지훈은 만해의 비장한 결단에 크게 감화를 받았다고 한다.[73]

또한 만해는 1938년 '만당' 당원들이 피검되면서 일본 경찰의 감시를 심하게 받았고, 1939년 7월, 회갑을 맞아 청량사에서 오세창·권동진·홍명희 등이 참석하여 회갑연을 열었다. 무엇보다도 만해는 1940년 일제가 그토록 강요했던 창씨개명 반대운동과, 1943년 조선인 학병 출정을 옹호하던 이광수와 최남선과 달리 조선인 학병 출정 반대운동을 적극적으로 전개하였다. 이처럼 만해는 일제 강점기 후반의 극심한 탄압 속에서도 굴하지 않고 민족의 정체성을 확립하고 독립운동을 지속적으로 전개하였기 때문에 '심우장'은 늘 일본 경찰의 감시 대상이 되곤 하였다.

---

[73] 최동호, 『한용운』, 건국대학교출판부, 2002, p.43.

이후 만해는 박광 등과 『통도사 사적』 편찬 자료 수집과 단재 유고집 간행 준비를 하는 한편 만공과 함께 『경허집』을 간행(1942)하였다. 반면, 만해는 변절한 인사와는 단호히 절교하고 일체 상대하지 않았다. 민족대표 33인 중 한 사람인 최린이 그 대표적인 예이다. 스님이 집에 없을 때 최린이 딸 영숙(1934년 출생)에게 준 돈을 명륜동 그의 집으로 찾아가 집어던지고 돌아왔다고 한다. 뿐만 아니라 소학교에서 일본어를 배우게 된다고 딸을 소학교에 보내지 않고, 대신 병풍에 적힌 한자를 신문에 써서 익히고, 구구단을 외우도록 하였다.

아울러 '심우장'에는 만공과 춘성, 적음 등의 스님들이 자주 드나들었다. 만해는 말년에 중풍을 앓았는데, 중풍의 원인을 (만주에서 총격을 받았을 때) 총알을 빼지 않고 그대로 두었기 때문이라고 한다. 침술이 훌륭했던 적음 스님이 '심우장'에 와 만해에게 침을 놓기도 했다고 한다.[74] 결국 만해는 중풍으로 고생하던 중에 영양실조로 인해 1943년 겨울, 마당에 내린 눈을 쓸다가 갑자기 졸도하여 거의 움직이지 못하는 상태가 되었다가, 1944년 6월 29일 한평생을 몸과 마음을 바쳐 투쟁하며 열망했던 조국의 독립을 끝내 보지 못하고 이곳 심우장에서 원적에 들었다.

요컨대 만해의 '심우장 시대' 생활은 항일독립운동의 연속이었으며, 불교개혁을 통한 청년운동과 대중화, 그리고 문학을 근간으로 한 독립사상 고취와 민족계몽, 그리고 보살도 실천의 회향이었다 할 수 있다. 따라서 '심우장'은 우리 민족의 주체성 회복과 이 땅의 중생들

---

[74] 정산 법진, 위의 책, p.433 참조.

을 위해 자비와 사랑을 실천한 민족자존의 역사적 공간으로서의 소중한 의미를 갖는다 할 것이다.

3. '심우장 시대' 상황과 만해 문학

1) 시대적 상황과 문학계 동향

1930년대에 들어서면서 일제는 국제적 파시즘의 영향으로 식민정책의 노선을 이전의 무단정치 체제로 다시 선회하게 되고, 상품판매 시장의 확대와 정복야욕을 위한 만주침략 전쟁을 계획함은 물론, 자신들의 계획을 위해 지리적으로 유리한 조선을 대륙 침략의 발판으로 삼고자 하였다. 밖으로는 만주사변을 일으켜 중국 대륙을 침공하고, 안으로는 우리 민족에 대한 수탈과 탄압을 더욱 철저히 하고 사상 통제를 강화하여 모든 사상과 행동이 경찰의 엄중한 감시와 검열을 받게 하였다.

특히 중일전쟁과 태평양전쟁을 일으키면서 전 국토를 병참기지화하고, 내선일체內鮮一體라는 명분으로 한국어 사용을 금지시키고, 일본식 창씨개명을 강요하였다. 뿐만 아니라 징병령을 내려 한국 청년과 학생들을 강제로 일본군에 편입시켜 전쟁터로 내몰았으며, 신사참배를 강요하여 정신적인 자유마저 박탈하는 야만행위를 서슴지 않았다.

이러한 일제의 강압적인 정책에 의해 정치, 경제, 사회와 문화계는 그 이전보다 더욱 극심한 검열과 통제를 받게 되었다. 이와 같이 일제 강점기 후반기에는 독립운동가들과 애국지사들이 대거 체포되었고 비밀결사운동만이 독립운동의 명맥을 이어가고 있었으며, 또한 언론과 창작의 자유는 말살되고 수많은 인사들이 창씨개명을 하며 친일의 길로 들어섰던 시기로, 실로 '암흑기'였다 할 수 있다.

일제 강점기 말 우리의 전반적인 문학의 동향을 살펴보면, 1930년대에 형성되고 발전된 순수문학을 더욱 발전시키고 완성시킨 점에 그 특징이 있다 할 수 있다. 즉 이 시기의 순수문학은 문화적 전통을 자발적으로 계승하려는 노력을 통해서 자기 심화의 계기를 찾았던 것이다. 가령, 박용철, 김영랑, 정지용 등이 중심이 된 '시문학파'들은 시에서 일체의 이념적, 사회적 관심을 배제하고 오직 아름답고 섬세한 언어의 조탁과 그로 기인한 서정성을 추구하였다. 순수문학의 전통 지향성 혹은 상고성을 가장 여실히 보여준 것은 고전의 소개와 더불어 우리글과 우리말을 살려 민족문학의 정체성을 지키려 하였던 『문장』지였다.

하지만 일제의 식민지 정책은 1941년의 태평양전쟁을 전후하여 최후 발악의 모습을 드러내 보였다. 조선어 말살 정책으로 〈조선일보〉와 〈동아일보〉, 『문장』과 『인문평론』을 강제 폐간시키고, 이를 대신하여 친일 문예지 『국민문학』, 『국민시가』, 『신시대』, 『춘추』 등의 종합지들이 잇달아 창간되었다. 그 결과 조선어가 공적으로 사용되는 것이 전면적으로 금지되었기 때문에 조선어를 매체로 한 우리문학이 존립할 수 없게 되었고, 일제의 군국주의를 지지하고 찬양할 것을 요구했다. 일본의 전시체제의 확립과 국민의 전쟁 동원을 위한 목적으로 쓰였던 '국민시'는 그 대표적인 예이다.

그럼에도 불구하고 만해가 일제 강점기 후반기의 절망적 상황 속에서 굴하지 않고 민족적 양심을 지키며 문학 활동을 할 수 있었던 원동력은 무엇이었을까? 그것은 곧 만해의 육화된 불교사상과 보살도 실천에서 나온 것으로 생각한다. 달리 말하면, 만해의 불교 대중화 운동과 독립운동, 그리고 문학 행위의 저변에는 불교사상에 대한 깊은 이해와 끊임없는 자아 찾기 수행에서 얻은 깨달음의 실천이 담지되어 있다 할 것이다.

2) '심우장 시대' 만해 문학의 특징

'심우장 시대'(1933~1944)는 앞서 언급한 바와 같이 일제가 국제적 파시즘의 영향으로 식민정책의 노선을 이전의 무단정치 체제로 다시 선회하게 되고, 국내의 독립운동과 문화운동을 거의 말살하다시피 한 '암흑기'라고 할 수 있다. 이 시기에 만해는 심우장에서 주석하면서 17편의 '심우장 산시散詩'와 시조를 발표하고, 『유마힐소설경강의』를 저술하였다. 또한 1935년 초부터 〈조선일보〉에 첫 장편소설 『흑풍』을 10개월간 연재하여(241회) 선풍적인 인기를 끌었고, 또한 고정 칼럼 「심우장만필」을 썼으며, 1937년에는 재정난으로 휴간되었던 『불교』를 속간해 『신불교』라는 이름으로 다시 내면서 많은 불교 관련 논설을 발표하였다. 1940년 8월 일제가 〈조선일보〉를 폐간시킬 때까지 『삼국지』를 번역하였다.

그렇다면 만해의 삶은 문학에 어떻게 투영되고 있으며 그 진정한 모습은 무엇인가? 무엇보다도 만해의 '심우장 시대'의 삶과 문학의 특징은 다분히 "번뇌가 가득한 중생의 삶이야말로 여래의 씨앗"이라고 하였던 『유마경』의 말처럼, 중생이 아프면 부처도 아플 수밖에 없는 동체대비 사상의 실천이라 할 수 있다. 이는 『님의 침묵』의 「군말」에서 밝히고 있는 "길을 잃고 헤매는 어린 양이 기루어서" 시를 쓴다는 사실과 조응하는 면을 보인다. 특히 "어린 양"으로 비유된 고통받는 조선 민중에 대한 만해의 생명사랑의 마음은 중생구제의 자비심의 발로에 비견될 수 있다.

다시 말하면, 어린 양의 길 잃음이 시련의 상징이라면 어린 양의 시련은 곧 만해 자신의 시련일 수 있고, 이러한 시련을 극복할 수 있는 것은 중생구제에 대한 보살의 자비심과 실천이다. 그렇다면 만해의 이러한 보살행은 '심우장 시대'라는 냉혹한 현실을 살아가는 상황 속에서 중생의 아픔과 끝까지 하면서 민족의 정체성과 독립사상을 고취하고자 하는 문학사상으로 승화되었다고 할 수 있다.

(1) '심우장 산시散詩'에 나타난 보살도 실천

만해는 1917년 12월 3일 밤 오세암에서 좌선 중, 매서운 바람소리와 눈보라 속에서 자신의 실체를 확인하는 깨달음을 얻는다. 무엇보다도 만해의 오도 체험은 이후 그의 삶에 커다란 변화를 가져다주었다. 이전의 불교적 영역에서 민족적 영역으로 관심이 확대되었던 것이다. 깨달음에서 오는 법열에만 잠기지 않고 "눈 속의 복사꽃"의 실현을 위해 이듬해 산사를 떠나 서울로 가 『유심』을 창간하고 민족의 독립운동 정신을 현실적으로 고취하기 시작한 것이다. 이를 고명수는 "선사禪師 만해가 지사志士 만해로 전환되는 순간"[75]으로 언급하고 있다. 만해의 이러한 정신은 자리와 이타가 하나로 통합되는 인식, 바꾸어 말하면 출출세간적 입장을 견지하는 대승불교의 자타불이의 보살행을 실천한

---

75 고명수, 『나의 꽃밭에 님의 꽃이 피었습니다』, 한길사, 2009, pp.108~109.

그의 적극적인 자세에서 확인된다.[76]

일제에 대한 만해의 투쟁과 저항은 그가 깨달은 참된 자성을 구체적으로 실천해 나가는 과정을 밟게 된다. 만해의 이러한 조국 독립과 민중구제의 간절한 염원은 시집 『님의 침묵』에서 고도의 상징과 은유법을 구사함으로써 한결 극화되고 있다. 특히 일제 강점기 말기라는 암울한 시대를 지켜보면서 만해는 끊임없이 내면의 자아와 투쟁하며 위대한 떠나간 님을 다시 찾는 그날까지 '소 찾기'를 계속했다.

소 찾기가 몇 해던가 / 풀길이 어지럽구야.
북악산北岳山 기슭 안고 / 해와 달로 감돈다네.
이 마음 가시잖으매 / 정녕코 만나오리.
찾는 마음 숨는 마음 / 서로 숨바꼭질 할제
골 아래 흐르는 물 / 돌길을 뚫고 남네.
소 잡은 줄 아옵소라.[77]

끊임없이 참된 자아를 찾아 헤매던 만해의 고뇌에 찬 모습이 드러나 있다. 만해는 오랫동안 소를 찾아 헤매던 자신이 서울 외곽 북악산 기슭에 '심우장'을 마련하고 선수행을 통해 결국 "돌길을 뚫고 넘어" 소를 찾아내었음을 밝히고 있다. 총독부 건물이 보기 싫다며 북향집을 짓고 집의 이름까지 소를 찾는 집, 즉 '심우장尋牛莊'이라 했던 것이다.

---

[76] 백원기, 「만해 한용운, 눈 속의 매화기상과 생명사랑」, 『명상은 언어를 내려놓는 일이다』, 화남, 2012, p.19.
[77] 한용운, 「심우장 3」, 『님의 침묵』, 이상규 역, 상아출판사, 1992, p.141.

'심우장'에서 만해는 "님"이 반드시 돌아올 것이라고 믿었기에 한순간도 흔들림 없이 불교 유신과 민족 독립에 대한 지조를 지킬 수 있었던 것으로 생각된다. 그러한 태도는 민족의 현실을 직시하고 나라의 독립과 민족해방, 나아가 진리를 찾으려는 극진한 마음으로 더욱 확장되어 갔다.

잃은 소 없건마는
찾을 손 우습도다.
만일 잃을시 분명하다면
찾은들 지닐소냐.
차라리 찾지 말면
또 잃지나 않으리라.
- 「심우장」 전문[78]

외로운 결기와 단단하고 매운 자아 찾기의 모습이 그대로 드러나 있다. 만해는 소를 잃지 않았다고 생각했다. 그리고 소를 잃지 않았으니 찾을 이유도 없다고 했다. 일체종지가 모두 자신 안에 있으므로 잃을 것이 없는데, 밖에서 소(自性)를 찾는다고 법석을 뜨니 우스울 수밖에 없었던 것이다. 진여의 세계가 멀리 있는 것이 아니라 깨닫고 보면 모든 것이 다 부처의 법신이기 때문이다. 한편 만해가 찾는 소는 님, 민족, 조국일 수 있다. 일제의 침략으로 나라를 빼앗겼고, 이제 민족마저 말살하려는 시도가 끊임없이 자행되고 있지만 만해는 아직

---
[78] 한용운, 『한용운 전집』 1, 불교문화연구원, 2006, p.92.

'소'로 표현된 님의 돌아옴과 조국의 굳건함과 해방을 믿고 있는 것이다.

따라서 만해는 심우장에서 『유마경』을 번역하면서 자신을 유마로 생각하고, 중생의 아픔을 나의 아픔으로 받아들이는 보살행을 실천하고자 했을 것이다. 이러한 보살행의 실천 근간이 되고 있는 것은 모든 차별과 분별을 넘어서는 깨달음을 통해 묘유의 보살행을 보여주는 『유마경』과 일체 만물의 차별상을 넘어선 평등을 강조하고, 보살도 실현을 통해 중생구제를 역설한 『화엄경』이다. 여기에서 우리는 일제 강점기 당시 암흑의 하중을 견디며 자유와 평등의 실현을 향해 나아가고자 했던 만해의 필연적인 자기 확인 과정을 파악할 수 있다.

한편 심우장에서 삶의 터전을 잡은 만해는 자아와 자연물 사이를 가로막는 일체의 경계를 허물고 내가 우주가 되고 우주가 내가 되는 경지를 지향하였다. 즉 자연물과 하나되어 내적 일체감을 획득하고자 한 것이다. 그의 그러한 경향은 눈 오는 밤에 달과 매화, 오동나무와 사람이 혼연일체가 되어 자연의 일부가 되는 모습을 한 폭의 산수화로 묘사한 시 「청한淸寒」에서 도드라져 보인다.

달을 기다란다고 매화가 어찌 학이리오?	待月梅何鶴
오동에 의지하니 사람 또한 봉황임을!	依梧人亦鳳
밤새 추위는 안 그치고	通宵寒不盡
초라한 지붕에 눈이 내려 산봉우리 이루었네.	陋屋雪爲峰

– 「청한淸寒」[79]

---

[79] 한용운, 위의 책, p.119.

자연의 내적 질서를 자연스럽게 내면화한 만해의 역사인식의 한 단면을 보여주고 있다. 눈 속에서 꽃을 피우는 매화가 달을 기다리며 학처럼 야윈 모습으로 그려냄으로써 자연과 자연이 서로 조응하는 정경을 보여준다. 상상의 동물인 봉황은 오동나무가 아니면 앉지를 않으며, 대나무 열매가 아니면 먹지를 않는다고 한다. 따라서 "오동에 의지하니 사람 또한 봉황"이라는 부분은 만해의 고결한 민족의지를 표상한 것으로 자아의 확대로서 선적 통찰이며, 문자반야의 시적 변용이라 할 수 있다.

이러한 사유는 일원으로 동참함으로써 인간 중심적 사유에서 벗어나 자연에 내재된 대우주 질서에 편입되는 정황이다. 이는 인간의 욕망을 절제하고 비움으로써 도달하는 자연과 하나되는 이른바 여백의 미와 함께 인간 중심적 사유에 대한 전면적 반성과 그 맥을 같이한다.[80] 이처럼 만해는 이와 같은 자연과의 교감과 조화를 바탕으로 마음을 맑히고 정신 수양을 깊게 해 나갔다. 결국 만해는 자연이 지닌 순환적 상상력을 통하여 생명력과 생명 감각을 파악함으로써 삶의 역경을 극복하는 희망의 메시지를 찾고자 하였던 것이다.

만해의 '심우장 시대'는 일제가 대륙으로 진출하면서 동양을 제패하려는 야욕을 노골적으로 드러내 보이면서 우리 민족에 대한 탄압이 한층 더 가중되던 시기였다. 한때 뜻을 같이했던 많은 동지들마저 변절하고 독립의 의지는 날로 약화되어 갔으며 나라의 앞날은 암울해져만 갔다. 만해는 바람 앞의 등불처럼 암울한 조국의 운명을 '지는

---

[80] 백원기, 「만해 한용운, 눈 속의 매화기상과 생명사랑」, 『명상은 언어를 내려놓는 일이다』, 화남, 2012, p.34.

해'에 비유하여 안타까운 마음으로 표출하고 있다.

> 지는 해는
> 성공한 영웅의 말로末路같이
> 아름답기도 하고 슬프기도 하다.
> 창창蒼蒼한 남은 빛이
> 높은 산과 먼 강을 비추어서
> 현란絢爛한 최후를 장식裝飾하더니
> 홀연히 엷은 구름의 붉은 소매로
> 뚜렷한 얼굴을 슬쩍 가리어
> 결훈訣訓의 미소를 띤다.
> 큰 강의 급한 물결은 만가輓歌를 부르고
> 뭇 산의 비낀 그림자는 임경臨經의 역사를 쓴다.
> ―「지는 해」 전문[81]

성공한 영웅의 '말로'같이 아름답기도 하고 슬프기도 하고, 창창한 남은 빛이 고산과 먼 강을 비추며 현란한 '최후'를 장식하다가 일순간 엷은 구름 속으로 사라지며 미소를 띠는, 그리고 큰 강의 급한 물결은 '만가'를 부르고 산 그림자가 '임종'의 역사를 쓰는 듯한 "지는 해"의 이미지를 통해 조국의 운명이 풍전등화와 같은 위기에 처하게 된 것을 극화하고 있다. 아울러 만해는 「낙화洛花」에서 '떨어지는 꽃'을 보면서 그것이 힘없이 대지의 품에 안길 때 애처로운 향기가 어디로

---

[81] 한용운, 위의 책, pp.84~85.

가는 줄을 알고, 또한 떨어진 꽃이 날려서 작은 언덕을 넘어갈 때 가엾은 그 그림자가 '봄을 빼앗아 가는 아가의 발밑으로' 사라지는 줄을 안다고 표현하고 있다. 이처럼 만해는 일제 강점기 말기의 처참한 조국의 상황을 '낙화'의 이미지를 통해 묘출하고 있다. 그러나 만해는 역사의 흐름을 통찰하는 혜안이 있었기에 결코 굴하지 않고 올곧은 정신으로 조국의 독립을 위해 부단한 항일투쟁과 민족계몽운동을 전개하였다.

그런데 일제의 사상에 대한 감시와 검열이 더욱 강화되고 문단 활동도 대단히 위축되던 상황에서 신문지상에 발표할 수 있는 글은 한계가 있을 수밖에 없었다. 그래서 만해는 우화의 기법을 차용하여 일제의 눈을 피하고 독자에게는 쉽게 다가가고자 했다. 당대에 여러 편의 우화소설이 발표되고 있었고 만해의 우화시도 그 연장선상에서 파악하는 것이 시대사적으로 타당할 것이다. 그 대표적인 시가 쥐와 모기와 파리를 의인화 한 3편의 우화시이다. 1936년 3월 31일 〈조선일보〉에 발표된 「쥐」를 통해 만해는 일제에 대한 저항 세력들을 상징적으로 표현한다.

나는 아무리 좋은 뜻으로 너를 말하여도
너는 작고 방정맞고 얄미운 쥐라고밖에 할 수가 없다.
너는 사람의 결혼의상과 연회복을 낱낱이 조사하였다.
너는 쌀궤와 멱서리를 다 쪼고 물어내었다.
그 외에 모든 기구를 다 쪼아 놓았다.
나는 쥐덫을 만들고 고양이를 길러서 너를 잡겠다.

이 작고 방정맞고 얄미운 쥐야.
그렇다. 나는 작고 방정맞고 얄미운 쥐다.
나는 너희가 만든 쥐덫과 너희가 기른 고양이에게 잡힐 줄을 안다.
만일 내가 너희 의장과 창고를 통거리채 빼앗고
또 너희 집과 너희 나라를 빼앗으면
너희는 허리를 굽혀서 절하고 나의 공덕을 찬미할 것이다.
그리고 너희들의 역사에 나의 이름을 크게 쓸 것이다.
그러나 나는 그러한 큰 죄를 지을 만한 힘이 없다.
다만 너희들의 먹고 입고 쓰고 남은 것을 조금씩 얻어먹는다.
그래서 너희는 나를 작고 방정맞고 얄미운 쥐라고 하며
쥐덫을 만들고 고양이를 길러서 나를 잡으려 한다.
나는 그것이 너희들의 철학이요 도덕인 줄을 안다.
그러나 쥐덫이 나의 덜미에 벼락을 치고 고양이의 발톱이
나의 옆구리에 샘을 팔 때까지
나는 먹고 마시고 뛰고 놀겠다.
이 크고 점잖은 귀염성 있는 사람들아.
- 「쥐」 전문[82]

인용 시를 찬찬히 읽어보면 쥐는 만해 그 자신이거나 혹은 만해로 대표되는 일제에 항거하는 독립운동가나 저항하는 지식인들임을 알 수 있다. 쥐는 남의 집을 빼앗거나 남의 나라를 빼앗지 않는다. 그런 적도 없고 그럴 만한 힘을 가진 적도 없다. 하지만 타자는 쥐를 잡으려고

---

[82] 한용운, 위의 책, pp.87~88.

덫을 놓고 고양이를 기른다. 그것이 타자(일제)들의 철학이고 도덕이어서 화자의 육신을 해치는 일이 있더라도 화자는 개의치 않고 먹고 마시며 뛰놀겠다고 한다. 여기에는 아무리 일제가 못살게 굴더라도 조국의 독립을 위한 운동은 계속되라는 의지가 담지되어 있다. 쓰레기더미가 있는 곳에 반드시 존재감을 드러내는 것이 파리와 고약한 냄새이다. 만해는 '파리'를 세상에 무서울 게 없는 존재로 묘사하고 있다.

이 작고 더럽고 밉살스런 파리야
너는 썩은 쥐인지 만두饅頭인지 분간을 못하는 더러운 파리다.
너는 흰옷에는 검은 똥칠을 하고
검은 옷에는 흰 똥칠을 한다.
너는 더위에 시달려서 자는 사람의 단꿈을 깨워 놓는다.
너는 이 세상에 없어도 조금도 불가不可할 것이 없다.
너는 한 눈 깜짝할 새에 파리채에 피칠하는 작은 생명이다.
그렇다. 나는 작고 더럽고 밉살스런 파리요, 너는 고귀한 사람이다
그러나 나는 어여쁜 여왕의 입술에 똥칠을 한다.
나는 황금을 짓밟고 탁주에 발을 씻는다.
세상에 보검寶劍이 산같이 있어도 나의 털끝도 건드리지 못한다.
나는 설렁탕집으로 궁중연회에까지 상빈上賓이 되어서 술도 먹고 노래도 부른다.
세상 사람은 나를 위하여 궁전도 짓고 음식도 만든다.
사람은 빈부귀천을 물론하고 파리를 위하여 생긴 것이다.

너희는 나를 더럽다고 하지마는
너희들의 마음이야말로 나보다도 더욱 더러운 것이다.
그리하여 나는 마음이 없는 죽은 사람을 좋아한다.
-「파리」전문[83]

인간과 파리가 서로 한마디씩 주고받는 날카로운 현실 비판이 담겨 있는 시편이다. 파리가 인간보다 못한 점이 과연 무엇인지 새삼 생각하게 한다. 파리는 썩은 쥐인지 만두인지 분간을 못하고, 흰옷에는 검은 똥칠을 하고, 더위에 시달려서 자는 사람의 단꿈을 깨워 놓는, 이 세상에 없어도 하등의 문제가 되지 않는 하찮은 존재이다. 하지만 작고 더럽고 밉살스러운 파리는 어여쁜 여왕의 입술에 똥칠하고, 황금을 짓밟고 탁주에 발을 씻으며, 궁중연회에 상빈이 되어 술도 먹고 노래 부른다. 나아가 "사람은 파리를 위해 생긴 것"이라고 큰소리 친다. 비록 타자들이 파리 자신을 더럽다고 하지만 타자들의 마음은 자신보다 더 더럽다고 생각한다. 때문에 마음이 없는 죽은 사람을 좋아하는 파리이다. 인간들 혹은 잔혹한 일제들의 더러운 마음이 어떻게 살아나야 하고 전개되어야 하는지를 역설적으로 말하고 있다.

당시 만해가 가는 곳이면 늘 조선인 경찰이 그의 뒤를 따랐다. 이에 만해는「모기」라는 시를 써서 미물만도 못한 인간들, 동족을 팔아먹는 친일 부역자들에 대한 분노를 이렇게 통렬하게 풍자한다.

---

83 한용운,『한용운 전집』1, 불교문화연구원, 2006, p.87.

모기여, 그대는 범의 발톱이 없고 코끼리의 코가 없으나 날카로운 입이 있다.

그대는 다리도 길고 부리도 길고 날개도 짧지는 아니하다.

그대는 춤도 잘 추고, 노래도 잘 하고 피의 술도 잘도 먹는다.

사람은 사람의 피를 서로서로 먹는데

그대는 동족의 피를 먹지 아니하고

사람의 피를 먹는다.

아아, 천하만세를 위하여 바다같이 흘리는 인인지사仁人志士의 피도 그대에게 맡겼거든

하물며 구구區區한 소장부小丈夫의 쓸데없는 피야 무엇을 아끼리오.

- 「모기」 전문[84]

「심우장만필」에 여섯 번째로 연재된 '심우장 산시' 중 하나로 1936년 4월 5일 〈조선일보〉에 발표된 시편이다. 모기가 온갖 사람들의 피를 빨아 먹고 사는 아주 악독하고 더러운 놈이지만 동족의 피는 빨아 먹지 않는다는 이 통렬한 풍자에는 당시의 현실에 대한 날카로운 비판의식이 깔려 있다. 비록 당시 우리 문학이 고립적이고 소극적인 경향을 보이거나 현실에 대한 발언의 수위가 한풀 꺾여 풍자나 역사물과 같은 우회적인 방법을 취하게 되지만, 만해의 현실인식과 역사의식은 조금도 꺾이거나 타협하는 법이 없었다. 이상을 종합하면, 일제에 감시당하는 상황에서 신문지상에 발표할 글이라면 그 한계가 분명해지

---

[84] 한용운, 위의 책, p.88.

기 때문에 만해는 우화의 기법을 차용하여 일제의 눈을 피하고 독자에게는 쉽게 다가서고자 했을 것으로 추정해 볼 수 있다.

아울러 일제 식민지 당시에 이광수, 최남선 등이 민족문학을 주창하면서 시조 부흥운동을 제시했음을 간과할 수 없다. 당시에 시조는 민족 고유의 형식이라는 장치를 깔고 일부 문학인들에게 창작되는 문학적 도구가 되었기 때문이다. 이러한 시기에 이광수나 최남선과는 달리 자신의 세계를 관철시켜 나간 만해에게 있어 시조문학이란 장치는 민족정신의 고취와 더불어 자존적 세계를 고양해 나갈 수 있는 문학적 활용에 적합했던 것으로 생각한다. 다음에 언급되는 시조 「조춘早春」은 혹한의 동안거를 이겨내고 봄을 맞이하는 젊은 납자들에게 주는 메시지이다.

봄 동산 눈이 녹아 / 꽃뿌리를 적시도다.
찬바람에 못 견디던 / 어여쁜 꽃나무야.
긴 겨울 내리던 눈이 / 봄의 사도이니라.
　- 「조춘早春」 3연[85]

『불교』 105호(1933. 3.) 권두언으로 실린 인용 시조는 선배로서의 위로와 고행의 끝에 깨달음이 온다는 것을 계절의 변화에 빗대어 넌지시 일깨우고 있다. 봄 동산 눈이 녹아 꽃부리를 적시어 향기를 더함은 찬바람 견뎌낸 결과이다. 그래서 만해가 이야기하는 것은

---

85 한용운, 위의 책, p.95.

지나간 겨울에 내린 눈이 바로 봄의 사도使徒라는 것이다. 한겨울의 매서운 추위 속에 매화가 피어 있다는 그 자체가 봄이 찾아온다는 증거라는 것이다. 어떠한 현실적 고통에도 굴하지 않는 만해의 매화 기상은 나약한 민중을 일깨워 주는 다음의 시조에서 한결 극화된다.

간밤의 가는 비가 / 그다지도 무겁더냐.
빗방울에 눌린 채 / 눕고 못 이는 어린 풀아.
아침볕 가벼운 키스 / 네 받을 줄 왜 모르느냐.
- 「춘조春朝」 전문[86]

만해의 현실참여와 사회계몽에의 의지가 강하게 드러나 있다. 당시 나약한 민중들의 의지를 빗방울에 눌려 쓰러져 일어나지 못하는 연약한 풀의 모습에 비유하고 있다. 현실의 사소한 어려움에도 위축되고 삶을 포기하는 나약한 민중을 질타하고 현실참여를 독려하는 독립지사의 사자후가 우리의 심금을 울린다. 물론 그 바탕에는 민중들에 대한 깊은 관심과 뜨거운 애정이 깔려 있다. 여기에 만해의 시 쓰기의 중요한 발단의 축을 이루고 있는 모든 생명체의 생명연대의식과 또한 모든 생명이 그물로 연결되어 있다는 세계관이 자리한다. 어느 면에서 일제의 침략자들은 우리의 삶의 터전을 빼앗고 굴욕적인 삶을 살아가게 하다 말없이 죽임을 당한 민초들의 절규를 외면했을 것이다. 그러나 만해는 뭇 생명을 보살피고 감싸 안음으로써 생명사랑의 의식을 고양

---

[86] 한용운, 위의 책, p.95.

시키고 있다. 그것은 두두물물에 조응하고 이를 내면화하여 인식하고 있는 「일경초」에서 잘 드러난다.

> 나는 소나무 아래서 놀다가
> 지팡이로 한 줄기 풀을 무질렀다.
> 풀은 아무 반항도 원망도 없다.
> 나는 부러진 풀을 슬퍼한다.
> 부러진 풀은 영원히 이어지지 못한다.
> 내가 지팡이로 무지르지 아니하였으면
> 풀은 맑은 바람에 춤도 추고 노래도 하며
> 은銀 같은 이슬에 잠자고 키스도 하리라.
> 모진 바람과 찬 서리에 꺾이는 것이야 어찌하랴마는
> 나로 말미암아 꺾어진 풀을 슬퍼한다.
> 사람은 사람의 죽음을 슬퍼한다.
> 인인지사仁人志士 영웅호걸의 죽음을 더 슬퍼한다.
> 나는 죽으면서도 아무 반항도 원망도 없는 한 줄기 풀을 슬퍼한다.
> - 「일경초」 전문[87]

풀 한 포기에서 전 우주의 생명과 민족의식의 구원을 읽어내고 있는 시의 전형으로, 1936년 4월 3일 〈조선일보〉에 게재된 것이다. 화자는 어느 날 소나무 아래서 놀다가 우연히 지팡이로 연한 풀줄기 하나를 상하게 한 것을 자책한다. 사람은 사람의 죽음을 슬퍼하고

---

[87] 한용운, 위의 책, p.84.

영웅호걸의 죽음을 더욱 슬퍼한다. 하지만 화자는 맑은 바람에 춤을 추고 노래해야 할 여린 생명이 아무런 저항을 못하고 스러져 가는 모습에서 일제의 억압 속에서 이름 없이 살아가야 했던 잡초 같은 민중들의 덧없는 죽음을 아파하고 슬퍼한다. 연기법으로 보면 한 줄기 풀은 하찮은 존재이지만 그 존재가 곧 부처이기도 하다.

생명은 소중하고 이 세상 그 무엇과도 바꿀 수 없는 것이기에 그 자체로서 절대 가치를 지닐 수밖에 없다. 따라서 그 생명을 긍휼히 여기고 소중히 여기며 섬기고 기려 나아가지 않으면 안 되는 것이다. 한 줄기 풀과 부처의 상호 회통은 우주의 모든 생명은 상호 유기적인 관계에 있다는 화엄의 인식에 바탕을 두고 있다. 자연의 모든 생명이 저 마다의 위치에서 그 나름의 존재가치를 지니고 자연의 한 구성원으로서 자리하고 있는 모습에서 경외를 느낀다. 이것은 시인이 초기 시부터 일관되게 추구해 온 생명의 자율성에 대한 애착이 확장, 심화되면서 도달한 경지라 할 수 있다. 이러한 생명의 평등의식은 차별화된 가치를 확산시켜 온 근대적 이성에 대한 반성으로 이어지면서 성속聖俗의 일체화 혹은 중생과 부처가 둘이 아니라는 화합의 원융세계로도 표출됨은 물론, 근대 사고가 낳은 생태계 파괴와 생명경시 풍조에 반격을 가하는 생태인식이기도 하다.

일제 강점기라는 냉혹한 현실에서 중생의 아픔과 끝까지 하고자 하는 만해의 실천적 삶의 구현은 곧 중생이 아프면 부처도 아플 수밖에 없는 유마 거사의 동체대비의 보살심의 발로에서 비롯된다 할 것이다. 이처럼 만해는 유심의 상상력으로 있음/없음, 만남/이별, 좋은 것/싫은 것, 가능한 것/불가능한 것의 경계를 허물고 있다. 어쩌면 만해의 시를 도드라지게 하는 힘은 한쪽 극단으로 치우치려는 마음의 편중과 굴복을 수용하지 않으려 한 그의 올곧은 수행자로서의 자세에 있을 것이다. 여기에서 그의 역설적인 시적 장치의 화법이 생겨났을 것이다.

만해의 화갑연은 1939년 7월 12일, 서울 동대문 밖 청량사에서 독립운동가 박광(1882~?)과 소설『임꺽정』을 쓴 벽초 홍명희(1888~1968) 등이 주선해 16명이 모인 것이다. 조국의 독립을 이루지 못하고 환갑을 맞이하는 날, 참석자들이 만해의 무병장수를 기원하며 축하 글을 서첩에 남겼고, 만해는 맨 마지막에 즉흥적으로 칠언율시「주갑일즉흥周甲日卽興」으로 화답하였다.

바쁘게도 지나간 예순한 해	恩恩六十一年光
인간에선 소겁같이 긴 생애라 하나니	云是人間小劫桑
세월이 흰 머리를 짧게 했건만	歲月縱令白髮短
풍상도 일편단심을 어쩌지 못해.	風霜無奈丹心長
가난을 달게 여기니 범골도 바뀐 듯	聽貧已覺換凡骨
병을 버려두매 좋은 방문方文 누가 알리.	任病誰知得妙方
흐르는 물 같은 내 여생을 그대여 묻지 말라.	流水餘生君莫問
숲에 가득 매미소리 사양斜陽 향해 가는 몸을!	蟬聲滿樹趁斜陽

-「주갑일즉흥周甲日卽興」전문

말년에 병을 얻고 일제의 호적을 거부하였다는 이유로 배급까지 받지 못한 궁핍하고 절박한 상황에서 지인들이 열어 준 회갑잔치는, 만해로 하여금 스스로도 어찌지 못하는 풍상 앞에서 회한에 젖게

했던 것으로 보인다. 바쁘지만 짧게 느낀 61년을 회상하며 풍상도 자신의 '붉은 마음(丹心)', 즉 조국 독립을 바라는 마음을 어찌 할 수 없다고 표현하고 있다. 이 무렵 만해는 일제의 갖은 유혹을 다 물리치지만 그로 인해 실제로는 가난과 병고가 겹쳐 매우 어려운 생활을 하고 있었다. 그때 자신의 심경을 솔직하게 표현하고 있다.

그런데 누군가 마음대로 생각하여 무슨 묘한 방책이라도 있는 줄 알지만, 만해는 가난과 병은 자신의 관심사가 아니기에 자유로울 수밖에 없었다.[88] 그럼에도 누군가 남아 있는 생을 묻자 흐르는 물 같은 자신의 여생을 묻지 말라 하고, 매미소리와 석양을 말하여 지는 해를 따르는 삶을 살겠다고 말하고 있다. 여기에 선사로서 만해의 면모가 선연히 드러나 있다.

(2) 소설: 독립사상 고취와 사회계몽 및 보살도 실천

'심우장 시대'의 만해는 유마적維摩的 삶을 살면서 시에서의 한계성을 극복하고 새롭게 소설을 씀으로써 민족의 얼과 독립사상을 고취시키고자 했다. 특히 신문소설 연재 제의를 받고 만해가 제일 고민한 것은 "그 지면을 통해 독자들에게 무엇을 어떻게 전달할 것인가의 문제"[89]이었다. 이처럼 그는 소설의 교화적·계몽적 효과를 통해 독자에게 무언가를 전달하려고 애썼다. 그 대표적인 것이 신문연재소설『흑풍』[90]과

---

[88] 정산 법진, 고희기념논총집『청산은 말이 없고 봄 하늘 저무네』, 한국불교선리연구원, 2022, p.402.
[89] 장영우, 위의 논문, p.171.
[90] 〈조선일보〉, 1935. 4. 9~1936. 2. 4(연재).

『박명』[91] 『후회』[92] 등이다. 이들은 전인적인 이상을 추구하며 고난의 식민지 시대를 극복해 온 만해가 만년에 그의 모든 사회활동과 불교사상 및 문학관, 인생관을 응축한 결과물로서 시에 못지않은 비중을 차지하고 있다.

그렇다면 만해가 이미 뛰어난 시적 성취를 이룬 시인이면서 소설 장르를 택한 이유는 무엇일까? 이에 대해 김종회는 신분적 환경이나 세계관이 발양하는 '주제의식'에 관한 강박감을 들고 있다.[93] 그런데 일제 당국의 검열이 더욱 강화되고 생존의 위협이 더욱 심해지자 많은 변절 문인이 생겨났던 상황에서 만해는 시 장르만으로는 해소되지 않는 독립정신 고취와 사회계몽 발언의 필요성을 절감했을 것이다. 그것은 만해로 하여금 소설을 집필하도록 하는 하나의 동인이 되게 했을 것으로 필자는 생각한다. 결국 당시 시대적 상황에서 계몽과 교화의식을 고취하는 데는 비유적이고 암시적인 시보다는 독자의 이해와 공감을 얻을 수 있는 소설이 더 나은 수단이나 방법이었을 것으로 필자는 생각한다.

권영민의 "만해는 단순한 시인이 아니다. 그의 문학 활동 역시 시라는 특정 영역에 국한되지 않는다. 그의 수많은 저작물들은 글이라는 것과 그 글을 만드는 정신과 그 글의 가치를 구현하는 실천이 모두 한데 어우러져서 하나의 전체를 이루는 하나의 세계이다"[94]라는 언급은

---

[91] 〈조선일보〉, 1938. 5. 18~1939. 3. 12(연재).
[92] 〈조선중앙일보〉, 1936. 6. 27~1936. 7. 31(미완).
[93] 김종회, 『디아포라를 넘어서』, 민음사, 2007, p.275.
[94] 권영민, 「만해 한용운 소설과 도덕적 상상력」, 『현대시의 반성과 만해 문학의

이를 잘 방증해 준다. 따라서 만해에게 시나 소설 혹은 수필과 논설과 같은 저작물들은 그의 독립사상과 민중계몽을 실천하는 데 있어 분리되어 있는 것이 아니라 상호 유기적 관계를 맺으며 종합적으로 작용했음을 알 수 있다.

아울러 이명재의 "최남선이나 이광수가 문장보국文章保國의 수단으로 신문과 잡지를 이용하여 계몽문학을 폈듯이, 만해의 문학 행위도 결국은 일제하의 서식하고 있는 국민들의 우매함과 무기력한 생활에 대하여 독립사상을 고취하기 위한 민족주의적 계몽의식에서 비롯된 것으로 생각된다. 이것은 다분히 생래적인 그의 출분出奔과 혁신지향의 영웅주의적 기질에 편승한 대승적 제도사상과 행동주의적 현실참여 정신이 은연중 국수주의적 투쟁방법으로 나서게 한 것이다"[95]라고 언급한 사실을 주목할 때, 만해에게 소설은 조국 독립과 민족 구원을 위한 보다 실질적이고 효과적인 방법이었던 것으로 여겨진다. 때문에 신성성이 부재하는 시대적 상황에서 정신적인 면의 의미를 담아내려는 만해의 문학정신은 참된 인간성 구현과 시대와 역사 속에서 올바른 처신을 위한 삶의 방법을 고민해 온 만해가 소설이라는 형식을 빌려서 그러한 의도를 실천하고자 한 데 있었던 것이다. 때문에 만해의 소설에서 등장인물들은 어떤 절대적 가치를 구현하기 위해 고난과 역경을 극복해 나가는 시대적 자화상의 모습을 보여주고 있다 할 수 있다.

시집 『님의 침묵』에서 여성 화자를 설정하여 님이 침묵하는 시대의 기다림과 믿음을 효과적으로 묘사하고 있듯이, 만해는 소설에서도

국제적 인식」, 만해사상실천선양회, 1999, p.279.
[95] 이명재, 「만해소설고」, 『현대소설 연구』, 정음사, 1982, p.179.

여성을 주인공으로 내세워 숱한 어려움과 역경을 극복해 가는 모습을 담아낸다. 바로 이러한 면이 만해소설의 특징이라 할 수 있다. 1935년 〈조선일보〉에 발표했던 『흑풍』은 그 대표적인 작품이다. 이 소설의 시대적 공간적 배경은 개화기의 극심한 혼란을 겪던 청나라 말기의 중국이지만 실제로는 1930년대 중반의 우리나라 현실이다. 물론 여기에는 일제에 대한 저항의식과 독립사상 고취가 깔려 있다.

『흑풍』은 우선 사회개혁 의식을 가진 청년 왕한의 일대기를 중심으로 이야기가 전개된다. 주인공 왕한은 모순된 사회현실과 뒤틀린 인물들에 대한 분노감이 쌓여 강도 행각에 나선다. 상하이의 부호 장지성을 제거 후 빈민굴을 찾기도 하고, 명탐정 양훈을 교묘하게 따돌리고 상하이 경찰청장 소욱을 이용해 미국 유학길에 오른다. 미국 유학중 만난 콜난이 나중에 장지성의 무남독녀로 드러나고, 또 다른 유학생 순옥은 소욱의 조카이자 정탐꾼으로 드러난다. 여객선에 출몰하는 해적과의 싸움 등에서는 무협소설이 주는 카타르시스를 느낄 수 있다. 이와 같이 작품 전반부에서는 일제에 대한 우리 민족의 반항정신이 묘사되고, 후반부에서는 젊은 남녀 간의 애정 갈등이 묘사된다. 이는 곧 혁명운동과 애정 속의 갈등 표현이다.

특히 여성 인물들을 주목할 필요가 있는데, 콜란이나 순옥, 봉숙을 비롯한 인물들은 남성보다 더 매몰차고 과감한 행동을 보여주는 강인한 여성들이다. 만해가 이러한 인물들을 설정한 의도는 다분히 일제의 강압에 주눅이 들어 삶을 포기하거나 나약해지고 있던 당시의 청년들을 자극하고 그들의 혁명의지를 불태우게 하는 데 있었던 것으로 생각한다. 다시 말하면, 만해는 『흑풍』을 통해 독자들에게 두 가지의 메시지를 전해 주려고 했을 것으로 추정해 볼 수 있다. 첫째는 일제에 항거하는 독립사상을 고취하고, 둘째는 자본가 계층에 대한 증오와 반감을 불러일으켜 혁명의식의 불을 붙이는 일종의 사회주의적 운동을 들 수 있다.

또한 『박명』의 순영이나 『후회』의 경순은 자기가 처한 상황을 비판적으로 인식하지 못한 채 수동적으로 운명에 순응하여 살아가는 전근대적 여성의 모습으로 그려진다. 하지만 이러한 인물들은 도덕적 진정성과 순수성을 지니고 자신의 역경을 극복함으로써 거짓과 위선, 비겁과 태만으로 점철되는 당시의 나약한 남성 인물들에 대해 정신적 우월감을 갖게 한다. 연약한 여성들도 이처럼 강인한 정신으로 고난을 이겨내는데 하물며 사내대장부가 유약하고 비겁한 태도로 방관만 해야 하는가를 만해는 질타하고 있다. 물론 여기에는 만해가 은연중에 풀이 죽고 현실 도피적이 되어가는 당시 청년들에게 항일투쟁을 해야 함을 간접적으로 암시하고 격려하는 의도가 다분히 있는 것으로 읽힌다. 즉 민족 독립을 위해 목숨을 아까워하지 않는 강한 여성상을 통해 나라를 구하는 길은 오직 혁명 밖에 없다는 단호하고도 극단적인 메시지를 독자 대중들에게 던져주고 있다 할 것이다.

만해는 소설 『죽음』에서도 그의 민족 사랑을 유감없이 드러내 보인다. 당시 우리 사회를 무대로 한 이 소설은 일신의 영달과 안락을 위해 경향신문사 편집국장이 되어 허위보도와 곡필을 일삼는 정성렬과 보성전문학교를 중퇴한 민족청년 김종철 등의 인물을 묘사하고 있다. 즉 1930년대 일제 강점기 사회의 한 단면을 사실적으로 묘사하고 있다. 그런데 여기서 주목할 점은 만해가 작품을 통해 지주나 기업가 등 특권 상류층에 대한 증오와 소작인, 노동자와 같은 주로 경제적 하층민들의 비참한 상태를 묘사하며 그들에게 동정을 보이고 있는 점이다. 그의 이러한 민족애 정신은 민중적 색채를 짙게 띠고 있어 3·1운동 당시의 다른 지도자와는 전혀 다른 역사적 인식을 보이고 있다.

뿐만 아니라 만해의 문학 행위의 심층적 바탕에는 다분히 중생을 제도하려는 보살사상과 화엄사상과 같은 불교적 사유가 작용하고 있음을 간과할 수 없다. 소설에서 이러한 점은 더욱 선명하게 드러난다. 가령, 앞서 언급한 『흑풍』은 그 전형적인 예라 할 수 있다. 이 작품은 중국 청조 말을 배경으로 하여 정치적 혼란과 부패를 바로 잡기 위하여 혁명가가 된 서왕한의 삶을 다루고 있다. 서왕한은 고향에서 악덕 지주를 응징하고 상해에서는 악덕 자본가를 살해하고 돈을 빼앗아 민초들에게 나누어준다. 그 후 미국으로 유학을 떠나 유학생들과 혁명 사업에 가담하게 된다. 그는 중국으로 돌아와 호창순이라는 여인과 결혼하고 혁명운동에 투신하게 된다. 하지만 지도부가 분열되고 경찰에 검거되어 사업이 무너지게 된다. 서왕한은 호창순과 함께 피신하여 떠돌다가 벽촌에 은거하여 한가하게 살아가게 된다.

그 후 혁명본부가 다시 결성되어 그를 불렀지만 아내와의 즐거운 삶에 만족하며 더 이상 관심을 갖지 않았다. 그러자 호창순은 서왕한과 민족을 위하여 스스로 목숨을 끊어버리는 결말을 보여준다. 서왕한은 현실 모순을 개혁하고자 하는 적극적인 인물이다. 그 현실 모순은 농촌의 지주와 소작인의 관계, 도시의 악덕 자본가와 빈민의 문제, 그리고 여성해방의 문제 등이다. 즉, 그는 중생들의 고통을 몸소 체험한 인물로 중생들이 잘 사는 세상을 만들고자 하는 인물이다. 그런 점에서 서왕한의 삶을 보살행의 차원에서 이해할 수 있다. 그가 미국 유학길 선상에서 해적을 만나 절체절명의 위기에 처했을 때, 언젠가 상해의 빈민굴에서 그의 은혜를 입었던 두목이 나타나 은혜를 갚으며 건네는 말에는 보살정신이 선명하게 나타나 있다.

> 당신은 보살입니다. 이러한 경우에 내가 당신을 만나게 된 것은 보살의 자비를 부처님이 감동한 것입니다. 우리에게 인정이라는 것이 아주 말라붙어서 흔적도 없지마는, 이 세상의 보살인 당신을 구원하기 위하여 부처님은 우리의 마음에 새로운 인정을 부어 주셨습니다.[96]

위의 부분에서처럼 두목은 서왕한을 이타적인 보살행을 실천하는 인물로 인식하고 있다. 서왕한이 한때 호창순과 달콤한 가정의 삶에 안주하기도 하였지만 그녀의 유서를 읽고 다시 평생을 혁명운동에 투신하리라는 맹세를 하고 다시 현장으로 뛰어들었다. 그렇다면 중생들을 위해 몸 바쳐 희생하는 삶을 지향했다는 점에서 주인공 서왕한의 삶은 다분히 이류중행異類中行의 삶이었다고 할 수 있다. 보살은 위로는 진리를 구하며 아래로는 중생을 제도하는 불교의 이상적 인간상이다. 언제 어디서나 그 상황에 맞게 화신하여 자비를 실천함으로써 진리를 드러내 보인다. 여기에는 누구나 보살이 될 수 있으며, 또한

---

[96] 『흑풍』, 『한용운 전집』 5, 불교문화연구원, 2006, p.112.

부처가 될 수 있는 성품을 지니고 있다는 긍정적 인간관이 내재되어 있다.

만해의 소설 가운데 가장 완결성이 높은 것으로 평가되는 소설은 『박명』이다. 어쩌면 이 소설은 보살행이라는 불교적 세계를 상징과 은유를 통해 잘 구현하고 있는 시 「나룻배와 행인」의 화자와 동일한 선상에 있다 할 수 있다. 「나룻배와 행인」은 인욕과 보시의 보살행으로 님에 대한 결곡한 사랑의 자세를 보여준다. 특히 애틋한 중생구제의 대승적 보살도 정신이 상징적인 배의 이미지로 표현되고 있다. "흙발로 나를 짓밟는" 님은 나에게 시련을 주는 대상이다. 비록 흙발에 짓밟힐지라도 언젠가는 반드시 돌아오리라는 확신을 가지며 날마다 낡아가면서도 님을 기다리겠다는 화자의 기다림은 만남과 헤어짐을 통합하는 근원적인 깨달음을 바탕으로 하고 있다. 배로 상징되는 삶의 자세는 자타불이의 동체적 관계로 세계를 인식한 결과이다.[97]

소설 『박명』 역시 한 여성의 기구한 삶을 형상화하고 있는 것으로 보살도 실천의 미학을 잘 보여주고 있다. 이 작품에 대해 만해는 다음과 같이 말한 바 있다.

나는 일생을 통해서 듯고 본 중에 가장 거룩한 여성을 그려볼까 합니다. 대략 이야기의 줄거리를 말하면 시골서 자란 한 사람의 여성이 탕자의 안해가 되여 처음에는 버림을 바덧다가 나종에는 병과 빈곤을 가지고 도라온 남편을 최후의 일순간까지 순정과

---

[97] 백원기, 『명상은 언어를 내려놓는 일이다』, 화남출판사, 2012, p.31.

열성으로 밧드는 이야기인데 이러한 여성을 그리는 나는 결코 그 여성을 옛날 열녀 관념으로서 그리려는 것이 아니고 다만 한 사람의 인간이 다른 한 사람을 위해서 처음에 먹었던 마음을 끗까지 변하지 안코 완전히 자기를 포기하면서 남을 섬긴다는 이 고귀하고 거룩한 심정을 그려보려는 것입니다. 이러한 줄거리를 끄을고 나가면서 만약 겻가지로 현대 남성들의 가정에 잇어서서의 횡포하고 파렴치한 것이라던지 또는 남녀관계가 경조부박한 현대적 상모가 함께 그려진다면 작자로써 그윽히 만족하는 바이며 또한 고마운 독자 여러분에게 그다지 초라하지 아니한 선물을 드렷다고 기뻐하 겟습니다.[98]

만해가 이 작품을 통해 보고 들은 가운데 '가장 거룩한 여성'을 그려보겠다는 심경을 표출하고 있다. 『박명』의 여주인공은 순영이다. 그녀는 강원도 산골에서 계모의 심한 구박을 받으면서 자랐다. 그런 순영이 유혹에 못 이겨 술집에 팔려가게 되고, 결혼과 이혼과 재회, 아편쟁이 아내 노릇 등을 전전하면서 온갖 고생을 다 견디어 냈다. 심지어 병과 빈곤을 가지고 돌아온 남편을 업고 다니며 구걸하여 보살폈다. 연약한 순영의 온갖 고난 속에서 이러한 헌신적인 삶의 태도는 다분히 보살행의 전형이라 할 수 있다. 어쩌면 만해가 일생을 통해 보고 들은 가장 거룩한 여성은 순영 같은 보살형의 여성일 수도 있다. 순영은 남편이 죽자 자신의 목숨을 구해 준 비구니 정공 스님을 찾아 갔다. 정공 스님은 여보살로서 아주 존경받던 분이었다. 정공

---
[98] 「작가의 글」, 〈조선일보〉, 1938년 5월 15일자.

스님의 도반은 정공 스님을 이렇게 소개하고 있다.

> 좋은 일이요? 여러 가지로 보살행을 많이 하셨지요. 구차한 사람을 건져 주기, 병든 사람을 구해 주기, 죽게 된 사람을 살피기도 많이 하였지요. 그래서 그 어른을 보살이라고도 하고 생불이라고도 하였지요. … 우리 사숙님의 이름은 정공 스님인데 마음이 착하시고 좋은 일을 많이 하시므로 공보살이라고 합니다.[99]

위의 언급처럼 정공 스님은 선행을 많이 한 공보살로 매우 존경받던 인물이었다. 순영도 정공 스님의 행적을 높이 사고 본받아 선행善行이라는 법명을 받고 출가 사문이 되었다. 덕망 높은 덕암 스님은 설법 중에 순영, 즉 선행 수좌는 불연이 깊은 사람이며 연약한 여성의 몸으로 역경의 삶 속에서 가장 아름답고 순수한 보은을 잊지 않고 덕으로 자비실천을 했다는 점을 이렇게 언급하고 있다.

> 선행 수좌는 과거부터 불연이 깊은 사람으로 이 세상에서 위대한 일을 행하였다. … 세상 사람들은 선행 수좌가 사람 같지 않은 남편을 위하였다든지, 못난이 아편쟁이를 위하여 일생을 희생하였다라고 도리어 선행 수좌를 웃고 비평할지 모르지만 선행 수좌는 사람에게 가장 아름다운 순진한 보은의 관념과 불행한 사람을 불쌍히 여기는 아름다운 덕으로써 자기도 모르게 행한 것이다. … 차이는 있을지언정 행하는 사람으로서 백절불굴 난행고행의

---

[99] 권영민 편, 『한용운문학전집3-박명』, 태학사, 2011, p.543.

정신을 가져야 되는 것은 마찬가지이다. … 선행 수좌는 실로 위대한 인물이다.[100]

이상의 내용을 종합해 볼 때, 『흑풍』의 서왕한과 『박명』의 장순영은 중생들의 고통을 몸소 체험한 인물로 자신을 희생하며 중생들을 보듬고 잘 사는 세상을 만들고자 하였다. 그렇다면 이는 진정한 의미의 보살행을 실천하는 전형적인 인물의 '미학적 삶'으로 볼 수 있다. 이와 같이, 만해는 참된 사랑이란, 또는 그것을 통한 참된 인간 삶의 구현은 철저한 자기희생과 자비실천을 통해서 가능하다는 메시지를 독자에게 던져줌으로써 그가 궁극적으로 지향하는 중생구제의 세계, 즉 출출세간의 문학정신을 표출하고 있다.

요컨대 일제 강점기 후반에 이르러 더욱 극렬해지는 일제의 탄압 속에서 소설 대부분이 식민지 현실에 대한 발언을 직접적으로 드러내기를 꺼려하는 시대적 상황에서도 만해는 분연히 일어서 민족애와 사회계몽의식과 불교사상을 바탕으로 일제에 대한 저항의식과 독립정신을 고취하는 등 자신의 변함없는 보살도 실천의지를 문학 속에 담아냈다 할 수 있다.

4. '님'은 침묵했으나 결코 침묵하지 않은 만해의 설중매 정신

'심우장 시대'는 일제가 대륙으로 진출하면서 동양을 제패하려는 야욕

---

[100] 권영민 편, 위의 책, pp.545~547.

을 노골적으로 드러내 보이면서 국내의 독립운동과 문화운동을 거의 말살하다시피 한 '암흑기'라고 할 수 있다. 이 시기에 만해는 심우장에 거처를 마련한 뒤에도 자성을 찾고, 비밀 항일결사대 '만당卍黨'의 총재가 되어 항일운동을 전개함은 물론 다양한 저술과 문학 활동을 통해 조선의 독립과 불교 대중화 운동의 결의를 다시 한번 다졌다. 만해는 심우장에서 17편의 '심우장 산시散詩'와 시조를 발표하고, 『유마힐소설경강의』를 저술했으며, 1935년 초부터 〈조선일보〉에 첫 장편소설 『흑풍』을 10개월간 연재하여(241회) 선풍적인 인기를 끌었다. 또한 고정 칼럼 「심우장만필」을 썼으며, 1937년에는 재정난으로 휴간되었던 『불교』를 속간해 『신불교』라는 이름으로 다시 내면서 많은 불교 관련 논설을 발표하고, 1938년 3월 〈조선일보〉에 『박명』을 연재, 그리고 1940년 8월 일제가 〈조선일보〉를 폐간시킬 때까지 『삼국지』를 번역하였다.

　이처럼 '님'은 침묵하였지만 만해는 결코 침묵하지 않았고, 님을 찾아내어 어두운 현실을 살아가는 조선민족의 가슴에 현실 극복과 자유와 평화가 담보된 독립국가의 쟁취를 위한 무한한 자긍심과 연대의식을 심어 주고자 하였다. 무엇보다 만해가 일제 강점기 후반기의 절망적 상황 속에서 굴하지 않고 민족적 양심을 지키며 문학 활동을 할 수 있었던 원동력은 그의 육화된 불교사상과 보살도 실천의 원력이었다. 때문에 심우장에서 만해는 '님'이 반드시 돌아올 것이라고 믿었기에 한순간도 흔들림 없이 지조를 지킬 수 있었다. 그것은 많은 민족지도자들과 지성인들이 일제의 회유에 변절했지만 만해는 끝까지 지조를 지키며 '눈 속에 핀 매화(雪中梅)'의 정신으로 식민지 현실을 극복하고

자 하였던 사실에서 확인되었다.

만해는 사상에 대한 감시와 검열이 더욱 강화되고 문단 활동도 상당히 위축되던 일제 강점기 후반, 즉 '심우장 시대'에 온갖 차별에 대한 저항의지와 약자에 대한 자비심을 바탕으로 독립정신 고취, 사회계몽 등 자신의 변함없는 실천의지를 시와 소설, 수필 등을 통해 피력했다. 특히 풍부한 시적 이미지로 은유와 상징, 역설, 우화의 기법을 차용하여 일제의 눈을 피하고 독자에게는 쉽게 다가감으로써 민족의 정체성을 지키고 독립의 결의를 공고히 하고자 하였다.

또한 그는 3·1 독립운동의 실패에서 오는 허탈감, 시에서의 한계성을 극복하고 새롭게 소설을 씀으로써 민족의 얼과 독립사상을 고취시키고자 했다. 그런데 만해에게 시나 소설 혹은 수필과 논설과 같은 저작물들은 그의 독립사상과 민중계몽을 실천하는 데 있어 분리되어 있는 것이 아니라 상호 유기적 관계를 맺으며 종합적으로 작용했다는 사실이다. 만해의 이러한 문학 행위의 이면에는 끊임없는 자아 찾기와 조국 독립의 열망을 위한 자비실천의 보살행이 그 중요한 동인으로 작동하고 있었던 것이다.

자유와 평등, 그리고 생명사랑을 민족애로 승화시켜 불멸의 주옥같은 문학작품을 남긴 만해가 떠난 지 80여 년이 지나고 있지만, 그의 민족사랑과 생명사랑의 자비실천의 문학적 향기를 느끼기 위해 심우장을 찾는 이들의 발길이 끊이지 않고 있다. 서울시가 심우장을 1985년 7월 5일 서울기념물 제7호로 지정하고, 2019년 4월 8일 국가사적 제550호로 승격 지정한 것도 다분히 이러한 이유일 것이다. 그런 점에서 '매화의 기상'으로 식민지 상황을 극복하고 해방된 조국과 세계평화를 염원했던 만해의 삶의 회향처 '심우장'은 우리 민족의 주체성 회복과 이 땅의 중생들을 위해 자비와 사랑을 실천한 민족자존의 역사적 공간으로서 소중한 의미를 갖는다 할 것이다.

제5장 침묵의 미학: 『님의 침묵』과 독립

1. 왜 만해는 시작詩作에 몰두했던가?

3·1 운동의 실패로 더욱 심해진 일제의 강압적인 행동은 만해로 하여금 조국과 민족에 대한 하염없는 사랑과 독립의 정신을 고취했을 것으로 여겨진다. 3·1 운동을 주도한 혐의로 약 3년간의 옥고를 치루고 1921년 12월 22일 출옥한 만해는 다양한 사회활동을 중단하고 그의 정신적인 고향인 백담사로 돌아가 잠시 머문 뒤 오세암에서 그간의 지친 심신을 달래고 참선수행을 통해 새로운 에너지를 충전했을 것이다. 선수행으로 만해는 『십현담』을 주해할 수 있는 지혜를 갖게 되었을 했을 것이고, 『십현담』 주해 이후에 『님의 침묵』의 원고를 첨삭하는 데에도 적지 않은 영향을 주었을 것으로 짐작된다.

또한 만해는 오세암 주변의 자연환경, 즉 산색과 계곡물, 풀과 바람, 구름과 바위 등의 자연물과 동화됨은 물론 자연물이 들려주는 무정설법을 듣고 깊은 사색에 잠기기도 하면서 내면의 심경을 짧은 시로 토로했을 것으로 추측된다. 그는 구체적으로는 민족, 중생, 님을 그리워하는 주옥같은 사랑의 서정시를 88편을 썼다. 만해는 남전 스님의 배려로 선학원에 머물며 독립의 소망과 그 원력을 담은 불후의 시집 『님의 침묵』의 원고를 수정, 보완하여 1926년 출간하였다. 당시 문단 데뷔는 문단지를 통해 이루어졌으나 만해는 시집을 직접 출판하는 우회적인 방법을 택했던 것이다.

2. 님을 위한 사랑의 변주곡

그렇다면 만해는 무엇을 위해, 누구를 위해 그토록 마음을 울리는 시를 쓰고자 했던 것일까? 그는 깨달음의 경지에서 자연과 동화된 상태에서 단순한 사랑이 아니라 국가와 민족, 중생과 님을 위한 사랑의 변주곡을 만들어내고자 했던 것이다.[101] 즉 그것은 출옥 직후 약 3년 동안의 대중 강연과 왕성한 사회활동을 통해서 끝내 다 풀어내지 못한 그의 불교적 혁명가적 서원,[102] 즉 자신의 영혼의 목소리를 시로 담아내고 싶었던 것이라 할 수 있다. '님'은 침묵했지만 만해는 결코 침묵하지 않았던 것이다. 그는 '님'을 찾아내어 어두운 현실을 살아가는 민족의 가슴에 자긍심을 심어 주고자 하였다. 이는 그의 쓰지 않으면 견딜 수 없는 뜨거운 시혼이 있었기에 가능하였다. 즉 시를 쓰는 것은 간결하고도 응축된 그 자신에 대한 고백이며, 자연에 다가서려는

---

101 김광식, 『첫키스로 만해를 만난다』, 백담사 만해마을, 2004, p.147.
102 최동호, 『한용운』, 건국대학교출판부, 2005, p.66.

몸짓이었다. 김상용은 "젊은 시절, 만주, 러시아, 일본 그리고 각 전국의 사찰을 떠돌며 독립운동과 불교개혁을 온몸으로 실천했던 그가 감옥에서 모처럼 '안정'을 찾게 되면서 그동안 보고 듣고 겼었던 일들이 시심으로 분출되었을 것"[103]으로 보고 있다.

그의 이러한 시작 태도에는 인도의 시성 타골(Rabindranath Tagore, 1861~1941)의 영향이 있었을 것으로 진단해 볼 수 있다. 타골은 1913년 동양인 최초로 노벨문학상을 수상했는데,[104] 그 수상작이 바로 『기딴쟈리』였다. 최동호는 이미 3·1 운동 직전인 1918년 만해는 『유심』 3호에 「타골의 생의 실현」과 「타골의 시관」을 소개하고 있는 사실로 보아 1913년 동양인 최초의 노벨문학상 수상자로서 서양인들에게 동양을 새롭게 인식시켰던 타골에 대한 깊은 관심을 오래전부터 가지고 있었을 것[105]으로 지적하고 있다. 어쩌면 감옥에서 출감한 만해는 노벨문학상을 통해 세계적 명성을 얻고 있는 타골의 시집 『원정』(1924년 김억 번역)을 읽고 혁명가로서 자신의 의지를 시로써 표현해 보고자 하는 열망을 충분히 가졌을 것으로 추정해 볼 수 있다.

---

103 김상용, 『만해 한용운 평전』, 시대의 창, 2006, p.248.
104 타골은 일본과 중국에는 갔으나 조선에는 오지 않았다. 1929년 세 번째 일본 방문 때 〈동아일보〉 기자가 한국 방문을 요청하자 이에 응하지 못함을 미안하게 여겨 대신에 "The Lamp of the East"라는 시를 써서 〈동아일보〉에 보냈다고 하였다. (〈동아일보〉 1929년 4월 2일자: "일찍이 아시아의 황금 시기에 / 빛나던 등불의 하나인 코리아 / 그 등불 다시 한 번 켜지는 날에 / 너는 동방의 밝은 빛이 되리라. In the golden age of Asia / Korea was one of its lamp-bearers / And that lamp is waiting to be lighted once again / For the illumination in the East.")
105 최동호, 위의 책, p.66.

『님의 침묵』에 수록된 「타골의 시 'GARDENISTO'를 읽고」라는 시가 타골의 유미적 세계에 대한 신랄한 비평을 하고 있음이 이를 반증한다. 그렇다면 만해가 타골을 수용한 점에는 그가 우리와 같은 식민국가의 시인이라는 점과 동시에 1913년 노벨문학상이라는 세계문학의 대표성을 갖는 탈식민지적 시인이라는 이중적인 의미망이 작용했을 것으로 판단된다. 하지만 만해는 타골의 시를 그대로 받아들인 것이 아니라 이를 넘어서는 창조적인 극복의 새로운 가치를 모색하려는 비판적 인식을 가지고 있다는 점을 간과해서는 안 될 것이다.

다른 한편으로, 최남선과 독립운동을 한 동지이면서도 민족대표 서명에서 최남선이 몸을 사리게 된 배신감, 독립선언서 집필 과정에 얽힌 애증에 대한 반발 의식이 만해의 시작의 한 요소로 작용했을 것으로 주장하고 있다.[106] 고은은 "한용운은 어떤 의미에서나 감정적으로 대립되었던 최남선을 극복하려는 의지에 불을 지폈다. 그의 설악행 역시 그 원인은 최남선의 굴레를 뛰어넘으려는 데 있었다"[107]라고 지적하고 있다.

하지만 만해가 최남선을 극복하고자 이러한 시를 쓰게 되었다는 건 그다지 설득력이 없다. 다만 만해는 여성의 목소리를 통하여 조국사랑을 노래하고 민족 독립의식을 고취했다고 볼 수 있다.

---

[106] 김상용, 위의 책, p.250.
[107] 고은, 『한용운 평전』, 고려원, 2000, p.314.

3. 역설적 저항

무엇보다도 3·1 운동을 주도적으로 이끌고 3년 동안의 감옥체험을 거친 만해에게 있어서 『님의 침묵』의 출간은 우리 근대시사에 충격적이고도 신선한 놀라움으로 다가왔다. 이 시집뿐만 아니라 어쩌면 만해의 문학이 배태되고 생산된 것은 감옥에서 보낸 철저한 고독의 시간과 선적 깊은 사유에 따른 것으로 진단해 볼 수 있다. 젊은 시절 만주, 러시아, 일본, 그리고 전국의 사찰을 떠돌며 독립운동과 불교개혁 운동을 온몸으로 실천했던 그에게 감옥에서 모처럼 안정과 여유(?)를 가지고 그동안 보고 듣고 겪었던 일들이 뜨거운 시혼으로 불타올랐을 것으로 생각된다.

앞서 언급했듯이 만해의 독립사상의 핵심은 자유와 평등사상이다. 『님의 침묵』의 창작 동기 역시 1920년대의 혹심한 언론탄압과 표현의 자유를 억압한 것에 대한 문학적 저항의 표현이라 할 수 있다. 말하자면 만해는 풍부한 시적 이미지로 은유와 상징, 역설을 통하여 보다 높은 정신적 차원에서 일제에 대한 문학적 저항을 시도한 것이다. 『님의 침묵』의 골격을 이루고 있는 '님'은 연인·조국·부처 등 다층적인 의미를 지닌다. 이에 '님의 침묵'이라는 표현은 당시의 암울한 민족적 상황을 가장 압축적으로 상징하고 있다. 그런데 '침묵'의 의미는 그것이 단순한 명상의 침묵이 아니라 생생한 삶의 몸부림과 깨달음이 용솟음치는 생성의 적극적 침묵인 것이다. 이러한 관점에서 만해는 역설이라는 시적 장치를 통해 세속적 고정관념을 타파함으로써 의미의 상승과 확장을 시도한다.

그렇다면 만해가 3·1 운동이라는 독립운동을 체험하고 이를 내면화하여 탈식민지적 관점의 시적 태도를 가지게 된 동기는 무엇인가? 우선 그것을 타골과의 관계성에서 찾을 수 있다. 그런데 만해의 타골 수용에는 그가 우리와 같은 식민국가의 시인이라는 점과 그러면서도 1913년 노벨문학상 수상[108]이라는, 세계문학의 대표성을 갖는 탈식민지적 시인이라는 이중적인 의미망이 작용했을 것으로 진단된다. 하지만 만해의 타골 수용에는 단순한 모방이 아니라 이를 넘어서는 창조적인 극복의 새로운 가치를 모색하려는 비판적 인식이 내재되어 있다는 사실을 간과해서는 안 될 것이다.

우선 「님의 침묵」을 이해하기 위해서는 유마힐의 '침묵'을 살펴볼 필요가 있다.

문수사리가 대답하였다. "저의 생각으로는 모든 것에 있어서 말이 없고, 설說함도 없으며, 가리키는 일도, 인지하는 일도 없으며, 모든 질문과 대답을 떠나는 것이 절대 평등한 경지에 드는 것이라고 생각합니다." 그리고 문수사리는 유마힐에게 "저희들은 저마다 자기의 생각을 말하였습니다. 당신께서 이야기하십시오. 어떻게 하여 보살은 절대 평등한 경지에 드는 것입니까?"라고 물었다.

---

108 「신에게 바치는 노래」라는 103편의 시가 수록된 『기딴쟈리』는 삶의 애수와 죽음의 두려움을 초월한 인간만이 소유할 수 있는 진솔한 마음의 평안과 음률이 온통 기쁨으로 물결치고 있다. 이 시집으로 노벨문학상이 발표되자 세계의 이목은 잊혀가고 있었던 어두운 땅, 2백 년 긴 세월, 영국의 식민지하에 신음하고 있던 인도와 그 땅에 사는 인도인들에게 집중되었다. (타고르, 김양식 역, 『기딴쟈리』, 샨띠, 2013).

그러나 유마힐은 오직 침묵하여 아무 말이 없었다. 문수사리는 감탄하여 말하였다. "훌륭하도다, 참으로 훌륭하도다. 문자와 언도도 전혀 없도다. 이것이야말로 절대 평등한 경지에 진실로 드는 것이다."[109]

인용문에서 보듯이 유마힐의 침묵과 관련지어 볼 때, 만해의 표제시 「님의 침묵」은 불립문자의 경지인 선의 세계에서 '침묵'은 그 어떤 큰 소리보다 더 큰 진리의 소리를 담지하고 있다 할 수 있다. 즉 '님의 부재' 상태에서 오히려 님의 사랑을 실감하는 만해의 역설적인 깨달음의 경지를 표현하고 있는 것이다. 그런데 '침묵'의 의미는 그것이 단순한 명상의 침묵이 아니라 생생한 삶의 몸부림과 깨달음이 용솟음치는 생성의 적극적 침묵인 것이다. 이러한 관점에서 만해는 역설이라는 시적 장치를 통해 세속적 고정관념의 파기를 통해 의미의 상승과 확장을 시도하는데, 표제시 「님의 침묵」은 그 대표적이다.

님은 갔습니다. 아아, 사랑하는 나의 님은 갔습니다.
푸른 산빛을 깨치고 단풍나무 숲을 향하여 난 작은 길을 걸어서 차마 떨치고 갔습니다.
황금의 꽃같이 굳고 빛나던 옛 맹서는 차디찬 티끌이 되어서 한숨의 미풍에 날아갔습니다.
날카로운 첫 키스의 추억은 나의 운명의 지침을 돌려놓고 뒷걸음쳐

---

[109] 박경훈 역, 『유마경』(현대불교신서 16), 동국대학교 불전간행위원회, 1982, pp.193~194.

> 서 사라졌습니다.
> 나는 향기로운 님의 말소리에 귀먹고 꽃다운 님의 얼굴에 눈멀었습니다.
> 사랑도 사람의 일이라 만날 때에 미리 떠날 것을 염려하고 경계하지 아니한 것은 아니지만,
> 이별은 뜻밖의 일이 되고 놀란 가슴은 새로운 슬픔에 터집니다.
> …
> 우리는 만날 때에 떠날 것을 염려하는 것과 같이 떠날 때에 다시 만날 것을 믿습니다.
> 아아, 님은 갔지마는 나는 님을 보내지 아니하였습니다.
> 제 곡조를 못 이기는 사랑의 노래는 님의 침묵을 휩싸고 돕니다.
> ―「님의 침묵」 부분

인용 시가 표면적으로는 남녀 간의 애틋한 사랑의 고통이나 이별을 노래하는 것처럼 보이지만 그 심층에는 빼앗긴 나라와 민족을 되찾으려는 끈질긴 극복의 의지가 담겨 있다. 화자인 '나'는 '님'과 이별하여 '님'이 부재하고 침묵하는 시대로 규정하면서도 '님'이 부재한 상황을 통해 '나'가 진정으로 '님'의 존재를 깨닫게 된다는 변증법의 진리를 드러내고, 새로이 '나'가 '님'과 합일될 수 있다는 희망적인 생각을 갖고 있다. "떠날 때에 다시 만날 것을 믿습니다. 아아, 님은 갔지만 나는 님을 보내지 아니하였습니다"라는 언설은 일체의 아름다운 것이 사라진 것 같지만 그때에야 진정한 아름다움이 나타난다는 것이다. 즉 주객이 대립하는 상대적인 세계를 벗어나고 보면, 존재자의 참다운

모습은 변함없이 한결같이 빛난다는 선의 세계를 표현한 말이다.[110] 따라서 만해의 시는 '님'의 기호가 부재중으로 존재하는 님, 곧 시적 청자인 셈이다.

근대에서 '부재중으로 존재하는 님'이란 상실한 것, 결핍된 것, 지배당한 선 등의 은유이자 상징으로 작용함으로써 그 기의의 지평이 연인에서 근대의 타자 및 피식민주의의 세계로 확장되고 있다. 여기에 만해의 전체주의의 식민현실에 대항하는 역설적인 태도이자 강한 부정의식을 동반한 일탈이 있다. 따라서 1920년대에 만해의 '님'을 주제로 한 사랑의 시는 전체주의에 대항한 서정시라는 시사적이자 역사적인 의의를 지닌다[111] 할 것이다.

나아가 '만해에게 '님'과 새로이 만나기 위해서는 '님'에 대한 철저한 복종이 요구된다. 그래서 그 복종을 통해서 비로소 '나'는 자유로워진다는 '복종과 자유의 변증법'을 노래한다. 이는 곧 사필귀정의 역사인식을 통해 진정한 자유를 획득할 수 있다는 변증법적 진리와 조응한다. 그 전형적인 시가 「복종」으로, 여기에는 만해의 자유사상이 역설적으로 한결 극대화되어 있다.

남들은 자유를 사랑한다만 나는 복종을 좋아하여요.
자유를 모르는 것은 아니지만 당신에게는 복종만 하고 싶어요.
복종하고 싶은데 복종하는 것은 아름다운 자유보다도 달콤합니다.
그것이 나의 행복입니다.

---

[110] 김광원, 『님의 침묵과 선의 세계』, 새문사, 2008, p.51 참조.
[111] 진순애, 「1920년대 연애시와 사랑의 정치학」, 『비평문학』 제32호, 2009, p.337.

그러나 당신이 나더러 다른 사람을 복종하라면 그것만은 복종할 수가 없습니다.

다른 사람을 복종하려면 당신에게 복종할 수 없는 까닭입니다.

- 「복종」 전문

자유는 만해가 추구한 가치이지만 그것은 부정을 통해 도달되는 변증을 내포하고 있음을 역설적으로 말하고 있다. 봉건체제나 식민통치가 인간의 자유의지를 억압하고 속박하는 체제라면, 만해는 그것에 강하게 저항함으로써 극복하고자 하는 면이 드러나 있다. 자유 상실의 시대에 창작되었다는 점에서 자유야말로 절실한 시대적 가치임을 일깨워 주고 있다. 자유는 시인이 추구한 가치이지만 그것은 부정을 통해 도달되는 변증을 내포하고 있음을 역설적으로 말하고 있다.

만해는 식민체제가 강요하는 복종을 좋아한다고 순응적으로 말함으로써 오히려 자유의 진정한 의미를 환기시키고 있다. 즉, "복종하고 싶은데 복종하는 것"으로서의 자발성과 주체성, 자율성으로서의 자유의 본성과 법칙, 그리고 실천원리를 선명하게 제시하고 있다. 결국 복종의 의미는 자유/복종이라는 이항대립 관계를 가로지르며 진정으로 복종하고 싶은 독립된 조국에 대한 열망과 이를 가로막는 식민주의에 대한 저항을 동시에 성취한다. 그것은 곧 복종적 자유와 자유적 복종이라는 양가성을 통해 도달하는 만해의 '시적 비전(poetic vision)'이라 할 수 있다.

"자유가 없으면 차라리 죽느니만 못하다"[112]라고 언급하고 있는 대목에서 알 수 있듯이 만해는 자유가 인간의 본질이고 생명이며, 동시에 자유가 만물의 가치 척도이어야 함을 강조한다. 또한 자유는 '인간의 인간다움'을 표상하는 도덕의 근본이며 근원적 가치의 척도임을 강조하는 만해는 사상의 자유가 없으면 그 학문은 노예의 학문과 다름없음을 역설한다.

> 그러나 지혜가 없고 진리가 없는 것은 그래도 허용되지만, 사상의 자유가 없는 것은 허용되지 못한다. … 사상의 자유가 없는 사람은 그 학문의 정밀 여부를 물을 것도 없이 한마디로 노예의 학문이라고 단정하지 않을 수 없는 까닭이다.[113]

만해에게는 자유야말로 인간의 의미 있는 삶을 살기 위한 전제조건이며 동시에 당위적인 요청이고 영원한 이상이다. 여기에는 자유는 모든 인간관계에서의 대등한 권리, 즉 평등이 정신에 근거해야 한다는 뚜렷한 인식이 내재되어 있다. 그래서 침략적 자유를 자유의 본령으로 생각하는 일제의 태도는 바로 그 자체가 야만성의 표상일 수밖에 없는 것이다. 만해의 자유사상이 필연적으로 독립투쟁의 길로 연결될 수밖에 없었던 이유도 여기에 있다.

한편 만해가 타골의 영향을 어느 정도 받고 있는 것은 사실이지만, 만해는 타골의 시보다 훨씬 격렬하고 적극적이며 혁명적인 시적 태도를 보인다. 그러한 태도는 「타골의 시 'GARDENISTO'를 읽고」에서 분명하게 드러난다. 이 시에서 만해는 지금과 같은 암울한 현실 상황에

---

112 한용운, 『정선강의 채근담』, 전집 권4, 불교문화연구원, 2006, p.223.
113 한용운, 『조선불교 유신론』, 전집 권2, 불교문화연구원, 2006, p.48.

서 필요한 것은 절망의 노래가 아니라, 현실 상황과 대결하며 민족 독립을 위한 희망의 노래를 불러야 함을 역설하고 있다.

> 벗이여, 나의 벗이여. 애인의 무덤 위에 피어 있는 꽃처럼 나를 울리는 벗이여.
> 작은 새의 자취도 없는 사막의 밤에 문득 만난 님처럼 나를 기쁘게 하는 벗이여.
> 그대는 옛 무덤을 깨치고 하늘까지 사무치는 백골白骨의 향기입니다.
> 그대는 화환花環을 만들려고 떨어진 꽃을 줍다가 다른 가지에 걸려서 주운 꽃을 헤치고 부르는 절망인 희망의 노래입니다.
>
> 벗이여, 깨어진 사랑에 우는 벗이여.
> 눈물이 능히 떨어진 꽃을 옛 가지에 도로 피게 할 수는 없습니다.
> 눈물이 떨어진 꽃에 뿌리지 말고 꽃나무 밑의 티끌에 뿌리셔요.
>
> 벗이여, 나의 벗이여.
> 죽음의 향기가 아무리 좋다 하여도 백골의 입술에 입맞출 수는 없습니다.
> 그의 무덤을 황금의 노래로 그물치지 마셔요. 무덤 위에 피 묻은 깃대를 세우셔요.
> 그러나 죽은 대지가 시인의 노래를 거쳐서 움직이는 것을 봄바람은 말합니다.

벗이여, 부끄럽습니다. 나는 그대의 노래를 들을 때에 어떻게 부끄럽고 떨리는지 모르겠습니다.
그것은 내가 나의 님을 떠나 홀로 그 노래를 듣는 까닭입니다.
- 「타골의 시 'GARDENISTO'를 읽고」 전문

타골의 시에 깊은 감동을 받고 찬양하면서도, 전적으로 그의 시 세계에 공감할 수 없었다며 그의 시를 신랄하게 비평하고 있다. 현실을 떠나 영원한 이상향의 세계를 노래하는 타골의 시는 일견 희망의 노래인 것처럼 보이지만, 사실은 절망의 노래요, 죽음의 노래일 수밖에 없다는 것이다. 즉 '죽음의 향기가 아무리 좋다 하여도 백골의 입술에 입맞추'는 것은 현실의 삶을 위해 아무런 가치가 없기 때문이다. 그래서 만해는 '무덤 위에 피 묻은 깃발을 세우'라고 말하며 타골의 시를 신랄하게 비평하고 있는 것이다. 이러한 비평은 고통스런 현실의 역사를 회피하지 말고, 그 안에서 참된 가치의 실현을 위해 적극적으로 투쟁하라는 것이다. 그렇게 했을 때 비로소 절망적 현실인 '죽은 대지가 시인의 노래를 거쳐서 움직이게' 된다고 확신하는 것이다. 마지막 연에서 만해는 타골의 시에 대한 감상을 종합적으로 '부끄럽고 떨리는' 것으로 말하고 나서, 왜 '내가 님을 떠나 홀로 그 노래를 듣는' 것인지를 밝힘으로써 자신의 시적 태도를 드러내 보인다. 결국 문학은 현실의 고통에 맞서 능동적으로 싸울 수 있도록 해주는 데 그 가치가 있기에 그 같은 사명에 충실해야 함을 만해는 역설하고 있는 것이다.

제6장 희망의 상징:
자아 찾기와 깨달음 그리고 희망

1. 자아 찾기와 깨달음

일제 강점기라는 시대적 아픔의 상황은 만해에게 '백척간두 진일보'의 위기의식을 고양시켰다. 주인으로서 주인의 행세를 하지 못하는 나그네 민족의 극한적 설움과 아픔을 가슴에 끌어안고, 그것을 내면으로 삭이고 정화시켜 마침내 '고향'을 노래할 수 있었던 만해였다. 이 점이 바로 시대의 아픔을 외면하지 않고, 오히려 시대의 아픔을 직시하면서 그 아픔을 끌어안고 하나되고자 하는 자타불이의 만해다운 모습인 것이다.

앞서 언급한 바와 같이, 오랜 운수행각 시절 만해의 기행은 결국 존재의 깊어짐을 위한 수행의 과정이었다 할 수 있다. 그래서 목숨을 던지는 위기의식의 긴장감 속에서 출발한 동안거 참선수행으로 드디어 만해는 적적성성寂寂惺惺의 삼매경을 맞게 된다. 오랜 세월 산하를 떠돌던 그의 기행은 결국 존재의 깊어짐을 위한 수행의 과정이었다. 그의 이러한 인생에 일대 변화를 가져다준 것은 1917년 12월 3일 밤, 설악산 오세암에서 좌선 중 간간히 다가오는 매서운 바람소리와 휘몰아치는 눈보라 속에 자신과 대자연이 하나되는 깨달음을 얻은 것이었다. 우주 질서 속의 자신의 실체를 확인하는 순간, 만해는 주객 대립의 차별성을 극복하고 오도의 체험을 맞게 되었던 것이다. 어쩌면 뜨거운 열정에 눈이 흐렸던 젊은 시절의 흔적이 바로 만해 자신이 찾아 헤매던 고향이었다. 어둠에 가렸던 공간을 해체함으로써 성성적적의 깨달음에 이르렀고, 시대의 아픔을 끌어안을 수 있는 힘을 얻게 된 것이다.[114] 다시 말해, 만해 자신이 서 있는 조선의 땅이 바로 피안의 세계요, 일제 치하의 우리 민족이 겪는 그 아픔 자리가 바로 '고향'임을 깨달은 것이다. 지금까지 찾아 헤맨 고향(깨달음)이 먼 곳에 있는 것이 아니라, 항상 존재하는 세간으로서의 공간이었다. 즉 자신의 내면에 존재하고 있는 자아에서 진정한 고향(불성)을 발견하였던 것이다. 그 깨달음의 시가 다음의 「오도송」이다.

　사나이 가는 곳마다 바로 고향인 것을
　얼마나 많은 사람이 나그네 근심에 잠겼던가.

---

114 이 깨달음을 얻은 다음 만해는 사문 대중이 모인 법회에 나아가 '속박은 누가 옭매었으며 해탈을 스스로 털어버릴 도리를 아느냐! 모르느냐! 삼천대천세계가 쾌활쾌활이다'고 강조하였다. 이를 듣고 있던 만화 스님이 일어서서 "한 입으로 온 바닷물을 다 마셔 버렸구나" 하며 그 깨달음을 인정하고 가사와 발우를 전했다고 한다. 참선 수도를 통해 깨달음을 얻은 그에게 만해萬海라는 법명이 전해진 유래가 이와 같다. (최동호, 『한용운』, 건국대출판부, 2000, p.33 참조).

제6장 희망의 상징: 자아 찾기와 깨달음 그리고 희망

한 번 소리쳐 삼천세계를 깨뜨리니
눈 속에 복사꽃이 펄펄펄 흩날리네.

男兒到處是故鄕 幾人長在客愁中
一聲喝破三千界 雪裡桃花片片紅
- 「오도송」

'삼천세계(우주)'의 거대한 힘의 유입을 느끼고, 그 순간 주객 대립의 차별성을 극복하고 오도의 체험을 맞게 된 경지를 노래한 시편이다. '객수'의 무명 속에 살아온 자신의 내적 고백임과 동시에 자타불이의 세계를 얻은 직관적 통찰을 표현하고 있다. 주인으로서 주인의 행세를 하지 못하고 나그네 민족의 극한적 아픔을 내적으로 삭이고 가라앉히며 마침내 '고향'을 노래할 수 있었던 만해였다. 만해에게는 '뜨거운 열정에 눈이 흐렸던 젊은 시절의 흔적'이 바로 자신이 찾아 헤매던 '고향'이었다. 어둠에 가렸던 공간을 해체함으로써 깨달음의 세계에 이르렀던 것이다. 다시 말해, 만해 자신이 서 있는 이 땅이 바로 열반의 세계요, 일제하의 중생이 겪는 그 아픔 자리가 바로 고향의 세계임을 깨달은 것이다. 이러한 깨달음을 얻었기에 그는 "한 번 소리쳐 삼천세계를 깨뜨리니 / 눈 속에 복사꽃이 점점이 흩날리네"라는 사자후를 할 수 있었던 것이다. 쏟아지는 눈 속에서 복사꽃을 본 것이다. 눈과 복사꽃은 동일한 공간에 존재할 수 없는 것이다. 하지만 만해는 동일한 공간에 존재할 수 없는 것들을 함께 존재시킴으로써 묘유의 세계를 획득하고 있다. 궁극적으로 '눈 속에 복사꽃'은 "실제의 사건이 아니라 현상계의 상도常道를 벗어난 경지이다. 이를 반상反常이라 하는데 대체적인 특징이 언어적 의사소통의 기본상식을 전도시키는 것이다."[115] 즉 '눈 속에 복사꽃'은 모든 상대적 분별을 벗어난 절대 공空의 세계에서 나올 수 있는 것으로, 만해의 깨달음의 상징이며 또한 눈 속의 매화의 기상을 닮은 시 정신의 핵심이다. 만해의 이러한 직관적이고 실천적인 힘에 대해 김광원은 "오도 이전의 불교개혁 내지는 불교 대중화 운동의 차원을 넘어 민족해방의 차원으로 승화된다. 3·1 운동의 주도와 『님의 침묵』의 저술 등이 바로 그것"이라고 언급하고 있다.[116] 오도 이후 만해의 직관적이고 실천적인 힘은 오도 이전의 불교개혁 내지는 불교 대중화 운동으로서의 차원을 넘어 민족해방의 차원으로 고양되었다. 3·1 운동의 주도와 우리 문학사에서 찬란한 금자탑을 쌓아 올린 시집 『님의 침묵』(1926)의 저술 등이 바로 그것이다.

2. 미래 지향적 희망의 메시지

강한 '절망'에서 새로운 '희망'으로의 변용이 만해로 하여금 산문적 서술형의 시를 쓰게 만들었던 것으로 생각된다. 귀먹고 눈먼 자가 새로운 슬픔으로 인해 새로운 희망을 갖기 위해서는 언제나 커다란 고통이 따른다. 그래서 새로운 슬픔이 없다면 새로운 희망도 없다는 것이 만해의 생각이다. 「벗에게 보내는 선화(贈古友禪話)」는 만해의

---

115 윤재웅, 「한용운의 불교사상과 한시에 나타난 불이론」, 『동악어문학』 제84집, 2021, p.96.
116 김광원, 『만해의 시와 십현담주해』, 바보새, 2005, p.161.

옥중시의 하나로 이승훈과 더불어 3·1 독립운동의 주역이었으며 당시 옥중에서 같이 복역했던 고우古友 최린에게 준 '매화' 관련 시이다. 일제 강점기 조국의 현실을 직시하면서 그 아픔을 그대로 끌어안고 비정상적 상황을 본래의 정상적 상황으로 되돌리고자 하는 절절한 미래 지향적 희망이 다음의 시에서 잘 표현되고 있다.

어여쁜 온갖 꽃을 모두 다 보고
안개 속 향기로운 풀 이리저리 다 누볐네.
한 그루 차가운 매화 아직 못 얻었는데
천지에 눈보라만 가득하니 이를 어찌할꼬.

看盡百花正可愛 縱橫芳草踏烟霞
一樹寒梅將不得 其如滿地風雲何

- 「贈古友禪話」

『화엄경』이 설하는 부정과 긍정을 다 막고(雙遮) 부정과 긍정을 쌍으로 비추니(雙照) '막음과 비춤(雙照同時)'의 세계인 대긍정의 세계, 선의 경지를 보이고 있다. 실제 상황인 일제의 잔혹한 탄압에도 이렇게 된 바에야 한 번 더 견뎌낼 만한 것이 아닌가? 하는 모습이 잘 드러나 있다. 추위 속에서 추위를 거부하지 않고 오히려 그 추의를 끌어안는 만해의 '설중매'적 정신, 그것이 곧 이 시의 핵심이다. 1, 2행이 자유를 추구해 온 만해의 총체적 삶의 상징적 고백이라 할 때, 3행의 '한매寒梅'는 '한매'라는 사물을 통하여 자유를 추구하는 선사로서의 순수한 삶의 의지를 드러내 보이고 있다. 마지막 시행에는 천지에 가득한 눈보라, 즉 시대적 어려움 속에서 스스로 '한매'가 되지 못하는 아픔과 한편으로 '꽃'을 피울 수 있는 보다 큰 자유에 대한 염원과 희망이 함께 내재되어 있다.

강한 '절망'에서 새로운 '희망'으로의 변용은 만해가 '꽃'을 의기인 논개(1574~1593)와 계월향(?~1592)에 비유하여 그의 절대적인 님으로 표현함으로써 잘 드러난다. 만해는 그들의 저항의지를 예찬하고 그들의 의로운 행동에 대한 흠모의 정을 보여주는데, 논개는 '가장 좋은 꽃 중의 하나'로 나타났고, 계월향은 '매화'로 묘출하고 있다.

> 논개여, 나에게 울음과 웃음을 동시에 주는 사랑하는 논개여.
> 그대는 조선의 무덤 가운데 피었던 가장 좋은 꽃의 하나이다.
> 그래서 그 향기는 썩지 않는다.
> 나는 시인으로 그대의 애인이 되었노라.
> 그대는 어디 있느뇨. 죽지 않은 그대가 이 세상에는 없구나.
> 나는 황금의 칼에 베어진 꽃과 같이 향기롭고 애처로운 그대의 당년當年을 회상한다.
> ― 「논개의 애인이 되어서 그의 묘에」 부분

시인에게 진주 남강 촉석루의 주인공 논개의 삶은 비극이자 새로운 희망이다. 꽃다운 죽음은 비극이지만 적장敵將을 죽인 의기義氣는 식민지 민족의 희망이다. 그러기에 논개는 울음과 웃음을 동시에 준다.[117] 논개의 의로운 정신이 결코 퇴색하지 않으리라는 시인의 생각은 '조선의 무덤 가운데 피었던 가장 좋은 꽃의 하나'이기에 '그 향기는 썩지 않는다'고 한 대목에서 절정을 이룬다. 아름다운 꽃이라 하지 않고 '좋은 꽃'이라고 한 것은 주권을 상실하고 식민지가 된 조선 역사의 '무덤' 가운데 핀 것이기 때문이다. 그래서 논개의 의로운 삶은 썩지 않는 향기를 지닌다는 것이다. 적장을 죽이기 위해 자신의 목숨을 바치는 여인의 미소는 정녕 '아리땁고 무서운 미소'이다.[118] 시인은 기생임에도 불구하고 끝내 연인과의 정분을 잊지 못하여 적장의 품에 안기게 된 것을 슬퍼하는 것은 그의 다정 때문이며, 그로 인하여 결국 자신의 목숨을 잃었으니 다정을 슬퍼한다고 한다. '저녁놀'은 찬란하지만 결국에는 태양의 사라짐을 알리는 것이고, 그 붉은빛은 사라짐 속에서도 식지 않는 열정을 상징한다. 아울러 그 붉은 한이 떨어지는 날을 돌이키고자 한다는 것은 소멸한 생명의 회복을 희망하는 것이다. 또한 황금의 소반은 아침볕을 상징하고, 매화는 봄을 상징하며, 나아가 아침볕은 어두운 밤을 깨우고, 매화는 한겨울의 잠을 깨우는 것,[119] 즉 민족 독립의 각성을 촉구하는 이미지로 작용한다.

한편 님을 거대한 냉엄한 현실 세계를 서서히 녹이는 훈풍과도 같은 존재로 부드럽고 강한 힘을 지닌 절대적인 존재로 여기는 만해는 하찮은 자신의 생명을 힘껏 보듬어 줄 것을 소망한다. 나라를 잃고 자유를 상실한 현실 상황에서 위축되고 힘없는 민중을 보듬어 주기를 바라는 간절한 희망은 사막과 나무, 그리고 새의 이미지로 그려지고

---

117 김종인, 『날카로운 첫 키스의 추억』, 나남, 2008, p.298.
118 김종인, 위의 책, p.336.
119 김종인, 위의 책, pp.337~338 참조.

있다.

> 닻과 키를 잃고 거친 바다에 표류된 작은 생명의 배는 아직 발견도 아니 된 황금의 나라를 꿈꾸는 한 줄기 희망의 나침반이 되고 향로가 되고 순풍이 되어서,
> 물결의 한 끝은 하늘을 치고, 다른 물결의 한 끝은 땅을 치는 무서운 바다에 배질합니다.
>
> 님이여, 님에게 바치는 이 적은 생명을 힘껏 껴안아 주서요.
> 이 작은 생명이 님의 품에서 으서진다 하여도 환희의 영지에서 순정한 생명의 파편은 최귀最貴한 보석이 되어서 조각조각이 적당히 이어져서 님의 가슴에 사랑의 휘장을 걸겠습니다.
> 님이여, 끝없는 사막에 한 가지의 깃들일 나무도 없는 적은 새인 나의 생명을 님의 가슴에 으서지도록 껴안아 주서요.
> 그러고 부서진 생명의 조각조각에 입맞춰 주서요.
> ―「생명」부분

생명은 욕망의 충동으로 야기된 거친 파도가 치는 고해의 바다에 표류하는 작은 배와 같은 존재이다. 어디로 항해해야 할지를 모르며, 그렇다고 정박해 있을 수도 없다. '닻과 키를 잃고 거친 바다에 표류된 작은 생명의 배'는 자아가 처한 지금 여기의 역사적 현실이 비호 받지 못한 상황을 말해 준다.[120] 무역선들이 거친 파도를 무릅쓰고 바다를

---
[120] 김옥성, 『한국 현대시의 전통과 불교적 시학』, 새미, 2006, p.216.

건너는 이유는 그 나라의 황금과 보석을 구하기 위해서이다. 황금과 보석의 땅은 생명의 배에게 오직 희망으로서만 존재한다. '아직 발견도 아니 된 황금의 나라'는 '아직 성취되지 않은' 이상향의 국가인 셈이다. 아직도 발견되지 아니 된 나라를 향해 모험을 감행할 수 있는 용기는 '희망'에서 솟는다. 그 희망은 닻과 키까지 잃어버린 가장 궁핍한 결여의 심연에 대한 응시에서 생성된 것이다. 그러한 가난의 심연에 처한 자아의 이미지는 '끝없는 사막에 한 가지의 깃들일 나무도 없는 작은 새'의 이미지로 형상화되고 있다. 하지만 화자는 님이 힘껏 껴안아 주기만 한다면 비록 몸이 으서지더라도 상관치 않겠다고 한다. 아울러 님이 보듬어 주는 기쁨으로 조각난 몸은 영원성을 지닌 최고의 귀한 보석으로 변용되어 님의 가슴에 휘장이 되겠다는 다짐으로 나타난다. 결국 생명의 구원은 자신의 소멸을 통한 님과의 통합에서만 가능할 수 있다. 그렇다면 이 시는 존재의 근거 설정을 위한 모험이 미래적인 이상향의 '희망'과 긴밀히 연결되는 양상을 보여주고 있다 할 수 있다. 이러한 미래지향적인 희망은 다음의 시에서도 명징하게 드러난다.

아득한 명상의 작은 배는 가이없이 출렁거리는 달빛의 물결에 표류漂流되어
멀고 먼 별나라를 넘고 또 넘어서 이름도 모르는 나라에 이르렀습니다.
이 나라에는 어린 아기의 미소와 봄 아침과 바다 소리가 합하여 사랑이 되었습니다.
이 나라 사람은 옥새玉璽의 귀한 줄도 모르고, 황금을 밟고 다니고,

미인美人의 청춘靑春을 사랑할 줄도 모릅니다.
이 나라 사람은 웃음을 좋아하고, 푸른 하늘을 좋아합니다.

명상의 배를 이 나라의 궁전에 매었더니 이 나라 사람들은 나의 손을 잡고 같이 살자고 합니다.
그러나 나는 님이 오시면 그의 가슴에 천국天國을 꾸미려고 돌아왔습니다.
달빛의 물결은 흰 구슬을 머리에 이고 춤추는 어린 풀의 장단을 맞추어 넘실거립니다.

- 「명상冥想」 전문

첫 연에서 자아는 비호받지 못하는 지금 여기 고통의 현실로부터 벗어나 이름도 모르는 나라에 이르게 된다. 그 나라는 이상향이다. 이 나라 사람들은 사물을 상품화하지 않고, 세계를 대상화하지 않으며, 순수한 관련으로서 동일체를 이루고 있다. 그러나 자아는 신성의 가시적인 그 나라에 안주하지 않는다. 왜냐하면 그것은 지금 여기의 역사와 분리되어 있기 때문이다. 화자에게 체류의 근거보다 중요한 것은 역사적 미래이다. 그 때문에 화자는 안락한 천국의 꿈에서 생성되는 미학적 행복에 함몰되지 않고, 역사적 고통의 현실로 복귀한다.[121] 이처럼 미래지향적인 시간의식은 깨어 있는 의식으로 '아직 이루어지지 않은' 미래의 희망 국가를 지향하게 된다. 그것은 만해가 『조선불교유신론』에서 근대사회의 이상으로 설정한, 자유와 평등이 온전하게

---

121 김옥성, 위의 책, pp.217~218.

실현된 불교적 낙원에 가까운 개념으로 이해할 수 있다.

한편 강한 '절망'에서 새로운 '희망'으로의 변용이 만해로 하여금 산문적 서술형의 시를 쓰게 만들었던 것으로 생각된다. 귀먹고 눈먼 자가 새로운 슬픔으로 인해 새로운 희망을 갖기 위해서는 언제나 커다란 고통이 따른다. 그래서 새로운 슬픔이 없다면 새로운 희망도 없다는 것이 시 「님의 침묵」의 기본적 명제가 될 수 있다.[122] 인용시가 표면적으로는 남녀 간의 애틋한 사랑의 고통이나 이별을 노래하는 것처럼 보이지만, 그 심층에는 빼앗긴 나라와 민족을 되찾으려는 끈질긴 극복의지가 자리하고 있다. 사랑하는 님이 떠나면, 님이 '부재'하기에 사랑은 불가능하다. 하지만 그 '부재'에 의해 오히려 사랑이 '실재實在'한다는 것이 바로 이 시가 설정하고 있는 '침묵의 공간'이다. '님'이 부재한 상황을 통해 '나'가 진정으로 '님'의 존재를 깨닫게 된다는 변증법의 진리를 드러내고, 새로이 '나'가 '님'과 합일될 수 있다는 희망적인 생각을 갖고 있다. 이러한 전환은 '슬픔의 힘'을 '새 희망'의 정수박이에 들어붓는 것에 이어 이별의 만남이 새롭게 변주된다. 흔히 말하는 회자정리會者定離, 이자정회離者定會라는 불교의 부정적 논리가 새로운 슬픔을 새 희망으로 치환시켜 줌으로써 "님은 갔지만 나는 님을 보내지 아니하였습니다"라는 역설적 언설의 설득력을 갖게 된다. 이 역동성이 우리에게 시적 공감을 촉발하는 요인이자 슬픔을 극복할 수 있는 힐링의 기제라 할 수 있다.

시집 『님의 침묵』의 마지막 시인 「사랑의 끝판」의 결구인 다음의

---

[122] 최동호, 위의 책, 2005, p.58 참조.

시행은 만해가 떠난 님을 그리워하며 기다리고 마침내 새로운 만남의 새 아침을 맞이할 수 있다는 '희망'의 메시지를 전한다.

> 내가 님의 꾸지람을 듣기로 무엇이 싫겠습니까.
> 다만 님의 거문고 줄이 완급緩急을 잃을까 저어합니다.
> 님이여, 하늘도 없는 바다를 거쳐서,
> 느릅나무 그늘을 지워버리는 것은
> 달빛이 아니라 새는 빛입니다.
> 홰를 탄 닭은 날개를 움직입니다.
> 마구에 매인 말은 굽을 칩니다.
> 네 네 가요, 이제 곧 가요.
> — 「사랑의 끝판」 부분

암흑의 시대로서 폭압과 질곡의 식민지 시대는 머지않아 종말을 고하고 역사의 새벽, 희망의 새 아침을 맞이하게 될 것임을 확신하는 만해이다. 님의 꾸지람을 듣더라도 싫지 않다는 화자는 사랑을 마음으로 타는 거문고에 비유한다. 거문고 줄이 완급을 잃을까 저어하며 님에 대한 애틋한 사랑을 드러내 보이는 화자에게 그늘을 지워버리는 것은 은은한 달빛이 아니라 새벽을 밝히는 '새는 빛'이다. 달빛이 어둠을 그저 밝히는 것이라면, 새는 빛은 어둠을 몰아내는 빛이기에 화자는 님을 통해 어둠을 몰아내고 새벽을 밝히는 빛을 보려 한다. 그리고 홰를 탄 닭이 날개를 움직이며 새벽을 부르는 소리를 힘차게 내지른다. 닭의 울음과 함께 마구에 매인 말은 굽을 치며 다가올 첫새벽을 맞을 준비를 하는 것으로 여기는 화자이다. 이처럼 화자의 사랑의 실현은 절망과 좌절과 슬픔에 빠져드는 것이 아니라 희망과 극복과 기쁨으로 님의 부름에 부응하는 희망과 치유의 메시지를 함축하고 있다 할 것이다.

이상의 내용을 종합하면, 만해는 끊임없이 과거의 잘못을 돌아보고 현재를 반성하며 바람직한 자유와 평등, 화해와 조화가 실현되는 세계로 나아가고자 하는 성찰과 희망의 메시지를 전하는 명상의 시들을 낳고 있다 할 수 있다. 여기에는 일제 강점기만이 아니라 상실과 불안의 시대를 살아가는 오늘날 우리들에게 다분히 화엄적 사유의 생명사랑과 연대의식으로 고난의 현실을 극복할 수 있는 희망과 치유의 메시지가 자리하고 있다 할 수 있다.

3. 자연 관조를 통한 조화와 합일의 메시지

선승에게 있어, 자연은 단지 감각적 즐김의 대상으로서가 아니라 선적 관조의 대상으로서의 의미를 지닌다. 자연과의 긴밀한 교감과 조화를 바탕으로 마음을 맑히면서 수행정진에 깊이를 더하였던 만해는 자연이 지닌 순환적 상상력을 통하여 생명력과 생명 감각을 파악함으로써 삶의 역경을 극복하는 희망의 메시지를 찾고자 한다. 그래서 자연을 통한 선적 수행이 주조를 이루고 있는 그의 한시는 자아를 버리고 자연물과 하나되어 내적 일체감을 획득하고 있는 경향을 보인다. 조화와 화해의 추구는 만해가 한시를 통해 시재를 탁마했다는 사실과 무관하지 않다. 자연을 통한 선적 수행이 주조를 이루고 있는 그의 한시는 자아를 버리고 자연물과 하나되어 내적 일체감을 획득하고 있기 때문이다. 만해의 그러한 경향은 눈 오는 밤에 달과 매화, 오동나무와 사람이 혼연일체가 되어 자연의 일부가 되는 모습을 한 폭의 산수화로 묘사한 시 「청한清寒」에서 보다 명징하게 드러난다.

달을 기다린다고 매화가 어찌 학이리오?
오동에 의지하니 사람 또한 봉황이네.
밤 새워 차가운 눈보라는 그치질 않아
초라한 지붕에 눈이 내려 봉우리를 이루었네.

待月梅何鶴 依梧人赤鳳
通宵寒不盡 遠屋雪爲峰
- 「청한清寒」

자연의 내적 질서를 자연스럽게 내면화한 만해의 역사인식의 단면을 보여주고 있는 시편이다. 눈 속에서 꽃을 피우는 매화가 달을 기다리며 학처럼 서 있다고 그려냄으로써 자연과 자연이 서로 조응하는 정경을 보여준다. 깨닫고 보면, 모든 사량분별과 번뇌가 없고 얽매임 또한 없으며 물아일여의 경지 그대로이기 때문이다. 따라서 욕망을 절제하고 비움으로써 도달하는 자연과 하나되는, 이른바 여백의 미와 함께 인간 중심적 사유에 대한 전면적 반성과 그 맥을 같이한다. 이처럼 만해는 자연과의 교감과 조화를 바탕으로 마음을 맑히면서 수행정진에 깊이를 더하였다. 궁극적으로 만해는 자연이 지닌 순환적 상상력을 통하여 생명력과 생명 감각을 파악함으로써 삶의 역경을 극복하는 희망의 메시지를 찾고자 한다.

만해는 시공을 초월하여 항상 '님'과 함께 존재하고자 하는 곡진한 마음을 보여준다. 님과 나의 관계뿐만 아니라 자연과 인간이 하나로 어우러진 합일의 내적 경지가 역설적으로 잘 묘사되고 있는 시가 「나의 꿈」이다.

당신이 맑은 새벽에 나무 그늘 사이에 산보할 때에 나의 꿈은 작은 별이 되어서 당신의 머리 위에 지키고 있겠습니다.
당신이 여름날에 더위를 못 이기어 낮잠을 자거든 나의 꿈은 맑은 바람이 되어서 당신의 주위에 떠돌겠습니다.
당신이 고요한 가을밤에 그윽이 앉아서 글을 볼 때에 나의 꿈은 귀뚜라미가 되어서 책상 밑에서 '귀뚤귀뚤' 울겠습니다.
- 「나의 꿈」 전문

사랑의 본질적 목표는 둘이 하나가 되는 것이다. 하지만 사랑의 시작은 설렘과 경이로움에 의한 식지 않는 관심이다. 사랑하는 사람의 주위를 맴돌며 떠나지 않는 것, 그것은 사랑에 대한 최소한의 바람일 수 있다. 여기에서 그것은 인간과 자연이 합일되는 상황을 통해 현현한다. 화자인 내가 자연의 일부가 되어 자연스럽게 님과 한몸이 되는 상황이다. 즉 작은 별, 맑은 바람, 귀뚜라미가 되어 화자는 님이 어떤 곳에 있든지 조용히 그곳에 함께 있음으로 합일된다는 것이다. 이처럼 내가 님과 하나되는 것은 바로 자아와 자연과의 교감을 바탕으로 한 친연성이 있기에 가능하다.

  삼라만상의 모든 존재들과 긴밀하게 합일되는 교감은 생태적 사유를 낳게 할 뿐만 아니라 자연의 생기를 통해 우주적 합일의 극대화를 가져온다. 다음의 시는 이러한 자연 생태계의 존재들과의 합일과 상호 조응에 주목하고 있는 대표적인 시로 읽혀질 수 있다.

  당신은 나로 하여금 날마다 당신을 기다리게 합니다.
  해가 저물어 산 그림자가 촌집을 덮을 때에
  나는 기약 없는 기대를 가지고 마을 숲 밖으로 가서 기다리고 있습니다.
  소를 몰고 오는 아이들의 풀피리는 제소리에 목메입니다.
  먼, 나무로 돌아가는 새들은 저녁연기에 헤엄칩니다.
  숲들은 바람과의 유희를 그치고 잠잠히 섰습니다.
  그것은 나에게 동정하는 표상입니다.

  ...

  다시 오는 별들은 고운 눈으로 반가운 표정을 빛내면서 머리를 조아려 다투어 인사합니다.
  풀 사이의 벌레들은 이상한 노래로 백주白晝의 모든 생명의 전쟁을 쉬게 하는 평화의 밤을 공양供養합니다.
  네모진 작은 못의 연잎 위에 발자취 소리를 내는 실없는 바람이 나를 조롱할 때에 나는 아득한 생각이 날카로운 원망으로 화합니다.

- 「고대苦待」부분

만해의 인류 평화와 상호 의존의 염원이 잘 드러나 있다. 밤하늘의 아름다운 별과 지상의 풀벌레의 상호 조응을 통해 하늘과 땅은 하나가 된다. 그리고 이들이 형성하는 평화로운 밤은 우주적 합일의 양상을 보여준다. 실제로 평화가 깃든 밤은 삼라만상의 모든 존재가 서로의 침략과 전쟁을 중단하고 화해와 조화를 모색할 때 찾아온다. 그렇다면 풀 사이의 벌레가 부르는 우주적 화음의 생명 노래는 화해와 조화에 바탕을 둔 전쟁을 멈추고 간절한 인류 평화의 '희망'을 담지하고 있다 할 수 있다. 이러한 관점과 관련하여 우주의 모든 존재를 상호 연기적 인식에서 통찰하는 것은 자연과 인간이 서로 원융하고 소통하며 서로의 실체를 일깨우는 합일의 경지를 지향하고 있음을 생각할 수 있다. 이러한 관점에서 만해는 세밀한 관조와 선적 직관으로 존재와 사물의 근원 질서에 대한 물음으로써 자연의 모습을 신비와 역동성을 지닌 존재의 본질로 통찰하고 명상에 잠기게 한다.

차별을 거부하고 생명사랑을 지향하였던 그의 실천적 삶의 미학은 우주 안의 모든 존재가 상호 의존하며 상호 스며드는 화엄적 생명사랑으로, 식민지 상황을 극복하고 해방된 미래를 꿈꾸는 중요한 추동력으로 작용했다 할 수 있다.

바람도 없는 공중에 수직의 파문을 내이며 고요히 떨어지는 오동잎
은 누구의
발자취입니까.

지리한 장마 끝에 서풍에 몰려가는 무서운 검은 구름의 터진 틈으로 언뜻언뜻
보이는 푸른 하늘은 누구의 얼굴입니까.
꽃도 없는 깊은 나무에 푸른 이끼를 거쳐서 옛 탑 위의 고요한 하늘을 스치는
알 수 없는 향기는 누구의 입김입니까.
- 「알 수 없어요」 부분

바람도 없는 허공에 오동잎이 떨어지는 모습은 상실된 자유의 현실을 은유적으로 표현하고 있다. 의문형으로 전개되는 화두의 제시는 인간존재의 근원과 대자연의 비의秘意에 대한 지속적인 천착을 통해 자연과 인간, 현상과 본질, 무와 존재를 하나로 연결함으로써 초월과 현실 고난의 극복 동기를 제공하고 있다. '알 수 없는 향기'는 자연계가 지닌 조화로움을 내포하는 신비와 일체감을 상징한다. 이러한 것들 모두는 서로가 서로를 비추고 있는 인드라망 관계 속에서 중중무진하는 화엄법계의 현상들에 대한 깊은 명상에 들게 한다. 여기에는 단순히 자연의 아름다움만을 묘사하고 있는 것이 아니라 자연을 생명의 근원으로 인식하고 관조함으로써 현상 이면에 내재되어 있는 인과의 질서를 통해 생명의 참모습을 파악하고자 하는 만해의 조화와 합일의 메시지가 담겨 있다 할 수 있다.

제7장 자비의 실천:
화엄적 사유와 생명사랑

1. 만해와 화엄적 사유

만해는 '눈 속의 복사꽃' 정신으로 일제 강점기라는 암울한 세계를 두려워하지 않고 온갖 차별에 대한 강한 저항의지와 약자에 대한 보살핌과 배려로 민족의 해방된 미래를 꿈꾸며 올곧게 살아가고자 했던 선사요 시인이다. 다시 말해, 그는 식민지 현실을 극복하고자 하는 실천의지를 생명사랑에 바탕을 둔 자유로운 시적 상상력과 비전으로 보여주었던 것이다. 따라서 차별을 거부하고 생명사랑을 지향하는 이러한 그의 사유는 자연에 내재하는 생명의 존엄성에 대한 자각으로 나타났다. 그것은 바로 우주 안의 모든 존재가 상호 의존적이며 상호 침투하는 화엄적 세계의 인식으로 표출되었다. 그러한 화엄적 생명사랑이 시집 『님의 침묵』의 중심 내용을 이루고 있다 할 수 있다. 물론 이러한 생명사랑의 근저에는 불교의 오계 가운데 첫 번째 계율인

"죄 없는 생명을 함부로 죽이거나 죽이게 하지 말라"는 불살생계의 가르침이 내포되어 있는 것으로 보인다.

만해의 오도 체험은 이후 그의 삶에 큰 변화를 가져다주었다. 이전의 불교적 영역에서 민족적 영역으로 관심이 확대되었던 것이다. 그것은 그의 자리와 이타가 하나로 통합 인식되는, 즉 출출세간적 입장을 견지하는 대승불교의 자타불이自他不二의 적극적인 보살행 실천에서 확인된다. 이러한 보살행 실천은 모든 차별과 분별을 넘어서는 깨달음을 통해 묘유의 보살행을 보여주는 『유마경』과 일체 만물의 차별상을 넘어선 평등을 강조하고, 보살도 실현을 통해 중생구제를 역설한 『화엄경』에 근거를 두고 있다.[123]

만해는 『조선불교 유신론』에서 불교가 평등주의와 구세주의를 실천해야 함을 강조했다. 이것의 실천은 만유의 모든 존재는 화합과 조화를 바탕으로 갈등과 고난을 넘어서 평등주의와 평화주의 지향으로 나타났다. 아울러 대승불교의 불이사상을 바탕으로 한 자비실천은 차별과 분별을 넘어 동체대비의 경지에 이르게 하는 방편이다. 이것은 모든 사물의 차별상을 넘어선 평등을 강조하며 보살도 실현을 통해 중생구제를 역설한 『화엄경』의 핵심적 내용이기도 하다. 때문에 만해의 시에서 신비하고도 아름다운 자연은 님의 모습으로 나타나 우주적 합일의 질서를 실천하는 강력한 상징체계로 자리잡게 되었던 것이다. 「고대苦待」는 이러한 자연물들의 아름다운 합일과 상호 조응에 주목하고 있는 대표적인 시로 읽혀질 수 있다.

---

[123] 각주 47 참고.

다시 오는 별들은 고운 눈으로 반가운 표정을 빛내면서 머리를 조아 다투어 인사합니다.
풀 사이의 벌레들은 이상한 노래로 백주白晝의 모든 생명의 전쟁을 쉬게 하는 평화의 밤을 공양供養합니다.

- 「고대苦待」 부분

생명이 고정된 실체가 아니라 끊임없는 생성이듯이 '님' 또한 끊임없이 기다려지고 그리워하는 지향적 속성을 지닌 생성적 존재이기 때문이다. 그러기에 시적 화자는 시공을 초월하여 항상 '님'과 함께 존재하고자 하는 곡진한 마음을 보여준다. 몸은 우주 교감의 집하장이며 교감을 실현하는 현장으로 여겨진다. 아울러 몸은 우주적 신호음을 수신하고 또한 우주로 뻗어가는 생명의 발신음을 내보내는 현장이라 할 수 있다. 밤하늘의 아름다운 별과 지상의 풀벌레의 상호 조응을 통해 하늘과 땅은 하나가 된다. 이들이 빚어내는 평화의 밤은 우주적 합일의 상태를 보여준다. 평화의 밤은 만유의 모든 존재가 상호 침략과 전쟁을 멈추고 화해와 조화로움을 지향할 때 가능하다. 그렇다면 풀벌레가 부르는 생명의 노래는 화해와 조화를 기반으로 한 세계평화의 염원을 담고 있다 할 수 있다. 이 우주적 화음은 전쟁에 익숙한 인간을 천지화육天地化育에 동참하게 만들며 상호 유기적이며 통합적인 삶의 경지에 이르게 한다.

이러한 관점과 관련하여 우주의 모든 것을 상호 연관성 속에서 통찰하는 연기설은 자연과 인간이 서로 융화 교섭하며 서로의 실체를 일깨우는 합일의 경지를 지향하고 있음을 생각할 수 있다. 이것은 생명 감각을 일깨우는 데 있어 추동력이 되기도 한다. 특히 세밀한 관조와 뛰어난 직관으로 만해는 이러한 자연의 모습을 신비와 역동성을 함축한 존재의 근원으로 간파한다. 그 좋은 예가 「알 수 없어요」이다.

> 바람도 없는 공중에 수직의 파문을 내이며 고요히 떨어지는 오동잎은 누구의
> 발자취입니까.
> 지리한 장마 끝에 서풍에 몰려가는 무서운 검은 구름의 터진 틈으로 언뜻언뜻
> 보이는 푸른 하늘은 누구의 얼굴입니까.
> 꽃도 없는 깊은 나무에 푸른 이끼를 거쳐서 옛 탑 위의 고요한 하늘을 스치는
> 알 수 없는 향기는 누구의 입김입니까.
> ─「알 수 없어요」 부분

낙엽이 지는 것은 수분과 햇빛이 부족한 겨울을 나기 위한 혹독한 구조 조정이다. 낙엽은 자신의 희생을 통해서 나무를 살리는 부활의 알레고리이다. 이른 봄에 추위를 이기고 핀 꽃이나 가을에 노랗고 붉게 물든 단풍이 아름다운 것은 그 빛깔 때문이 아니라 환경에 따라 적절한 변화를 이루어냈기 때문이다. 시인은 단순히 자연의 아름다움만을 묘사하고 있는 것은 아니라 자연을 생명의 원천으로 인식하고 관조함으로써 현상 이면에 숨겨진 인과의 질서를 통해 생명의 참모습

을 찾아내고자 한다. 그러면서 우주생명의 조화와 합일은 오동잎 하나가 피고 떨어지는데도 우주적 인과율이 적용되고 있음을 직시케 한다. 바람도 없는 공중에서 고요히 떨어지는 오동잎의 자취는 우주의 근원과 동기를 이루는 절대자인 님의 존재를 드러낸다. 바람도 없는데 떨어지는 오동잎은 분명 불가해한 자연현상이다. 그러나 시적 화자는 이 불가해한 현상에도 반드시 원인이 있음을 믿기에 그 속에서 우주적 발자취를 감지하는 것이다.

특히, '수직의 파문'은 시인이 놀라운 직관으로 포착한 자연의 신비이다. 이어 시인은 검은 구름 틈으로 언뜻언뜻 보이는 푸른 하늘은 현상계 너머에 존재하는 절대자의 고귀한 모습임을 강조한다. 계속되는 '깊은 나무의 푸른 이끼'에서 무한한 시간을 공간화하며, 입김을 통해 더욱 감각적이고 인간화된 이미지를 보인다. 그 이끼는 자연의 공생과, 깊은 나무와 '옛 탑'이 획득하는 시간적 깊이는 '고요한 하늘'과 결합되어 조화로운 세계를 펼쳐 보인다. 이 세계를 휘감는 '알 수 없는 향기'는 자연세계가 지닌 조화로움을 휘감는 신비와 일체감을 상징하는데, 이러한 것들 모두는 서로가 서로를 비추고 있는 인드라망 관계 속에서 중중무진하는 화엄법계의 현상들이라 할 수 있다.

「벗에게 보내는 선화(贈古友禪話)」는 만해의 옥중시의 하나로 이승훈과 더불어 3·1 독립운동의 주역이었으며 당시 옥중에서 같이 복역했던 고우古友 최린에게 준 '매화' 관련 시이다.

온갖 꽃 다 보니 정히 사랑할 만하여
안개 속 향기로운 풀 이리저리 다 누볐네.

한 그루 차가운 매화 아직 못 얻었는데
천지에 눈보라만 가득하니 이를 어찌할꼬.

看盡百花正可愛 縱橫芳草踏烟霞
一樹寒梅將不得 其如滿地風雲何
-「贈古友禪話」

일제 강점기 조국의 현실을 직시하면서 그 아픔을 그대로 끌어안고 비정상적 상황을 본래의 정상적 상황으로 되돌리고자 하는 만해의 간곡함이 잘 드러나 있다. 즉, 추위 속에서 추위를 거부하지 않고 오히려 그 추의를 끌어안는 만해의 '설중매雪中梅'적 정신, 그것은 곧 이 시의 핵심이다. 1, 2행이 자유를 추구해 온 만해의 총체적 삶의 상징적 고백이라 할 때, 3행의 '한매寒梅'는 '차가운 매화'라는 사물을 통하여 자유를 추구하는 선사로서의 순수한 삶의 의지를 드러내 보이고 있다. 마지막 시행에는 천지에 가득한 눈보라, 즉 시대적 어려움 속에서 스스로 '한매'가 되지 못하는 아픔과 한편으로 '꽃'을 피울 수 있는 보다 큰 자유에 대한 희망과 염원이 함께 내재되어 있다. 사물을 있는 그대로 보고, 어떻게 마음이 물들어 있는지를 통찰하게 하는 중요한 요소는 '대비'이다. '대비'는 상황에서 어떻게 다르게 느끼고, 생각하고, 바라는지를 보여주는 것이다. 그럼으로써 자신의 모습을 보게 하고, 그것을 그대로 수용하게 한다.

님을 기억하고 회복하려는 것은 바로 나의 생명을 회복하려는 의지라 할 수 있다. 어둠의 세력으로부터 빛의 세계로 향하는 의지는 님에게 깊고 넓은 모성적인 사랑의 지평을 제시한다. 다음의 시에서 님의 사랑이 나를 불쌍한 아이처럼 얼러주고 살뜰히도 덮어주는 것으로 그려지고 있다.

> 아침에 일어나서 세수하려고 대야에 물을 떠다 놓으면 당신은 대야 안의
> 봄바람이 되어서 시름없는 나의 마음에 꽃향기를 묻혀 주고 갑니다.
>
> 당신을 기다리다 못하여 잠자리에 누웠더니 당신은 고요한 어두운 빛이 되어서 나의 잔부끄러움을 살뜰히도 덮어 줍니다.
>
> 근심을 잊을까 하고 꽃동산에 거닐 때에 당신은 꽃 사이를 스쳐오는 봄바람이 되어서 시름없는 나의 마음에 꽃향기를 묻혀 주고 갑니다.
>
> 당신을 기다리다 못하여 잠자리에 누웠더니 당신은 고요한 어둔 빛이 되어서
> 나의 잔부끄럼을 살뜰히도 덮어 줍니다.
> ─「어디에서라도」 부분

흔히 여자는 약할지라도 어머니는 강하다고 한다. 이 말은 온갖 잘못된 악에 대항하여 생명의 순수성을 지켜낼 수 있는 모성애의

위력을 의미한다. 이러한 모성애의 힘은 곧 님의 상실이라는 반생명적 현실을 극복하려는 적극적 참여와 실천의지를 고양시켜 준다. 이처럼 만해의 시는 님, 즉 생명에 대한 무한한 사랑이 중심을 이루고 있다 할 수 있다. 만해의 시가 의지적인 것은 살려는 의지를 적극적으로 발현하고 있음을 고려하면, '님은 갔지만 나는 님을 보내지 아니하였습니다', 혹은 '남들은 자유를 사랑한다지만 나는 복종을 좋아하여요'와 같은 당당한 어조는 생명의지의 발현이 부재의 현실을 극복하고 자발적인 사랑을 실현하는 모습을 보여준 것이라 할 수 있다.[124] 그렇다면 타고 남은 재가 기름이 되고, 만날 때 떠날 것을 염려하는 것과 같이, 떠날 때 다시 만날 것을 믿는 굳센 의지로 고난의 시대를 극복하자는 것이 『님의 침묵』 전편을 관류하는 목소리라 할 수 있을 것이다. 이 목소리는 곧 상실과 불안의 시대에서 참고 견디며 현실 고난을 극복하게 하는 치유의 메시지로 읽힐 수 있다.

  중생이 아프면 부처도 아플 수밖에 없는 동체대비의 자비심은 시집 『님의 침묵』의 서문인 「군말」의 '길을 잃고 헤매는 어린 양이 기루어서' 이 시를 쓴다는 부분에서 선명히 드러난다. 만일 어린 양의 길 잃음이 시련의 상징이라면 어린 양의 시련은 곧 나의 시련일 수 있다. 하지만 만해는 이러한 시련을 감내할 수 있는 것은 오직 인욕과 보시를 통한 자비실천임을 밝힌다.

  나는 나룻배

---

[124] 이선이, 위의 책, p.108.

제7장 자비의 실천: 화엄적 사유와 생명사랑

당신은 행인

당신은 흙발로 나를 짓밟습니다.
나는 당신을 안고 물을 건너갑니다.
나는 당신을 안으면 깊으나 옅으나 급한 여울이나 건너갑니다.

만일 당신이 아니 오시면 나는 바람을 쐬고 눈비를 맞으며
밤에서 낮까지 당신을 기다리고 있습니다.
당신은 물만 건너면 나를 돌아보지도 않고 가십니다그려.

그러나 당신이 언제든지 오실 줄만은 알아요.
나는 당신을 기다리면서 날마다 날마다 낡아갑니다.

나는 나룻배
당신은 행인
- 「나룻배와 행인」 전문

만해의 시에서 가장 포괄적이고 능동적인 자비실천의 작품이다. 일제 강점기라는 냉혹한 현실 세계 속에서 중생의 아픔과 끝까지 하고자 하는 헌신적인 사랑의 실천이 '나룻배'라는 상징적인 이미지로 잘 표현되고 있다. 여기에서 '나룻배'는 사바세계를 건너는 방편으로 존재한다. 사벌등안捨筏登岸이라 하여 '나룻배'는 차안에서 열반의 피안으로 가면 버려지고 말 존재이다. 그럼에도 불구하고 화자는

자기 존재를 '나룻배'로 설정하여 지극한 하심下心의 모습을 보인다. 그러면서 '흙발로 나를 짓밟는' 님은 나에게 시련과 고통을 주는 존재이지만, 언젠가는 반드시 돌아올 것을 믿는다. 날마다 낡아가면서도 님을 기다리겠다는 다짐은 헤어짐과 만남을 통합하는 인식을 바탕으로 하고 있다.[125] 여기에 일제 강점기 만해가 궁극적으로 지향하는 중생구제의 세계, 즉 화엄적 사유와 자비실천의 '치유적 미학'이 있다 할 수 있다.

2. 생명에 대한 외경과 자비심의 실천

우주 만유가 한 생명체요, 전체와 개체가 둘이 아닌 하나이며, 너와 내가 구별이 아닌 상호 공존의 인연 속에 살고 있다는 사실은 우주생명 서로 간의 깊은 연관성을 깨닫게 한다. 그러한 맥락에서 만해의 시는 생명에 내포된 신비함을 통해 생명에 대한 경외감을 불러일으킨다. 자연을 생명의 원천으로 인식하고 그 속에 편재해 있는 만물의 생기를 사랑과 존경, 더 나아가 두려움의 대상으로 바라보는 생명에 대한 경외감이 『님의 침묵』의 전반적인 분위기를 이끌고 있는 것으로 보인다.

영국의 토마스 학회 회장을 역임한 제임스 깁슨(James Gibson)의 "자연의 모든 생명체에 대한 자비는 작가 비전의 보편성이고, 비록 우리가 상처받은 세계에 살고 있지만 함께 그 세계에 있으며, 그에게

---

[125] 백원기, 위의 책, p.31.

있어 유일한 희망은 '자애로움(loving-kindness)'이 모든 사람들에게 확산될 것과 우리는 모두 한 가족, 즉 하나의 공동운명체임을 깨달아야 한다"[126]는 언급은 작가정신을 함축하고 있다 할 수 있다. 이러한 생명존중과 자비실천의 언급은 만해의 글쓰기의 근간이 되고 있다. 하여 그의 시에 나타나는 많은 자연의 상징들 또한 생명에 대한 경외감과 긴밀하게 관련되어 있음은 당연하다. 만해는 님과 내가 동화되는 과정을 통해 님을 외경의 대상으로 파악하고, 님과의 진정한 사랑의 발견을 그려낸다. 가령, 사랑하는 님을 맞이하는 시적 화자의 수줍어하던 마음이 갑자기 무서워 떨려지는 것도 생명에 대한 경외심으로 보인다.

> 나는 작은 풀잎만큼도 가림이 없는 발가벗은 부끄럼을 두 손으로 움켜쥐고
> 빠른 걸음으로 잠자리에 들어가서 눈을 감고 누웠습니다.
> 내려오지 않는다던 반달이 사뿐사뿐 걸어와서 창밖에 숨어서 나의 눈을 엿봅니다.
> 부끄럽던 마음이 갑자기 무서워서 떨려집니다.
> ─「착인錯認」부분

'착인'이란 여러 사람의 님을 나 개인의 님으로만 잘못 알고 있었다는 사실을 말한다. 여기에서 님은 반달로 비유되어 나타나고 있다. 반달은

---

[126] Gibson, James, ed(1976). *The Complete Poems of Thomas Hardy*. London: Macmillan, 6.

개인의 소유가 아니라 바라보는 모든 사람의 소유라는 사실이다. 이 사실을 알게 된 화자는 부끄러워한다. 하지만 창밖에 숨어 미안한 듯이 나의 눈치를 살피는 너그러운 반달로 인하여 부끄러워하던 자신의 행동 또한 착인이었음을 알게 된다.[127] 내 눈의 달만을 달로 여김도 아니고, 만유에 비치는 달의 근원을 깨닫는 것이다. 그런데 여기에서 사랑의 묘유함을 통해 삶의 비밀을 읽어내는 시인의 태도를 엿볼 수 있다. 즉 비의秘意를 지닌 사랑에 생명의 존재 원리를 둔 님, 혹은 나는 사랑의 대상을 향한 경외감을 통해 생명의 신비한 기운을 체득하는 것이다. 이처럼 자연을 통한 생명의식의 고양은 우주에 대한 애경과 자연친화적인 태도에서 찾아진다.

일제 강점기라는 위기의 시대적 상황에서 눈에 보이지 않는 하찮은 존재까지 생명존중의 대상으로 삼고 있는 만해의 대승적 사유는 성성적적한 선심과 중생의 고통, 시대의 아픔을 함께하는 동체대비심의 발현이라 할 수 있다. 이는 곧 그의 번뜩이는 선적인 사유와 시적 상상력의 조화로운 산물로 나타나고 있다 할 것이다.

한편 만해는 인도의 시성 타고르의 노래를 "절망인 희망의 노래"라고 했듯이 직관을 통해서 자신의 노래는 "죽은 대지가 시인의 노래를 거쳐서"(「타고르의 시를 읽고」) 소생하는 생명의 노래, 즉 평화를 열망한 노래임을 믿는다.

님이여, 당신은 백 번이나 단련鍛鍊한 금金결입니다.

---

[127] 김광원, 『님의 침묵과 선의 세계』, 새문사, 2008, p.110.

뽕나무 뿌리가 산호가 되도록 천국의 살을 받읍소서.
님이여, 사랑이여, 아침볕의 첫걸음이여.

님이여, 당신은 의義가 무겁고 황금이 가벼운 것을 아십니다.
거지의 거친 밭에 복福의 씨를 뿌리옵소서.
님이여, 사랑이여, 옛 오동梧桐의 숨은 숨결이여.

님이여, 당신은 봄과 광명과 평화를 좋아하십니다.
약자의 가슴에 눈물을 뿌리는 자비의 보살이 되옵소서.
님이여, 사랑이여, 얼음바다에 봄바람이여.
 - 「찬송讚頌」 전문

님이 실존과 역사를 아우른다는 사실이 이 시에서 여실히 드러난다. 님에 대한 찬송과 희망으로 충만한 이 시에는 자연친화적 자세와 함께 우주생명에 대한 자비의 마음이 녹아 있다. 이것은 시인의 생명에 대한 경외에서 비롯되며, 직관을 통해 죽어 있는 생명 감각을 일깨우고 생명에 대한 사랑의 의식을 고양시켜 나간다. 즉 봄과 광명과 환희의 화신으로서 '님'은 아침볕의 첫걸음이고, 옛 오동의 숨은 소리며, 봄바람이 되어서 '얼음바다'를 녹이는 생명 소생력을 지닌 자이다. 오동나무로 만든 거문고와 가야금 소리에 학이 내려와 춤을 춘다고 한다. 소리 없는 오동나무에서 이미 가야금과 거문고의 소리를 알아듣고 이심전심 학이 내려와 춤을 춘다는 내용을 담고 있기 때문이다.[128] 그렇다면 옛 오동의 숨은 숨결은 시적 화자와 님과의 사랑은 서로 이심전심이 통하는 사랑을 함축하고 있다 할 수 있다. 한편 시적 화자는 약자의 가슴에 눈물을 뿌리게 하고, 거지의 거친 밭에 복의 씨를 뿌리는 '자비의 보살'을 요청한다. 윤리적 주체로서 님에 대한 찬미나 찬양이 아니라 '님'에게 거지와 약자로 상징되는 고통받는 이들과 함께해 달라는 동체대비의 마음을 간절하게 요청하는 것이다.[129]

아득한 명상의 작은 배는 가이없이 출렁거리는 달빛의 물결에 표류漂流되어 멀고 먼 별나라를 넘고 또 넘어서 이름도 모르는 나라에 이르렀습니다.
이 나라에는 어린 아기의 미소微笑와 봄 아침과 바다 소리가 합습하여 사랑이 되었습니다.
이 나라 사람은 옥새玉璽의 귀한 줄도 모르고, 황금을 밟고 다니고, 미인美人의 청춘靑春을 사랑할 줄도 모릅니다.
이 나라 사람은 웃음을 좋아하고, 푸른 하늘을 좋아합니다.

명상의 배를 이 나라의 궁전宮殿에 매었더니 이 나라 사람들은 나의 손을 잡고 같이 살자고 합니다.
그러나 나는 님이 오시면 그의 가슴에 천국天國을 꾸미려고 돌아왔습니다.

---

128 김광원, 위의 책, p.172.
129 이선이, 「평화의 밤을 공양한다는 것」, 『불교평론』 2024 가을 제26권 제3호(통권 99호), 2024, p.282.

달빛의 물결은 흰 구슬을 머리에 이고 춤추는 어린 풀의 장단에
맞추어 우쭐거립니다.
  -「명상」

이상의 나라에 대한 동경과 한시도 떠날 수 없는 민족에 대한 사랑과 불멸의 조국애를 노래하고 있다. 즉 명상을 통해 도달한 상상의 나라와 님을 기다리며 살아야 하는 고통의 현실을 설정하고 있다. 시인이 명상 속에서 찾아간 나라는 어디며, 또 '아기의 미소와 봄 아침과 바닷소리가 합하여' 된 사람은 누구인가. 그는 곧 중생을 제도하는 부처님이요, '이름도 모르는 나라'는 일체의 번뇌를 여읜 불생불멸不生不滅의 정토일 수 있다. 시인은 명상 속에서 이상을 실현하기 위하여 '웃음'과 '푸른 하늘'을 좋아하는 '이름도 모르는 나라'를 찾아갔으나 그러한 세계를 조국 땅에 건설하기 위해 그 아름다움을 물리치고 현실 세계로 돌아오고자 한다. 달빛을 따라 흘러간 먼 상상의 나라는 삶의 고통이 전혀 없는 천국과 같은 곳이다. 때문에 이 나라에서는 황금이니 아름다움이니 하는 이런 것들이 별다른 의미를 지니지 못하며, 나라의 소중함도 전혀 알지 못하는 곳으로 설정되어 있다.

그런데 중요한 점은 그 상상의 나라 사람들이 시적 화자에게 그곳에서 살자고 권유했다는 것이다. 이때 화자는 이를 거절하고 힘겹게 님을 기다리며 살아야 하는 현실 세계로 돌아왔다는 것이다. 다시 말해, 고통 없이 편하게 천국에 사는 것보다, 자신이 비록 힘들어도 님의 가슴을 천국으로 꾸미고 싶어 돌아왔다는 사실이다. 고통이 없는 천국이 열반을 의미한다면, 시적 화자가 님을 기다리는 곳은

중생과 더불어 함께하는 '윤회'의 장소인 것이다. 이별의 아픔 속에 뜨겁게 님을 그리는 세계는 곧 대승적 자세와 맞닿아 있다 할 수 있다.

한편 만해는 인도의 시성 타고르의 노래를 "절망인 희망의 노래"라고 했듯이 직관을 통해서 자신의 노래는 "죽은 대지가 시인의 노래를 거쳐서"(「타고르의 시를 읽고」) 소생하는 생명의 노래임을 믿는다. 다음의 시는 생명성의 상실의 시대에 생명의 신령함을 회복함으로써 생명의식을 고양하고 현실의 고난을 극복하는 힘을 부여한다.

님이여, 당신은 백 번이나 단련鍛鍊한 금金결입니다.
뽕나무 뿌리가 산호가 되도록 천국의 살을 받읍소서.
님이여, 사랑이여, 아침볕의 첫걸음이여.

님이여, 당신은 의義가 무겁고 황금이 가벼운 것을 아십니다.
거지의 거친 밭에 복福의 씨를 뿌리옵소서.
님이여, 사랑이여, 옛 오동梧桐의 숨은 숨결이여.

님이여, 당신은 봄과 광명과 평화를 좋아하십니다.
약자의 가슴에 눈물을 뿌리는 자비의 보살이 되옵소서.
님이여, 사랑이여, 얼음바다에 봄바람이여.
— 「찬송讚頌」 전문

광명과 환희의 화신으로서 '님'에 대한 찬송과 희망으로 충만하다.

여기에는 자연친화적 자세와 함께 우주생명에 대한 자비의 마음이 녹아 있다. 아침볕의 첫걸음, 옛 오동의 숨은 소리, 얼음바다의 봄바람 등은 생명의식을 일깨워 주는 주체이다. 어둠을 물리치고 빛을 회복하게 하는 아침볕과 딱딱한 물질 속에 깊이를 알 수 없는 소리를 감추고 있는 오동과 차가운 겨울을 녹이는 봄바람은 모두 어둡고 단단한 것 속에 감춰진 밝고 부드러운 생기를 불러일으키는 존재들이다.[130] 이것은 시인의 생명에 대한 외경에서 비롯된다. 직관을 통해 죽어 있는 생명 감각을 일깨우고 생명에 대한 사랑의 의식을 고양시켜 나가는 생명의 신령한 기운이다. 이 기운은 현실의 역경을 극복하고 화해와 평화의 나라인 님의 나라에 대한 열망을 자아내게 하는 힘이라 할 수 있다.

3. 연기적 존재 인식과 합일의 조화

만해는 식민지 현실을 극복하고자 하는 실천의지를 생명사랑에 바탕을 둔 자유로운 시적 상상력과 비전으로 보여주었다. 이러한 그의 사유는 자연에 내재하는 모든 생명의 존엄성에 대한 자각으로 나타났다. 즉 그것은 바로 우주 안의 모든 존재가 상호 의존적이며 상호 스며드는 화엄적 세계의 인식으로 표출되었다.[131] 이것은 곧 세계의 존재방식을 조화에 기초한 화엄의 세계로 인식한 것이다. 그렇다면 만해의 『님의 침묵』의 「군말」에서 "'님'만이 아니라 기른 것은 다 님이다"라는 언설은

---

[130] 이선이, 위의 책, p.101.
[131] 각주 123 참고.

화엄적 사유체계에서 삼라만상은 모두 불성을 지닌 존재로 여겨짐을 의미한다 할 수 있다. 다음의 시 「참아주세요」는 이러한 그의 화엄적 세계관을 잘 보여준다.

> 나는 당신을 이별하지 아니할 수가 없습니다. 님이여, 나의 이별을 참아주세요.
> 당신은 고개를 넘어갈 때에 나를 돌아보지 마셔요. 나의 몸은 한 작은 모래
> 속으로 들어가려 합니다.
>
> 님이여, 이별을 참을 수가 없거든 나의 죽음을 참아주셔요.
> 나의 생명의 배는 부끄럼의 땀의 바다에서 스스로 폭침하려 합니다.
> 님이여, 님의 입김으로 그것을 불어서 속히 잠기게 하여 주셔요. 그리고
> 그것을 웃어주셔요.
> - 「참아주세요」 부분

『님의 침묵』에 수록된 대부분의 시가 떠나 간 님에 대한 노래이지만, 이 시에서 만큼은 화자가 님을 떠나고 있는 것으로 그려진다. 첫 연에서 이별은 나의 몸이 '한 작은 모래' 속에 들어가는 행위로 제시되고 있다. 어쩌면 '한 알의 작은 모래 속으로' 들어간 나를 당신은 영원히 찾을 수 없을 것이라는 경고이기도 하다. 둘째 연의 죽음은 '이별'의

변주로 그려진다. 자아가 님과 이별하고 죽어서 모래와 바다 속에 침잠하는 행위는 곧 나와 님이 하나가 되는 경지이다. 이는 님이 곧 한 알의 작은 모래알이며 거대한 바다라는 것을 의미한다. 이러한 상상력은 삼라만상 안에 존재하는 모든 것은 하나이면서 여럿이고, 여럿이면서 하나인 화엄론적 존재론을 담고 있음을 말해 준다.[132] 이러한 자연관과 대승적 정신이 잘 조화를 이룬 시가 「낙원은 가시덤불에서」이다.

> 일경초一莖草가 장육금신丈六金身이 되고 장육금신이 일경초가 됩니다.
> 천지는 한 보금자리요 만유萬有는 같은 소조小鳥입니다.
> 나는 자연의 거울에 인생을 비춰 보았습니다.
> 고통의 가시덤불 뒤에 환희의 낙원을 건설하기 위하여 님을 떠난 나는
> 아아 행복입니다.
> - 「낙원은 가시덤불에서」 부분

만해는 하나의 풀에서 전 우주의 생명과 민족의식의 구원을 읽어낸다. '일경초가 장육금신이 되고 장육금신이 일경초가 된다'는 말은 생명과 윤회의 의미를 강조한 것이다. 비록 연약한 한 줄기 풀이라도 결코 연약하지 않다는 것이다. 한 줄기 풀이 때로는 바위틈에서도 살아나기 때문이다. 따라서 한 줄기 풀이 장육금신 부처님의 몸이

---
132 백원기, 위의 책, p.21.

되는 까닭이다. 이러한 한 줄기 풀과 부처의 상호 회통은 화엄 인식에 바탕을 두고 있다. '천지(자연)는 한 보금자리이고 만유는 같은 소조'라는 것도 자연과 사물이 서로 분리되어 있는 것이 아니라 서로가 서로를 비추는 인드라망의 존재임을 인식한 것이다. 천지간의 모든 존재는 성·주·괴·공의 과정을 겪는 것이 한 마리 작은 새의 그것과 다름이 없다. 또한 인간의 삶도 다른 만유와 다를 것이 없다. 때문에 자연은 곧 인생의 거울에 다름 아니다. '알아차림'에는 세 측면이 있다. 첫째는 거울의 표면에서 찾아볼 수 있는 텅 비어 있음이다. 이것은 고요하고 깨끗한 마음의 본질로서 수용과 개방을 그 특징으로 한다.[133] 그렇다면 거울 또한 단지 사물을 반영하는 기호가 아니라, 천지를 비추면서 본래 청정한 인간의 심성을 의미한다 할 수 있다. 여기에 우주의 섭리와 자아가 분리되어 있는 것이 아니라 융합된 하나라는 화엄적 사유의 명상이 다분히 놓여 있다 할 것이다.

 삼라만상의 모든 존재들과 긴밀하게 합일되는 교감은 생태적 사유를 낳게 할 뿐만 아니라 자연의 생기를 통해 우주적 합일의 극대화를 가져온다. 다음의 시는 이러한 자연 생태계의 존재들과의 합일과 상호 조응에 주목하고 있는 대표적 시로 읽혀질 수 있다.

 당신은 나로 하여금 날마다 당신을 기다리게 합니다.

---

[133] 대한불교조계종 포교원, 『명상입문』, 2019, p.290.: 둘째는 사물을 있는 그대로 비추는 작용적인 측면이다. 이것의 특징은 분별하지 않는 순수 체험에 있다. 세 번째는 사물에 감응하는 감수성이다. 명상 상담에서 중요한 측면은 바로 이런 알아차림에 대한 공동학습이다.

해가 저물어 산 그림자가 촌집을 덮을 때에
나는 기약 없는 기대를 가지고 마을 숲 밖으로 가서 기다리고 있습니다.
소를 몰고 오는 아이들의 풀피리는 제소리에 목메입니다.
먼, 나무로 돌아가는 새들은 저녁연기에 헤엄칩니다.
숲들은 바람과의 유희를 그치고 잠잠히 섰습니다.
그것은 나에게 동정하는 표상입니다.
…
다시 오는 별들은 고운 눈으로 반가운 표정을 빛내면서 머리를 조아려 다투어 인사합니다.
풀 사이의 벌레들은 이상한 노래로 백주白晝의 모든 생명의 전쟁을 쉬게 하는 평화의 밤을 공양供養합니다.
네모진 작은 못의 연잎 위에 발자취 소리를 내는 실없는 바람이 나를 조롱할 때에 나는 아득한 생각이 날카로운 원망으로 화합니다.

-「고대苦待」부분

만해의 인류 평화와 상호 의존의 염원이 잘 드러나 있다. 밤하늘의 아름다운 별과 지상의 풀벌레의 상호 조응을 통해 하늘과 땅은 하나가 된다. 그리고 이들이 형성하는 평화로운 밤은 우주적 합일의 양상을 보여준다. 실제로 평화가 깃든 밤은 삼라만상의 모든 존재가 서로의 침략과 전쟁을 중단하고 화해와 조화를 모색할 때 찾아온다. 그렇다면 풀 사이의 벌레가 부르는 우주적 화음의 생명 노래는 화해와 조화에 바탕을 둔 전쟁을 멈추고 간절한 인류 평화의 소망을 담지하고 있다 할 수 있다.

이러한 관점과 관련하여 우주의 모든 존재를 상호 연기적 인식에서 통찰하는 것은 자연과 인간이 서로 원융하고 소통하며 서로의 실체를 일깨우는 합일의 경지를 지향하고 있음을 생각할 수 있다. 이러한 관점에서 만해는 세밀한 관조와 선적 직관으로 존재와 사물의 근원 질서에 대한 물음으로서 자연의 모습을 신비와 역동성을 지닌 존재의 본질로 통찰하고 명상에 잠기게 한다.

바람도 없는 공중에 수직의 파문을 내이며 고요히 떨어지는 오동잎
은 누구의 발자취입니까.
지리한 장마 끝에 서풍에 몰려가는 무서운 검은 구름의 터진 틈으로 언뜻언뜻
보이는 푸른 하늘은 누구의 얼굴입니까.
꽃도 없는 깊은 나무에 푸른 이끼를 거쳐서 옛 탑 위의 고요한 하늘을 스치는
알 수 없는 향기는 누구의 입김입니까.
— 「알 수 없어요」 부분

바람도 없는 허공에 오동잎이 떨어지는 모습은 상실된 자유의 현실을 은유적으로 표현하고 있다. 의문형으로 전개되는 화두의 제시는 인간존재의 근원과 대자연의 비의秘意에 대한 지속적인 천착을 통해 자연과 인간, 현상과 본질, 무와 존재를 하나로 연결함으로써 초월과

현실 고난의 극복 동기를 제공하고 있다. '알 수 없는 향기'는 자연계가 지닌 조화로움을 내포하는 신비와 일체감을 상징한다.

이러한 것들 모두는 서로가 서로를 비추고 있는 인드라망 관계 속에서 중중무진하는 화엄법계의 현상들에 대한 깊은 명상에 들게 한다. 여기에는 단순히 자연의 아름다움만을 묘사하고 있는 것이 아니라 자연을 생명의 근원으로 인식하고 관조함으로써 현상 이면에 내재되어 있는 인과의 질서를 통해 생명의 참모습을 파악하고자 하는 만해의 조화와 합일의 메시지가 담겨 있다 할 수 있다.

만해는 시공을 초월하여 항상 '님'과 함께 존재하고자 하는 간절한 마음을 보여준다. 님과 나의 관계뿐만 아니라 자연과 인간이 하나로 어우러진 합일의 내적 경지가 역설적으로 잘 묘사되고 있는 시가 「나의 꿈」이다.

당신이 맑은 새벽에 나무 그늘 사이에 산보할 때에 나의 꿈은 작은 별이 되어서 당신의 머리 위에 지키고 있겠습니다.
당신이 여름날에 더위를 못 이기어 낮잠을 자거든 나의 꿈은 맑은 바람이 되어서 당신의 주위에 떠돌겠습니다.
당신이 고요한 가을밤에 그윽이 앉아서 글을 볼 때에 나의 꿈은 귀뚜라미가 되어서 책상 밑에서 '귀뚤귀뚤' 울겠습니다.
- 「나의 꿈」 전문

열정적인 것보다는 그윽한 분위기 속에 님과 하나가 될 때 오히려 진정한 사랑이 실현될 수 있음을 표현하고 있다. 물론 사랑의 궁극적 목표는 하나가 되는 것이지만, 사랑의 시작은 경이로움에 의한 지속적인 관심이다. 사랑하는 이의 주변을 맴돌며 떠나지 않는 것, 그것은 사랑에 대한 최소한의 소망일 수 있다. 여기에서 그것은 인간과 자연이 하나되는 정경을 통해 나타난다. 시적 화자인 나는 자연의 일부가 되어 자연스럽게 님과 한몸이 된다. 즉 새벽별, 바람, 귀뚜라미로 변하여 나는 님이 어떤 장소에 존재하든지 조용히 그곳에 함께하여 한몸을 이룬다는 것이다. 이러한 자연물을 통한 님과 '나'의 만남은 평상심의 세계를 표현한 것이다. 이처럼 내가 님과 하나되는 것은 바로 자아와 자연의 생명적 교감을 바탕으로 하고 있기에 가능하다.

이와 같이 우주적 교감을 지닌 만해는 하찮은 귀뚜라미라는 곤충을 끌어들임으로써 삶의 실체와 긴밀하게 접촉한다. 따라서 그가 보는 자연은 풍경으로 머물지 않고 온몸으로 소통하며 무심할 수 없는 인연을 드러내 보인다. 처절한 자기 응시이자 성찰을 담고 있는 만해의 시가 자신의 내면에 존재하고 있는 타자를 깨닫고 발견하는 일에 바쳐지고 있는 것도 이런 연유이다.

선승에게 있어, 자연은 단지 감각적 즐김의 대상으로서가 아니라 선적 관조의 대상으로서의 의미를 지닌다. 자연과의 긴밀한 교감과 조화를 바탕으로 마음을 맑히면서 수행정진에 깊이를 더하였던 만해는 자연이 지닌 순환적 상상력을 통하여 생명력과 생명 감각을 파악함으로써 삶의 역경을 극복하는 희망의 메시지를 찾고자 한다. 그래서 자연을 통한 선적 수행이 주조를 이루고 있는 그의 한시는 자아를 버리고 자연물과 하나되어 내적 일체감을 획득하고 있는 경향을 보인다. 눈 오는 밤에 달과 매화, 오동나무와 사람이 혼연일체가 되어 자연의 일부가 되는 모습을 한 폭의 산수화로 묘사한 「청한清寒」은 그 대표적인 한시이다.

달을 기다린다고 매화가 어찌 학이리오?
오동에 의지하니 사람 또한 봉황이네.
밤 새워 차가운 눈보라는 그치질 않아
초라한 지붕에 눈이 내려 봉우리를 이루었네.

待月梅何鶴 依梧人赤鳳
通宵寒不盡 遶屋雪爲峰
 - 「청한清寒」

자연의 내적 질서를 자연스럽게 내면화 한 만해의 역사인식의 단면을 보여주고 있는 시편이다. 눈 속에서 꽃을 피우는 매화가 달을 기다리며 학처럼 서 있다고 그려냄으로써 자연과 자연이 서로 조응하는 정경을 보여준다. 깨닫고 보면, 모든 사량분별과 번뇌가 없고 얽매임 또한 없으며 물아일여의 경지 그대로이기 때문이다. 따라서 욕망을 절제하고 비움으로써 도달하는 자연과 하나되는 이른바 여백의 미와 함께 인간 중심적 사유에 대한 전면적 반성과 그 맥을 같이한다.

제8장 초월의 미학:
만해의 시와 초현실주의 회통

1. '평상심시도'의 선적 사유

초현실주의(Surrealism, 이하 쉬르)는 제1차 세계대전이 종결된 이듬해인 1919년부터 제2차 세계대전 발발 직후까지 약 20년 동안 프랑스를 중심으로 전개된 되었던 문학과 예술의 전위적인 운동을 말한다. 초현실의 명칭은 1917년 아폴리네르의 부조리극 「테레지아의 유방」의 부제 '초현실적 테마'에 그 기원을 둔다. 그러나 주의(ism)로서 확립된 것은 1921년 파리 다다 운동의 기관지 『문학』에 앙드레 브르통과 필립 수포가 함께 쓴 자동기술의 텍스트 『자기장』의 일부가 발표되면서부터이다. 이런 과정을 통해 그들이 강조한 것은 무의식적으로 쓰인 문장이 스스로 사고를 형성할 뿐만 아니라 의식적으로 쓰인 문장보다 순도가 높다는 것이다. 이런 주장은 1924년 브르통, 엘뤼아르, 아라공 등에 의해 『초현실주의 혁명』이라는 기관지가 발간되면서 한결 구체화되었다.

　브르통이 1924년 발표한 「초현실주의 제1차 선언문」에서 "초현실주의는 말로든 글로든 그 외의 어떠한 수단에 의해서든 사유의 현실 작용을 표현하려고 하는 순수한 심적 자동기술법(automatism)이며, 이성에 의한 아무런 통제나 도덕적인 선입관 없이 행해지는 사유의 받아쓰기"[134]라고 정의했듯이, 초현실주의의 근간을 이루는 사상은 인간 상상력의 해방, 꿈과 무의식의 탐구이며 근대적 이성에 대한 반성과 비판이었다. 따라서 초현실주의가 지향하는 바는 단순한 글쓰기 차원을 넘어 사물에 대한 단순한 인습적 시각에서 벗어나 기성의 언어체계를 파괴하는 것이었다.

　이러한 시도는 초월적 사고와 비논리의 시공간 개념을 동하여 정신의 '절대 세계'를 지향하는 선사상과 통한다 할 수 있다. 이러한 사상적 철학적 지향은 1929년에 발표된 「초현실주의 제2차 선언」에서 암묵적으로 드러난다.

　삶과 죽음, 현실계와 상상계, 과거와 미래, 소통 가능한 것과 소통 불가능한 것, 높은 것과 낮은 것이 모순적으로 감지되기를 그치는 어떤 정신의 점이 존재한다고 모든 것이 믿게 한다. 그런데 초현실주의 활동에서 이러한 점을 측정하려고 한다면 헛된 일이다. 이 점에서 초현실주의 활동에 오로지 파괴적이거나 오로지 건설적인 의미를 붙인다는 것이 얼마나 터무니없는 일인가를 충분히 알 수 있다.[135]

---

[134] 오생근, 『초현실주의 시와 문학의 혁명』, 문학과 지성사, 2010, p.51 재인용.

이 유명한 구절의 의미는 모든 모순과 대립되는 헤겔식의 논리로 극복되는 것이 아니라 시적으로 혹은 초현실적으로 종합한다는 것이다. 초현실주의자들은 모든 모순과 대립이 소멸되는 '어떤 정신의 지점', 즉 정신의 순수 무잡함의 어떤 경지, 꿈과 현실이 하나로 융합된 어떤 세계가 있음을 확신하고, 그 지점을 꿈꾸고 지향한다. 1차 선언이 강조한 것이 마음의 순수한 자동현상, 무의식과 자동기술법이라면, 2차 선언이 강조한 것은 1924년부터 1929년까지 전개된 초현실주의 운동의 회고와 반성과 비판, 그동안 초현실주의 운동에서 제명된 인물들의 죄상을 열거하고 이후 문학, 예술, 정치에서 어떤 타협도 배제하고 그 엄격성을 지켜야 한다는 새로운 결의라고 할 수 있다.[136] 이 새로운 결의가 브르통이 역설한 그 시대의 사상적, 정치적 궤적을 그리고 있는 내용이다.

선은 우주의 근본 실체를 파악하는 초월적 사고와 비논리의 시공간 개념을 통하여 정신의 '절대 세계'를 지향한다. 그래서 수행과 깨달음을 노래한 선시는 기존의 관습과 낡은 인식의 틀을 깨뜨리고 새로운 감각과 표현, 창조적 형식과 사유를 형상화하는 데 핵심을 둔다. 즉 비논리적 상상력의 확산을 통해 논리의 한계를 뛰어넘고자 하는 것이다. 그런데 초현실주의의 경우, 이런 해방은 운동의 중심으로서의 자아나 주체를 전제로 하지만 선은 이러한 자아나 주체로부터의 해방이다. 이럴 경우 초현실주의의 소멸은 의식과 이성의 소멸이지만

---

135 앙드레 브르통, 황현상 역, 「초현실주의 제2차 선언」, 『초현실주의 선언』, 미메시스, 2012, p.129.
136 이승훈, 「선과 초현실주의 1」, 『이승훈 아방가르드 다시 읽기』, p.208.

한편 무의식의 해방을 노린다. 그러나 선이 추구하는 것은 이런 무의식으로부터의 해방이다.[137]

그렇다면 프로이트의 무의식의 세계를 예술의 진정한 원리로 사고하는 초현실주의는 이성과 인습을 반대하고 문명의 구속으로부터 인간의 자유와 해방을 목표로 하는 점에서 다분히 선시의 기본정신과 유사성을 가진다 할 수 있다. 가령, 20세기 예술 전반에 가장 큰 영향력을 끼치고 있는 초현실주의 작품 같은 것이 과거 중국을 비롯한 한국 등 동양의 선사들의 작품에서 이미 보인다는 사실이 이를 말해 준다. 하지만 선은 깨달음을 지향하고 초현실주의는 깨달음이 아니라 헤겔-프로이트-마르크스의 새로운 결합을 통해 그 속에서 인간을 해방하려는 것, 곧 사회적 목적을 전제로 한다는 점에서 상이한 면을 보인다. 또 다른 면은 선시에 내재된 정신의 근간이 불교의 대승경전과 역대 선사들의 어록을 바탕으로 하고 있는 점이다.

이상과 같은 사실을 고려할 때, 만해가 일제 강점기의 암울한 시대적 상황에서 모든 이성과 논리의 세계에서 벗어나는 불교적 사유, 특히 '평상심시도'의 선적인 사유를 통하여 존재의 본질을 모색한 점은 초현실주의와 회통할 수 있는 가능성을 보여준다 할 수 있다. 따라서 이 장에서는 초현실주의 세계와 선의 세계의 유사성과 상이점은 무엇이며, 자동기술법으로 창작된 초현실주의 시와 선사들의 선문답이나 선시의 관계성, 그리고 중생과 더불어 함께한 '평상심시도'를 표현하고 있는 만해 선시의 초월의 미학을 검토해 보고자 한다.

---

[137] 이승훈, 위의 논문, p.217.

2. 초현실주의와 선의 회통

앙드레 브르통은 1924년 일체를 거부, 파괴하는 부정 정신을 기조로 하는 다다이스트들과 결별하면서 "최근 수년 동안 나는 모종의 지적 허무주의가 끼친 해독을 볼 수 있었는데, 그것은 매사에 있어서 전반적이고 가장 무용한 신뢰의 문제를 제기하는데 악의에 찬 것이었다"[138]고 말하며 이를 극복할 수 있는 어떤 방법을 모색할 것을 제시하였다. 이것이 앞에서 말한 상상력의 확대와 꿈과 무의식의 탐구였으며, 또한 모든 모순이 통합되고 해소되는 어떤 '절대 가치' 탐색으로 나타났다. 말하자면 이것은 "어떤 새로운 공세적 물결에 길을 터주자는 데 있었던 것이다. 그 물결은 꿈의 물결이요, 신기함과 온전한 시에의 욕구요, 존재하는 것에 반항하여 일어나는 증오의 절규요, 정신의 전적인 자유에 대한 갈망"이었다.[139] 브르통의 이러한 발언은 초현실주의가 언어의 감옥으로부터 벗어나 언어의 자유를 추구하기 위해 얼마나 많은 노력을 했는가를 잘 말해 준다.

선과 초현실주의는 일체를 부정하고 일체를 긍정하는, 그리고 긍정과 부정을 넘어 기존의 사유체계와 얽매이지 않는 절대적인 자유의 경지를 추구한다. 즉 이항대립을 해체함으로써 구별과 분별, 차별화로 나아가는 사유의 구속을 넘어서려는 것이다. 특히 언어에 집착하지 않고 언어마저 넘어서면서 모든 제약과 한계를 넘어서 근원적인 자유를 추구한다. 이러한 언어의 의미 속박으로부터 벗어나 구속을 깨고

---

[138] 마르셀 레이몽, 김화영 역, 『프랑스 현대시사』, 현대문학, 2007, p.420.
[139] 마르셀 레이몽, 위의 책, p.420.

자유로운 마음의 표현행위는 초현실주의와 선의 공통된 특성이라 할 수 있다. 따라서 초현실주의 선언은 프랑스 문학사에서 이루어진 일이지만, 그 영향은 언어분별로부터 벗어나려는 선과 새로운 접점을 마련하였다는 데 큰 의의가 있다 할 것이다.

억압된 무의식의 세계를 가능한 참되게 표현하려는 시도를 통해 현실적인 연상을 뛰어넘는 불가사의한 것, 비합리적인 것, 우연한 것 등을 표현함으로써 사회의 모순을 비판화거나, 현실의 본질을 인간 내면의 순수한 상상력으로 표현하고자 하는 것이 초현실주의의 의도였다. 따라서 초현실주의의 표현양식인 언어의 체계는 비합리적일 수밖에 없었다.

이러한 초현실과 정신, 신비한 꿈이 결합한 가장 위대한 정신의 자유를 추구하는 초현실주의자들의 예술적 행위들은 선사들의 그것들과 상당한 유사점이 있다. 선은 정신의 집중을 통해 인간존재의 근원과 사물의 실상을 깨닫는 것을 목표로 한다. 때문에 모든 형식이나 격식을 벗어나 직관으로 깨달음을 얻고자 하는 수행 과정을 노래한 선시에는 일상어의 논리를 넘어서서 존재하는 역설·모순·비약 등과 같은 수사적 장치가 많이 동원된다. 그렇다면 초현실주의가 지향하는 세계가 의식/무의식, 현실/꿈의 대립을 해체하는 절대 세계와 선이 강조하는 공空, 불이不二, 중도의 세계는 다분히 회통할 수 있는 가능성을 보여준다 할 수 있다.

꿈의 연구를 통하여 꿈과 현실이 지향하는 정신의 한 점, 곧 절대 현실, 초현실을 발견한다는 사실은 쉬르와 선이 회통할 수 있는 가능성을 보여준다. 요컨대 쉬르가 지향하는 것은 무의식, 꿈의 개발과 해명과 해방이 아니라 의식/무의식, 현실/꿈의 대립을 해체하는 혹은 초월하는 절대 세계이고 초현실이고, 이런 세계는 선이 강조하는 공空, 불이不二, 중도와 통한다.[140]

초현실주의에서 해체는 실체를 전제로 한 언표이며, 초월은 내재를 전제로 한 언사이다. 하지만 선은 해체하거나 초월하려 하지 않고, 현실을 있는 그대로 보려고 할 뿐이다. 그래서 "현실 세계와 꿈의 세계 및 의식 세계와 무의식 세계를 구분하지 않는 불교의 통합적 사유 속에서 보면 꿈과 현실은 공과 불이, 중도와 상통할 수 있게 된다"[141]는 논리가 가능하다. 그렇다면 선은 파괴와 부정, 유와 무의 양 극단을 떠나 중도, 불이, 공의 세계, 깨달음의 세계로 들어가는 길이라 할 수 있다. 즉 부정과 해체가 그 자체 주력이 되어 있는 다다나 초현실주의와 달리 선에서는 이러한 행위가 궁극적으로 '참나'를 만나기 위한 수행의 도정들이라 할 수 있다.[142]

하지만 초현실주의와 선에는 공통점 못지않게 중요한 상이점이 있다. 현실을 뛰어넘어 '초'현실을 추구하려는 초현실주의는 현실 속에서 '날(naked)' 현실을 드러내려는 선과는 분명히 다른 모습을 보인다. 왜냐하면 초현실주의 언어는 꿈과 현실을 가로지르며 현실 아래(무의

---

140 이승훈, 『아방가르드는 없다』, 태학사, 2009, p.333 재인용.
141 고영섭, 「선과 쉬르리얼리즘」, pp.350~351.
142 이수명, 「선과 다다이즘」, 『만해축전자료집』, 백담사 만해마을, 2012, p.339 참조.

식) 혹은 현실 너머(꿈)에 새로운 현실을 설정하려는 반면, 선은 언어 이전 혹은 언어 너머의 세계를 지향함으로써 지극한 현실 안에서 있는 그대로의 생생한 '날(naked)' 이미지로 제시해 주기 때문이다.

인간에겐 꿈에 대한 현실적 욕구가 있고 신비한 감각 혹은 예술적 감각이 예리해질수록 인간은 더욱 꿈의 경험을 필요로 한다. 프로이트가 꿈을 해석하면서 의식적 삶의 상징을 추구했다면, 브르통과 그의 동료들은 꿈을 해석하면서 날 현실(naked reality)을 추구하고 이런 현실은 실존에 대한 더 훌륭하고 완전한 지식에게 중요하고 아주 본질적인 것이다.[143]

또한 앙드레 브르통은 『초현실주의 선언』의 첫 문장을 "삶에 대한, 삶이 지닌 것 가운데 가장 덧없는 것에 대한 믿음, 따라서 내 말은 곧 현실의 삶에 대한 믿음이 계속되다 보면 결국에는 이 믿음이 망가지기 마련이다. 이것은 독자들에게 세계의 객관적 현실에 대한 소박하면서도 확고한 이 믿음을 버리라고 말하기 위해서 썼다"[144]라고 시작한다. 세계의 객관적 현실에 대한 소박하면서도 확고한 이 믿음을 버리라는 것은 있는 그대로의 현실을 믿고 받아들이는 선의 입장과는 상반된다. 왜냐하면 선이 추구하는 '날 현실'은 '객관적 현실'에 대한 확고한 믿음에

---

[143] Anna Balakianml(1972), *Surrealism: The Road to the Absolute*, Unwin Books, p.133.
[144] 황현산, 「해설: 상상력의 원칙과 말의 힘」, 앙드레 브르통, 『초현실주의 선언』, 미메시스, 2012, p.13.

서 출발하기 때문이다.

또한 초현실주의가 통찰과 인식을 위한 것이 아니라 부정과 파괴의 연속을 행하는 우연과 무형식, 반형식이라는 형식으로 자유만을 위한 자유를 지향한다면 선의 목표는 분별이나 구별 이전의, 분별로 구속되어 있지 않는 '참나'를 찾는 것이다. "만약 모든 상이 상 아님을 알면 그것이 곧 여래를 보는 것이다"와 같은 『금강경』의 구절에서 알 수 있듯이, 선의 궁극적인 지향은 상이 또한 허상이라는 가르침을 따라 허상을 벗어나 참나, 무자성과 공으로서의 나를 깨닫는 것이다. 궁극적으로 달을 가리키는 손가락을 보지 말고 달을 보라는 것이 선의 가르침이다. 그래서 선사들에게 꿈이나 무의식은 모두 허상이나 망상일 뿐이다. 달(깨달음)이라는 목표를 지향하는 선이 초현실주의와 같은 선상에 놓일 수 없는 이유가 여기에 있다.

3. 초현실주의 시와 선시의 양상

브르통은 "이성이 행사하는 모든 통제가 부재하는 가운데 미학적이거나 도덕적 모든 배려에서 벗어난"[145] 마음의 자동현상으로 꿈이나 무의식의 상태로 미지의 정신 영역을 정신을 확대하려 했다. 브르통을 비롯한 초현실주의자들은 인간 정신의 해방을 위해 절대적으로 필요한 것으로 가장 인간다운 욕망인 사랑과 소통, 곧 인간애와 현실에서 갈등을 일으키는 상반된 요소들 간의 화해와 공존을 중요시했다.

---

[145] 황현상, 위의 책, p.18.

이와 같이 초현실주의는 휴머니즘을 무의식의 여러 기능에 의하여 풍부해진 자아의 해방도 사회적 혁명을 통해서 가능하다고 본다. 이것이 마르크스와 연결되나(여기서 공산주의로 전향한 루이 아라공과 브르통은 결별한다), 브르통은 인식과 사회적 행동의 끊임없는 소통, 고통, 열망, 갈등의 만족과 불만 등을 강조하면서 사회적 혁명조차 최후의 목적으로 보지 않고 전체 인간의 영원한 숙명 인식과 사랑을 강조한다. 따라서 이성의 논리를 초월한 영원한 사랑은 사실 브르통뿐만 아니라 초현실주의자들에게 처음부터 중요한 의미를 지닌 주제였다. 그 대표적인 시가 브르통의 유명한 「자유의 결합」이다.

> 나의 애인은 숲의 불의 머리털
> 백열白熱의 번개의 생각
> 모래시계의 몸뚱이
> 나의 애인은 갖는다. 범의 이빨, 새의 수달의 덩치
> 나는 애인을 갖는다. 꽃을 매는 띠의 입술
> 가장 큰 별의 꽃다발의 입술
> ―「자유의 결합」 부분

구체적인 이미지도 없고 감동적인 서정도 없으며 다만 빠르게 움직이는 의식의 흐름을 순식간에 자동기술로 표현하고 있을 뿐이다. 이처럼 브르통은 기존의 시에 대한 거부에서 자신이 추구하는 시정신의 실제를 찾고 있다. 그가 이 시를 통해 의도하는 것은 심미적 감동이 아니라 부정의 정신 그 자체라 할 수 있다. 다시 말해, 시라고 하는

기존의 인습에 충격을 주는 일이다. 단아하고 부드러우며 마음을 건드리는 서정의 번짐을 기대할 수 없는 것도 이런 이유이다. 따라서 초현실주의의 자동기술법이 초현실의 한계를 넘어서 동양적 사고, 그것도 자아를 죽이는 사고, 즉 선불교적 사고에 접근하는 것임을 다음의 언급에서 확인할 수 있다.

> 그러므로 초현실주의적 작품은 무한히 그 자체를 능가하는 가치를 가지고 있다. … 자동현상을 실시하고 자발성에 몸을 맡김으로써 개체로 하여금 한정된 자아에 대한 개념을 상실하게 하며 초현실주의를 동양적 사고방식에 접근시킨다. 동양적 사고방식은 자아를 죽이고 그것을 모든 자아적 감정에서 해방시키고 '최고의 실재' 속에 녹아 없어지도록 하는 것이다.[146]

자동기술법이 초현실의 한계를 넘어서 자아를 죽이는 사고, 즉 선불교적 사고에 접근한다는 사고는 초현실주의의 논리에 의하면 자아가 '최고의 실재' 속에 녹아 없어지는 상태를 지향한다. 이 '최고의 실재'는 브르통의 「초현실주의 제2 선언」에서 소위 삶과 죽음, 현실과 사상 같은 이항대립이 모순으로 느껴지지 않는 정신의 한 점에 해당하고, 이는 곧 선이 강조하는 불이, 중도, 공사상의 논리라 할 수 있다.

아울러 초현실주의의 방법으로 유머, 신비, 꿈, 광기, 초현실적 오브제, 진기한 송장 그리고 자동기술법 등의 표현 방법을 들지만,

---

[146] 이브 디프레시, 임갑 역, 『초현실주의』, 양문사, 1963, p.92.

가장 중요한 기법은 자동기술법이다. 앙드레 브르통과 폴 엘리아르는 시인인 로베르 데스노스를 최면술에 걸어 놓고 다음과 같은 선문답을 주고받았다.

    브르통은 데스노스의 왼손에 손을 얹고
    "데스노스, 나는 브르통이다. 나는 무엇으로 보이는가."
    "적도, 그리고 원형과 수평선이 보인다."
    …
    "브르통에 대해 무엇을 아는가."
    "독수리와 눈(雪), 그리고 아담한 전신탑이 있다. 그 위에 젊은…."
    엘리아르가 물었다.
    "엘리아르는 무엇으로 보이는가."
    "그는 푸르다."

먼저 질문은 일상어 수준에서 수행된다. 그러나 대답은 일상어 수준을 초월한다. 왜냐하면 일상어 수준에서는 이런 대답이 아니라 "너는 시인이다, 혹은 너는 신사로 보인다"와 같은 어법이 되어야 하기 때문이다. 뿐만 아니라 초현실주의자들의 '문답 놀이' 작품의 경향은 한 사람이 다른 사람에게 질문하면 질문 받은 사람이 차례대로 대답하는 방법을 말한다. 가령, 질문할 사람이 종이에 어떤 질문을 미리 써 두지만, 그것을 대답하는 사람에게 보여주지 않는다. 그러면 대답하는 사람은 자기 나름대로 어떤 질문이지 모르고 자기의식 속에서 대답의 이미지가 떠오르는 대로 종이에 적어 질문과 답변한 것을 맞추어 보게 된다. 이러한 것이 초현실주의 작품을 낳게 하는 동기가 되고 있다. 예를 들면 이런 것들이 있다.

"하루란 무엇인가?"
"해 저물 때 목욕하는 나체의 여자이다."

"달이란 무엇인가?"
"그것은 훌륭한 유리제조업자이다."

"봄이란 무엇인가?"
"그것은 반딧불을 먹고 사는 램프이다."[147]

초현실주의자들이 공동 제작한 작품들과 서로 질문해서 만든 '문답 놀이' 작품들을 보면 선사들의 문답과 비슷한 점을 발견할 수 있다. 『운문록』이나 『임제록』에 보이는 다음과 같은 선사들의 선문답은 초현실주의 작가들이 상대를 최면술에 걸어 문답한 2인 합작의 작품 그것이라 해도 좋을 만큼 표면적으로는 서로 비논리로 구성되어 있다는 점에서 일치하고 있다. 그러므로 이런 대화는 첫째 질문(일상어)과 대답(시어)이 아이러니 관계에 있고, 따라서 일상어와 시어의 경계가 해체된다. 이런 아이러니와 해체는 선적 언어에서도 잘 드러난다.

"무엇이 색즉시공色卽是空입니까?"

---

[147] 이브 디프레시, 임갑 역, 위의 책, 1963, p.39 참조.

"주장자로 너의 콧구멍을 쳐야겠구나."
"스님께서는 수시로 납자들을 위해 무어라고 하십니까?"
"아침에 쟁기 끌고 저녁에 고무래 끈다."

"삼승오성三乘五性은 묻지 않겠습니다만 무엇이 납승 문하의 일입니까?"
"해가 점점 저물어 간다. 얼른 삼배하라."

삼봉에 갔을 때 평 화상平和尙이 물었다.
"어디서 오는가?"
"황벽에서 왔습니다."
"황벽 스님은 무슨 법문을 하던가?"
"황금 소가 간밤에 진창에 빠져 아직까지도 그 자취를 찾을 수 없습니다."
"가을바람에 옥피리를 부니 이 소리 알아들을 자 누구인가?"
"곧바로 만 겹 관문을 뚫으니 맑은 창공에도 머물지 않습니다."
"그대의 이 물음이 매우 고준高峻하구나."
"용이 금빛 봉鳳 새끼를 낳았는데, 푸른 창공을 뚫고 날아갑니다."

이처럼 선사들의 문답과 초현실주의자들의 '문답 놀이'에서 일상적 상식과 논리를 넘어선 초논리성의 유사성을 엿볼 수 있다. 또한 초현실주의 시와 선시 사이의 유사성을, 초현실주의의 가장 아름답고 풍부한 시집인 엘뤼아르의 『고통의 수도』(1926)에서 살펴볼 수 있다. 그의 산문시 중에서 다음의 시는 무엇보다도 초현실주의적이면서도 시적 완성도가 높은 시이다.

> 비로드와 자기로 된 도시 안으로 들어오라. 대지를 떠난 꽃들은, 있는 그대로의 빛을 보여주는 꽃병이고, 그것은 창문으로 되어 있을 것이다. 침묵을 보아라. 침묵의 입술에 입맞춤을 하여라. 그러면 도시의 지붕은 초라한 날개의 예쁘고 우울한 새가 되어 있을 것이다.[148]

초현실적인 환상의 세계가 펼쳐지는 이 시에서 풍경은 우리가 일상적인 생활을 하면서 친숙하게 바라보는 삭막한 도시가 아니라, 꿈속에서 완전히 새롭게 태어난 도시로 묘사된다. 이러한 도시를 꿈꿀 수 있는 시인, 아니 꿈꾸듯이 바라보는 시인의 상상력은 어떤 경계나 장벽을 뛰어넘어 초현실적 세계를 그린다. 그러나 엘뤼아르의 이러한 시적 풍경은 그 혼자만의 독백체 언어로 그려져 있지 않다. 시인은 풍경을 독자가 이해할 수 없는 비현실적 풍경으로 만들지 않고 독자에게 새로운 시각으로 현실을 바라보게 하는 데 초점을 맞추고 있기 때문이다.

그러나 선사의 경우 그들의 문답이나 작품은 깨달음에서 오는 정신의 어떤 경지를 읊는 것이라면, 초현실주의의 경우 그들의 문답이나 작품은 자동기술적인 방법에 의해 의식의 개입 없이 거의 몽롱한

---

[148] 엘뤼아르,『고통의 수도』, 1926, p.191.

정신의 상태에서 빠르게 기록하여 모은 이미지들이라 할 수 있다. 선사의 경우 그들의 선문답이나 작품들은 맑고 선명한 의식에서 어떤 정신이 비전을 깨닫고 노래한 것이라면, 초현실주의의 경우 그냥 무의식의 자맥질에서 선명한 의식의 참여 없이 피동적으로 나온 것이 된다. 그것은 이성의 감시나 탐미적 윤리적 지배에서 벗어난 무의식의 순수한 기록이라 할 수 있다. 이것을 초현실주의자들은 자동기술법이라고 말하고 있다.

 그런데 선사들의 작품이나 문답은 그런 무의식이나 초현실주의적인 경이감을 위해서 쓴 것이 아니다. 또 초현실주의자들의 문답 놀이처럼 상대와 의식의 교환 없이 서로 떨어져서 종이에 한 문장씩 질문자의 질문 내용도 모르고 기록한 문답이 아니다. 물론 거의 의식의 개입 없이 방심 상태의 몽롱한 기분에서 빠르게 이미지가 떠오르는 대로 기록한 것은 아니다. 2인 합작의 경우처럼 두 사람 모두 자동적으로 떠오르는 무의식의 이미지를 그대로 기록하여 만들어낸 그런 것도 아니다. 왜냐하면 선사들은 의식이 몽롱한 상태나 멍한 상태를 극도로 배격하기 때문이다. 선에 있어선 그런 상태를 혼침昏沈 혹은 무기無記라고 하여 수행에 있어 망상보다 더욱 기피한다. 따라서 참선 공부를 할 때는 반드시 화두가 뚜렷하고 분명해야 한다. 마치 고양이가 쥐를 잡을 때와 같이 해야 한다. 그 정신은 항상 적적寂寂한 가운데 성성惺惺하고 성성한 가운데 적적해야 한다.

 선사들은 이와 같이 투명하고 차가운 정신으로 게송을 읊고 선문답을 주고받는 것이다. 깨치지 못한 사람에겐 선사들의 게송이나 문답이 무슨 뜻인지 이해가 불가능하지만 깨친 자들은 그들만의 비논리를 가지고 깨달음의 세계를 교환한다. 때문에 제자들이 도를 깨쳤는지의 여부를 이런 비논리의 질문을 통해서 시험한다. 깨친 제자는 스승의 이 비논리적인 질문을 나름대로 알아듣고는 자기 역시 그 질문에 비논리의 답변으로 대답하는 것이다. 만약 그렇지 않고 그 답변에 맞지 않는 다른 비논리의 답변을 하였을 경우 스승에게 방망이를 맞든가 '할喝'로 꾸중을 듣고는 인가받지 못하고 물러난다. 이러한 점에서 초현실주의자들의 작품처럼 무의식의 상태에서 비논리의 문장을 어떤 식으로 기록하든지 상관없는 그런 기록의 정신과는 근본적으로 차이가 있는 것이다.

한편 초현실주의자들의 작품이나 선사들의 작품이나, 문답의 경우 나타난 결과를 보면 모두 어떤 오브제가 주는 경이감을 간과할 수 없다. 즉 초현실주의자들의 작품이나 다다이즘의 미술에서 보여주고 있는 것과 같이 전연 상관없는 두 가지 이미지들을 결부시킴으로써 나타나는 정서의 새로운 경이감의 효과를 주목할 필요가 있다. 가령, 뒤샹이 1919년 모나리자의 얼굴에 카이저수염을 붙여놓고 'L.H.O. O.Q'라고 명명한 것이나, 또 1917년 뉴욕의 앙데팡당전에서 남성용 소변기를 '샘(泉)'이란 이름으로 전시장에 출품한 것은 그것들의 이미지를 전연 다른 곳에 결부시킴으로써 새로운 오브제의 경이감을 주려고 한 행위라 할 수 있다. 마르크스 에른스트의 「호안 미로」(Joan Miro)는 그 전형적인 예이다.

빼앗긴 태양 나의 머릿속의 수인囚人은
언덕을 올리고 숲을 들어올린다.

...
태어나서 첫날의 구름
그 구름들은 노여워하지 않는다.
그 구름의 알맹이는 불탄다.
나의 시선의 짚불 속에서.
- 「호안 미로」(Joan Miro)

"나의 머릿속의 수인이 언덕을 들어올리고 숲을 들어올린다"라는 이미지에서 "머릿속의 수인"과 "언덕을 들어올린다"라는 이미지는 전혀 다른 별개의 이미지이다. 그러나 이것들이 한 자리에 함께함으로써 새로운 경이감의 오브제 효과로 나타나는 것이다. 그런데 선시는 선 시인들이 처하거나 경험한 정신적 경지, 그 마음의 그림자를 문자라는 부호로 나타냈을 뿐이다. 따라서 그 선시의 내용을 아무나 알 수 있는 것이 아니다. 그 속에는 그만한 정신적 수준에 있는 이들만이 알 수 있는 마음의 통로가 있기 때문이다. 더구나 선의 초월성, 비약성, 역설성, 상징성 등이 고도로 나타난 선시의 경우에는 더욱 그렇다.

근대 선승 효봉 선사(1888~1966)는 1931년 여름 금강산 법기암에서 1년 6개월간 두문불출, 오직 정진에만 매진하다 토굴을 박차고 나왔다. 이때 깨달음 읊은 「오도송」은 그 전형적인 예이다.

바다 밑 제비집에 사슴이 알을 품고
타는 불속 거미집에 고기가 차 끓인다.

이 집안 소식을 뉘라서 알랴
흰구름은 서쪽으로 날고 달은 동쪽으로 달리네.

海底燕巢鹿抱卵火中蛛室魚前茶
此家消息有能識白雲西飛月東走[149]
- 「오도송」

처음 두 행은 안·이·비·설·신·의 6근으로 느껴지는 색·성·향·미·촉·법 6경의 해체를 노래한 것이다. 곧 자성이 무자성임을 형상화하고 있다. 관념을 형상화하여 두두물물의 본질에 도달하여 자기회귀를 하고 있다. 이 경우 관념이 실재이다. 따라서 언어도단이요 심행멸처이다. 아는가? 이 소식을 알고 싶은가? 4행에 와서 천연덕스럽게 소식을 현장감 있게 그리고 있다. 흰구름은 서로, 달은 동으로 달릴 뿐, 그 외에 무엇도 있을 수 없다. 근본적인 의문 제기를 통해 본질적인 문제의 해결을 시도하고, 그러기 위하여 논리와 사변을 끊고 일상적 관념을 파괴하다 보니 비유와 상징, 비약과 과장, 그리고 역설을 통한 표현이 수반될 수밖에 없다. 또한 그렇게 해서 얻어진 절대 경지를 상대적인 언어로 나타낼 수 없기에, "바다 밑", "제비집", "타는 불속", "거미집"과 같은 모순어법이 사용된다.

하지만 이미지 구성에 있어 뒤샹의 경우나 에른스트의 경우나 효봉 선사의 시적 표현에서 다 같이 그러한 경이적 미감을 느낄 수 있다.

---

[149] 김용덕, 『효봉 스님 이야기』, 불일출판사, 2008, pp.91~92 참조.

그렇지만 깨달음의 경지를 노래한 것이기 때문에 깨달은 자의 경우 그들만이 알 수 있는 세계가 있다. 따라서 선사들의 문답이나 작품은 깨달음 그 자체에 목적이 있으며 전적으로 다른 이미지의 결합에서 오는 미적 이해는 처음부터 고려하지 않았던 것이었다. 가령, "개에게는 불성이 없다", "동산東山이 물 위로 간다" 등의 선적 언어의 표현들은 깨달음을 참구하는 화두이다. 이 화두를 들고 용맹 정진하여 그 의심을 깨쳐서 나오는 것이 도道이다. 이는 앞의 초현실주의자들의 몽환 상태의 기록과는 근본적으로 다르다.

한편 공동으로 생산한 작품에서 상대의 무의식이 어떻게 작용하는가에 무관심하면서 나의 무의식으로 계속하는 초현실주의의 행위는 선에서 분명히 주고받음과는 상당히 다르다는 것을 보조국사 지눌의 말에서 짐작할 수 있다.

만일 답한 것이 잘못되고 정확하게 맞춘 것이 아니라면 다만 그 잘못된 곳을 지적해서 다시 자기 마음을 관찰하게 하지만 끝끝내 그를 위해 내가 그 답을 먼저 말해 주지 않는다. 어느 때고 그 자신 스스로의 힘으로 깨달아 체험하기를 기다리는 것이다. 그리하여 그 본체를 그가 증득한 뒤에야 인가하고 남은 의심을 모두 끊었다고 생각될 때 잠자코 마음의 인印을 전해 주는 것이다. 이른바 침묵했다는 것은 오직 안다는 것을 침묵했다는 것이고 덮어놓고 아무 말도 하지 않았다는 것이 아니니, 육대六代까지 서로 도를 전한 것이 모두 이와 같은 것이었다.[150]

---

150 지눌, 김달진 역, 『보조국사전서』, 고려원, 1988, p.246.

선사들의 비논리적 대화 속에서 그들 나름대로의 판단과 회통이 있음을 강조하고 있다. 분명하게 나타난 그 결과만을 두고 보면 선문답이나 선사들의 행위에서도 우롱성, 돌연성, 빈정댐, 유머, 기상천외의 행위, 광기 등의 어투가 들어 있다. 선의 경지란 문자로 표현될 수 없는 것이면서도 결코 문자에 의지하지 않고는 사유할 수 없으며 또한 그것을 전해줄 길이 없다고 하는 이중의 문제를 동시에 지니고 있기 때문이다. 그래서 선시는 이러한 문제의 장벽을 뛰어넘기 위해 번뜩이는 전광석화 같은 예기치 못한 돌발성, 침묵과 여백, 부지중에 상대의 허를 치는 기지 등을 동원하기도 한다. 이것은 유한한 도구 속에 무한의 의미를 담아내야 하는 어려움이며, 언어로서 언어의 감옥을 부수고 비상하고자 하는 자유와 열린 사유로 볼 수도 있다. 이는 곧 생명이 생명다움의 우주적 실체에 접근하고자 하는 노력이자 이러한 깨달음을 통해 궁극적으로 존재와 욕망의 구속으로부터 벗어나려는 탈속 무애한 정신을 지향하고자 함을 말한다.

4. 깨닫고 보니 '산은 산, 물은 물'

선의 세계를 시로 표현할 때 그 양상을 주목할 필요가 있다. 즉, 선의 역설적인 면을 부각하여 표현한 것과 '평상심시도平常心是道' 차원에서 있는 그대로의 모습과 심회를 담고 있는 것이다. 전자는 현실적으로 불가능한 내용을 표현하여 그 깨달음의 세계를 표현한다. 그러나 이것 역시 결국 텅 빈 세계로의 '평상심시도'를 의도한 것이니, 궁극적으로는 전자든 후자든 동일한 세계를 표현한 것이다.[151] 차별상이 배제된 평상시의 마음이 '평상심시도'의 세계이다. 이는 곧 지눌의 "사람은 누구나 한 점의 신령한 밝음을 갖추고 있고, 그것은 맑고 고요하기 허공과 같아 어디에나 두루 있음"[152]과 상통한다. 그러기에 '배고프면 밥 먹고, 졸리면 잔다'라는 말처럼 일상의 평범함을 통해 선의 종지를 담기도 하며, '매일 매일이 좋은 때이다(日日是好日)'라는 선어가 나오기도 한다. 결국 선이 강조하는 것은 분별, 조작, 시비를 떠나는 평상심이고, 이 평상심이 무심이고 무상이고 무념이다.

선사들은 언어 분별로 장식된 현실을 있는 그대로 받아들이지 않는다. 언어로 표현된 현실은 실재가 아니기 때문이다. 따라서 선사들은 존재의 실상을 있는 그대로 받아들이고자 한다. 선은 언어를 부정하는 것이 아니라 언어에 대한 집착을 부정한다. 화두는 언어로서 버리게 하는 언어의 힘을 지니고 있다. 선사들은 이중부정을 통하여 절대 긍정의 세계를 흔히 '삼구三句'의 형식으로 펼쳐 보였다.

청원 유신(靑原惟信 ?~1117) 선사는 '산은 산, 물은 물'이라는 공안을 통해 30년간의 수행 단계를 3단계로 표현하고 있다.

> 노승이 30년 전 참선하기 이전에는 산은 청산이요 물은 녹수이었소(山是山 水是水). 그러던 것이 그 뒤 선지식을 만나 깨침에 들고서 보니, 산은 산이 아니요 물도 물이 아니더니(山不是山 水不是水), 마침내 진실로 깨치고 보니, 이제는 의연코 산도 그 산이요 물도 그 물이더라(山是山 水是水).[153]

---

[151] 김광원, 『십현담주해』, 바보새, 2005, p.88.
[152] 지눌, 김달진 역, 「진심직설」, 『보조국사전서』, 고려원, 1987, p.134.

위 내용을 나누면 다음과 같다. 첫 단계 '산은 청산이고 물은 녹수다'는 일상적 삶에 대한 긍정과 분별의 단계, 즉 선 이전의 미혹의 단계(세간)를, 두 번째 단계 '산은 산이 아니고 물은 물이 아니다'는 일상적 삶에 대한 긍정과 분별을 하는 단계, 즉 선의 세계에 이르기 위한 부정의 단계(출세간), 세 번째 단계 '산은 산이고 물은 물이다'는 일상적 삶에 대한 긍정과 분별을 뛰어넘은 단계, 즉 이중부정을 통한 절대 긍정의 단계(출출세간)이다. 첫 단계는 주객 대립의 세계이고, 두 번째 단계는 주객 대립의 의식을 끊어 없애는 적멸의 세계, 세 번째 단계는 그대로 바라보는 직관의 세계이다. 이와 같이 첫 단계와 세 번째 단계의 경계는 엄연히 다르지만 '산은 산이고 물은 물이다'라는 공통점이 있다. 바로 이런 점에서 선이 지니고 있는 '평상심시도'의 의미가 찾아진다. 진정한 깨달음의 경지인 출출세간의 세계는 결국 세간으로 돌아오는 세계이기 때문이다. 만해의 선시는 바로 이런 점에 놓이게 된다.

만해는 일제 강점기의 비정상적인 현실을 비정상적인 현실로 바라보고, 그 깨달음에서 오는 보살정신은 당연히 비정상적인 상황을 정상적인 상황으로 되돌리고자 것으로 나타났다. 물론 선의 역설적인 표현이 자연과 내가 하나되는 세계만을 담는 것은 아니다. 선에서 얻은 진정한 깨달음은 오히려 중생의 아픔과 하나가 될 때 진정한 가치를 가지게 되기 때문이다. 사물을 있는 그대로 바라보는 세계가 진정한 선의 세계라 할 때, 만해 역시 현실의 아픔을 직시하고 이를 정상적인

---

153 고형곤, 『선의 세계』, 삼영사, 1976, p.16 재인용.

상황으로 되돌리고자 하였던 것이다. 만해의 이러한 정신이 우리의 주목을 끄는 이유이기도 하다.

일제 식민지라는 시대적 아픔의 상황은 만해에게 '백척간두진일보'의 위기의식을 고양시켰을 것으로 생각된다. 그래서 목숨을 던지는 위기의식의 긴장감 속에서 출발한 그의 동안거 참선수행은 드디어 적적성성寂寂惺惺의 삼매경을 맞게 되었고, 이제까지의 모든 선험적 사실을 내던진 무심의 상태에서 만해는 마침내 우주의 거대한 힘이 자신의 몸과 마음에 유입되어 자리잡는 것을 깨닫게 된다. 그 깨달음의 시가 다음의 1917년 12월 3일 설악산 오세암에서 좌선 중 바람에 무엇이 떨어지는 소리를 듣고 몰록 깨달음을 노래한 「오도송」[154]이다.

사나이 가는 곳 두루 다 고향인 것을	男兒到處是故鄕
나그네 시름에 잠긴 사람 그 얼마인가.	幾人長在客愁中
한마디 버럭 질러 온 세상 뒤흔드노니	一聲喝破三千界
눈 속에 복숭아꽃 펄펄 흩날리도다.	雪裡桃花片片飛

－「오도송」 전문

'객수客愁'의 무명 속에 살아온 만해 자신의 내적 고백임과 동시에 자타불이의 세계를 얻은 직관적 통찰을 표현하고 있다. 만해 자신이 서 있는 이 땅이 바로 열반의 세계임을, 즉 일제 치하 중생이 겪는 그 아픔의 자리가 바로 '고향'의 세계임을 말할 때, 그의 선의 세계는

---

[154] 이하 만해의 선시는 서정주 역을 참고로 함.

일반적인 논리를 뛰어넘는다. 이와 같이 물物의 지배를 받는 차별심을 벗어나 뚜렷하고 밝은 본래의 자성을 보듬을 때, 직관적 세계가 열리게 된다.

일반적인 눈으로 볼 때는 '객수'와 '고향'의 거리가 비논리적 내지 초논리적인 거리로 여겨질 수 있지만, 선의 입장에서 보면 이는 곧 사물이 사물로서 그대로 존재하게 되는 현전성의 세계로 수용된다.[155] '설리도화편편비雪裡桃花片片飛'에 나타나는 직관적 내용도 바로 이러한 '평상심시도'에 근거를 두고 있다. 다시 말해 "눈 속의 복사꽃"이라고 하는 초논리성은 모든 상대적 분별을 벗어난 절대 공의 세계에서 나올 수 있는 것으로, 결국 이중부정을 통한 선의 평범함의 세계를 생동감 있게 표현한 것이라 할 수 있다. 이는 아픔을 아픔대로 볼 수 있는, 즉 있는 것을 있는 그대로 볼 수 있는 참마음의 성품 자리에 바로 선의 세계가 놓여 있음을 의미한다.

만해가 그의 글 '참선'에서 말했듯이, 마음을 움직이지 않고 몸을 움직이는 선의 실천적 자세는 득도 이후 민족적인 방향으로 확대된다.[156] 앞에서 살펴본 청원 유신 선사의 설법 3단계의 표현처럼, 진정한 깨달음의 세계는 "산을 산으로 보고 물을 물로 보는" 세계이다. 즉, 득도 이후의 만해의 출출세간적 면모는 일제 강점기라는 비정상적인 상황 속에서 우리 민족의 정체성과 자존을 회복하고자 헌신적인 노력으로 생각된다.「새로 밝은 날에(新晴)」에서 만해는 몽유의 급급함마저 떠날 때 실상은 바르게 선다는 것을 설파하고 있다.

---

[155] 김광원, 『만해시와 십현담주해』, pp.160~161.
[156] 김광원, 위의 책, p.78.

새소리 꿈 밖에 싸늘하고	禽聲隔夢冷
꽃향기 선정 속에 고요하다.	花氣入禪無
선과 꿈을 다 잊으니	禪夢復相忘
창 앞에 한그루 벽오동뿐일세.	窓前一碧梧

-「새로 밝은 날에(新晴)」

꿈속에서 꽃을 꿈꾸고 있는데, 꿈속에서 싸늘히 들리던 새소리가 꿈 깨어도 싸늘하게 들릴 뿐이다. 스스로 꾼 꽃 꿈과 선정에 든 꽃 다 잊어버리고 나니 바로 눈 안에 가득 청산이듯 "창 앞에 오롯한 벽오동 한 그루"일 뿐인 것을 읊고 있다. 새소리와 꿈의 연결, 꽃과 선의 연결, 그리고 선과 꿈의 연결이 상징 구조를 가지며 의미 공간을 형성했다가는 소멸되고 다시 오동나무로 세우는 없음과 있음의 경계 없음을 담아내고 있다. 이것은 한 법도 존재하지 않으니 스스로 마음이 본래 청정하여 무소득지 소득(無所得之所得)의 당처에 이른 경지이고, 심우도의 '인우구망', 즉 소도 사람도 모두 잊으니 곧 '산은 스스로 산이고, 물은 스스로 물'의 경계에 다름 아니다.

불립문자의 세계를 말로 표현함이 모순이라 할 때, 평상심을 통한 모순의 극복은 이중부정을 통한 절대 긍정이 되고, 바로 여기에 선시의 존재 근거가 놓여진다. 그 예를「춘주」2수에서 찾아볼 수 있다.

봄날이 고요키로 향을 피고 앉았더니
삽살개 꿈을 꾸고 거미는 줄을 친다.
어디서 꾸꾸기 소리 산을 넘어 오더라.

따슨 볕 등에 지고 유마경 읽노라니
가벼웁게 나는 꽃이 글자를 가리운다.
구태여 꽃 밑 글자 읽어 무삼하리요.
- 「춘주」 2수

'나는 꽃(空華)'은 허공에 핀 꽃으로 본래 실체가 없는 번뇌 망상을 상징하는 선어이다. 번뇌 망상을 없애고 진리의 길에 이르는 길은 '불립문자 교외별전'인 참선의 체험뿐이다. 그러니 꿈을 꾸며 조는 삽살개를 깨우지도 않고 거미는 줄을 치지만 거미줄을 걷어내지도 않는다. 거미는 자기가 친 거미줄에 걸리지 않고 자유로워, 무애한 해탈 자유를 상징한다. 그래서 화자는 "가벼웁게 나는 꽃이 글자를 가리우지"만 그 꽃을 그대로 둔다. 즉 "꽃 밑 글자를 읽어 무삼하리요"라며 꽃잎을 치우고 읽고 싶은 욕구를 초탈하고 있는 것이다. 한 점 티끌 없는 순수한 마음을 지향하고 있음을 읽을 수 있다.

『유마경』의 「입불이법문품入不二法門品」에 나오는 '유마의 침묵'은 선가에서 『유마경』을 선서로 여기게 해준 유명한 법문이다. 문수보살이 유마힐에게 물었다. "어떠한 것이 보살이 불이법문(진리의 세계)에 들어가는 것입니까?" 이때 유마힐은 아무 말이 없었다. 문수보살이 찬탄하여 "참으로 훌륭합니다. 진리의 세계는 문자나 말이 있을 수 없는 일이니 이것이 진실로 불이법문에 들어가는 것입니다"라고 말했다.

말로 표현할 수 없는 깨달음의 세계를 언어문자로 표현하지 않을 수 없을 때 부득이 그 언어는 고도의 상징 또는 역설적 표현일 수밖에 없다. 이와 같이 형식이나 격식을 벗어나 직관으로 세계의 궁극적 깨달음에 이르고자 하는 수행방편으로서 선시에는 역설·모순·비약 등과 같은 수사적 장치가 많이 사용된다. 그래서 『유마경』에서 유마의 침묵은 최고의 법문이 된다. 만해의 이러한 불교적 상상력이 변증법적 논리와 역설구조를 통해 가장 잘 형상화된 시가 「님의 침묵」이다.

> 나는 향기로운 님의 말소리에 귀먹고 꽃다운 님의 얼굴에 눈멀었습니다.
> 사랑도 사람의 일이라 만날 때에 미리 떠날 것을 염려하고 경계하지 아니한 것은 아니지만, 이별은 뜻밖의 일이 되고 놀란 가슴은 새로운 슬픔에 터집니다.
> 그러나 이별을 쓸데없는 눈물의 원천을 만들고 마는 것은 스스로 사랑을 깨치는 것인 줄 아는 까닭에, 걷잡을 수 없는 슬픔의 힘을 옮겨서 새 희망의 정수박이에 들이부었습니다.
> 우리는 만날 때에 떠날 것을 염려하는 것과 같이 떠날 때에 다시 만날 것을 믿습니다.
> 아아 님은 갔지마는 나는 님을 보내지 아니하였습니다.
> 제 곡조를 못 이기는 사랑의 노래는 님의 침묵을 휩싸고 돕니다.
> — 「님의 침묵」 부분

사랑하는 님의 말소리를 '잘' 듣고, 님의 얼굴을 '잘' 보아야 하는데도 화자는 님에 대한 깊은 사랑이 "향기로운 님의 말소리에 귀먹고 꽃다운 님의 얼굴에 눈멀었습니다"라는 역설로 표현하고 있다. 더구나 말미의

"아아 님은 갔지마는 나는 님을 보내지 아니하였습니다"라는 언급은 그 운명의 전환을 가져오는 화자의 놀라운 태도를 매우 효과적으로 표현한 역설이 되고 있다. 만해의 시가 화두와 같은 선적 언어, 선어의 경지까지도 뛰어넘는 경향은 다음의 시에서도 확인된다.

근원은 알지도 못할 곳에서 나서 돌부리를 울리고
가늘게 흐르는 적은 시내는 구비구비 누구의 노래입니까.
- 「알 수 없어요」 부분

인용 부분은 「한산시寒山詩」의 "근원 없는 물 깊이 찾으니 / 근원은 끝이 나도 물은 끝이 없어라(尋究無源水 源窮水不窮)"라는 구절을 상기시켜 준다. 만해의 시가 「한산시」와 무관하지 않은 것인데도 불구하고 한결 시다운 것은 재창조되었기 때문이다. 그것은 근원 없음에 대한 인식에서 끝나지 않고, 그것은 돌부리를 울리고 시내가 되어 노래하듯이 흐른다는 시적 미학 때문이다.

또한 선은 집착을 버리면 마음이 열리고 편해짐을 강조한다. 그런데 일제 강점기를 살아가는 만해는 조국에 대하여 외면하고 무심해 버리면 마음이 편안해질 수 있지만 님을 사랑하는 밧줄을 끊을 수가 없다. 그래서 더 고통스럽더라도 님을 사랑하는 줄을 곱들여서 언젠가는 잃어버린 님을 되찾겠다는 적극적이고 실천적인 활선活禪의 사자후를 이렇게 던진다.

나는 선사의 설법을 들었습니다.

"너는 사랑의 쇠사슬에 묶여서 고통을 받지 말고 사랑의 줄을 끊어라.
그러면 너의 마음이 즐거우리라"고 선사는 큰 소리로 말하였습니다.
그 선사는 어지간히 어리석습니다.
사랑의 줄에 묶인 것이 아프기는 아프지만, 사랑의 줄을 끊으면 죽는 것보다도
더 아픈 줄을 모르는 말입니다.
사랑의 속박은 단단히 얽어매는 것이 풀어주는 것입니다.
그러므로 대해탈은 속박에서 얻는 것입니다.
님이여, 나를 얽은 님의 사랑의 줄이 약할까 봐서
나의 님을 사랑하는 줄을 곱드렸습니다.

- 「선사의 설법」 전문

인연의 속박은 고통이다. 선사는 설법을 통해 사랑의 쇠사슬에 묶여 고통받지 말고 그 색에 대한 집착을 끊어버리면 해탈을 얻을 수 있다고 말하지만, 만해는 사랑의 줄을 끊는 것은 또 다른 집착을 가져오기 때문에 그 고통은 더 크며, 대해탈이 오히려 속박을 통해 얻는 것이라는 역설적인 논리를 통해 '공즉시색'의 깨달음을 설파하고 있다. 여기에서 만해가 말하는 사랑과 '선사'가 말하는 사랑은 서로 다르다. 세속적 사랑의 속박을 끊어야 번민에서 벗어날 수 있으리라는 선사의 설법을 만해는 받아들이지 않는다. 오히려 근원적 사랑은 사랑의 줄을 끊어야 한다는 역설적 인식에 닿아 있다. 이러한 역설적

인식은 중생에 대한 사랑이야말로 깨달음의 근원적 실천이라고 자각하는 대승적 자세와 맞닿아 있다.

역설은 종교적 진리와 같이 신비스럽고 초월적인 진리를 나타내는 데 주로 원용되는 역설이다. "도를 도라 하면 도가 아니다"라는 노자의 진술 자체는 이미 역설이다. 『반야심경』의 "색즉시공色卽是空, 공즉시색空卽是色"의 구절처럼, 불이론不二論에 입각한 만해의 역설의 미학은 진리의 효과적인 전달을 위해 역설을 원용하고 있다.

꽃은 떨어지는 향기가 아름답습니다.
해는 지는 빛이 곱습니다.
노래는 못 마친 가락이 묘합니다.
님은 떠날 때의 얼굴이 더욱 어여쁩니다.
떠나신 뒤에 나의 환상의 눈에 비치는 님의 얼굴은
눈물이 없는 눈으로 바로 볼 수가 없을 만큼
어여쁠 것입니다.
님의 떠날 때의 어여쁜 얼굴을
나의 눈에 새기겠습니다.
님의 얼굴은 나를 울리기에는 너무도 야속한 듯
하지만 님을 사랑하기 위하여는
나의 마음을 즐겁게 할 수가 없습니다.
만일 그 어여쁜 얼굴이 영원히 나의 눈을 떠난다면
그때의 슬픔은 우는 것보다도 아프겠습니다.
- 「떠날 때의 님의 얼굴」 부분

사라짐의 시학에 근거를 두고 있는 시편이다. "떨어지는 향기", "지는 빛", "못 마친 가락", "떠날 때의 얼굴" 등은 하강적 의미 영역을 지닌다. 이러한 하강적 이미지의 예찬은 비극적 인식에 기초하는 것으로서 정서적인 긴장미를 유발한다. 그러므로 피어나는 것, 떠오르는 것, 우렁찬 것, 만날 때가 아름답고 좋은 것이라는 일상적 통념을 역설적으로 뛰어넘는 것이다. 암울한 일제 강점기의 시대적 상황에서 불교와 문학은 어떻게 응전해야 하는가의 시각에서 볼 때 만해는 절체절명의 순간이 곧 희망이라는 역설의 미학으로 담아내고 있다. 당대의 암울한 현실을 외면하지 아니하고, 실천궁행의 자세로 현실을 끌어안고 아픔을 아픔으로 여기며 중생에 대한 사랑이야말로 깨달음의 근원적 실천이라고 자각한다. 이러한 만해의 모습이 바로 선이요, 대승적 차원의 선의 세계임을 알 수 있게 한다. 역설의 미학은 「당신을 보았습니다」에서도 선명히 드러난다.

당신이 가신 후로 나는 당신을 잊을 수가 없습니다.
까닭은 당신을 위하느니보다 나를 위함이 더 많습니다.

나는 갈고 심을 땅이 없으므로 추수秋收가 없습니다.
저녁거리가 없어서 조나 감자를 꾸러 이웃집에 갔더니, 주인은 "거지는 인격이 없다. 인격이 없는 사람은 생명이 없다. 너를 도와주는 것은 죄악이다"고 말하였습니다.
그 말을 듣고 돌아 나올 때에, 쏟아지는 눈물 속에서 당신을 보았습니다.

나는 집도 없고 다른 까닭을 겸하여 민적民籍이 없습니다.
"민적 없는 자는 인권人權이 없다. 인권이 없는 너에게 무슨 정조貞操냐" 하고 능욕하려는 장군이 있었습니다.
그를 항거한 뒤에 남에게 대한 격분이 스스로의 슬픔으로 화化하는 찰나에 당신을 보았습니다.

아아 온갖 윤리, 도덕, 법률은 칼과 황금을 제사 지내는 연기인 줄을 알았습니다.
영원永遠의 사랑을 받을까, 인간 역사의 첫 페이지에 잉크 칠을 할까, 술을 마실까 망설일 때에 당신을 보았습니다.
- 「당신을 보았습니다」 부분

'땅이 없고', '수확이 없고', '인격이 없고', '생명이 없고', '민적이 없고', '인권이 없다'는 구절에는 '당신'이 가신 데서 유래한 절망적 현실 인식이 선명하게 드러나 있다. '당신'을 잃고 홀로 선 '나'는 거지처럼 모멸당하고, 급기야는 인간의 기본적인 권리인 인권과 정조까지도 유린당하는 절망적 상황에 직면하게 된다. 이러한 절체절명의 순간에 보게 되는 '당신', 그는 구원과 희망의 표상이자 불의와 폭력에 저항할 수 있는 원동력으로서의 의미를 갖는다.

일제 강점기 조국의 현실을 직시하면서 그 아픔을 그대로 받아들이며, 비정상적 상황을 본래의 정상적 상황으로 되돌리고자 하는 만해의 모습은 「벗에게 보내는 선화(贈古友禪話)」에서 한결 깊어진다. 이 시는 만해 옥중시의 하나로, 이승훈과 더불어 3·1 운동의 주역이었으며 당시 옥중에서 같이 복역했던 고우古友 최린崔麟에게 준 '매화' 시다.

온갖 꽃 다 보니 정히 사랑할 만하여
안개 속 꽃다운 풀 이리저리 다 누볐다.
한 나무 매화꽃은 아직 얻지 못했는데
천지에 가득한 눈바람 그 어쩐 일인고.

看盡白花正可愛 縱橫芳草踏烟霞
一樹寒梅將不得 其如滿地風雪何
-「贈古友禪話」

추위 속에서 추위를 거부하지 않고 오히려 그 추위를 끌어안는 시인의 '설중매'적 정신이 곧 이 시의 핵심이다. 처음 두 행은 옥중생활 이전 만해의 행적에 대한 상징적 고백이며, 3행은 '한매'라는 사물을 통하여 자유를 추구하는 선사로서의 순수한 삶의 의지를 담아내고 있다. 마지막 시행 "천지에 가득한 눈바람"이라는 시련 속에서 스스로 '한매'가 되지 못하는 아픔과 한편으로 '꽃'을 피울 수 있는 보다 단단하고 큰 자유를 희망하고 있다. 『화경엄』이 설하는 '부정과 긍정을 다 같이 막고(雙遮)' 부정과 긍정을 쌍으로 비추니(雙照) '막음과 비춤(遮照同時)'의 세계인 대긍정의 세계, 선의 경지를 보이고 있다. 이는 곧 일제 강점기의 시대적 아픔을 아픔 그대로 바라보는 만해의 선의 세계가 '산은 산, 물은 물'이라고 하는 '평상심시도'의 세계임을 말해 준다.

님이 없는 밤은 모든 희망이 사라지고, 온 세상마저 유실되어 없어져 버린 것으로 표현된다. 정情의 산림에서 님이 없는 상황은 화자로 하여금 질식하게 하는데, 이는 잔나비를 통해 간접적으로 나타난다.

가슴 가운데의 저기압은 인생의 해안에 폭풍우를 지어서
삼천세계三千世界는 유실되었습니다.
벗을 잃고 견디지 못하는 가엾은 잔나비는
정情의 삼림森林에서 저의 숨에 질식되었습니다.
― 「고대苦待」 부분

질식되어 숨진 시적 화자는 눈물의 삼매에서 다시 태어나게 된다. 이는 나를 찾다가 못 찾고 저의 자신까지 잃어버리는 것으로 묘사된다.

우주와 인생의 근본문제를 해결하는 대철학은
눈물의 삼매三昧에 입정入定되었습니다.
나의 '기다림'은 나를 찾다가 못 찾고 저의 자신까지 잃어버렸습니다.
― 「고대苦待」 부분

위에서 자신까지 잃어버렸다는 것은 '나'의 본질에 도달했음을 의미할 뿐만 아니라 '너'의 확장을 의미한다. 즉 '나'는 큰 자아(Self)로의 확장을 의미한다. '나'는 이제 과거의 '나'가 아니라, 우주가 곧 '나'가 된다. 즉 님이 곧 나이고, 나가 곧 님이 되는 경지이다. 이는 결국 깨달음에 이르고 보니 묘할 것도 없고, 모두가 한결같이 텅 비어 '너'와 '나' 구별이 없는 자유로운 세계이다. 이러한 세계가 바로 이 시의 "눈물의 삼매에 입정되었습니다. 나의 '기다림'은 나를 찾다가 못 찾고 저의 자신까지 잃어버렸습니다"의 함축적인 의미와 상통한다. 진정한 사람의 세계는 이와 같이 슬픔의 삼매를 통해 '너'와 '나'를 뛰어넘는 세계이며, 사랑의 아픔과 사람의 기쁨이 따로 구별되지 않는 불이不二의 세계인 것이다.[157]

실제로 만해는 당대의 누구보다도 '평상심시도'에 충실했고, 나아가 처해 있는 현실에 대해 적극적인 관심과 실천을 보여준 선사였다. 그의 『조선불교 유신론』은 "당시의 불교계가 안고 있는 폐습의 타파를 강력히 촉구였고, 이것은 바로 불교의 근본정신을 회복하자는 일종의 선언서이다. 마음을 움직이지 않고 몸을 움직이는 선의 실천적 자세를 만해는 일찍부터 지니고 있었다."[158] 만해의 이러한 선적인 면모는 청원 유신 선사의 설법 3단계의 표현처럼 깨달음을 얻은 후의 '산을 산으로, 물을 물로 보는' 세계이다.

5. 초현실주의 시와 만해 선시의 회통

근대의 합리적 사고와 이성은 희망찬 미래를 약속하며 출발했지만 결국 제국주의와 세계전쟁을 초래하여 인류의 평화를 파괴하고 불행하게 하였다. 이러한 근대성에 대한 근원적인 반성과 비판에서 태동된

---

[157] 김광원, 『님의 침묵과 선의 세계』, 새문사, 2008, p.262.
[158] 김광원, 『만해의 시와 십현담주해』, 바보새, 2005, p.78.

초현실주의는 이성을 배제하고 꿈과 무의식을 바탕으로 한 정신의 자유와 해방을 목표로 하였다. 하지만 이상적 사유의 상상력 억압을 비판하고 자유로운 정신의 표현을 옹호하였던 이러한 새로운 문화운동은 대중의 주체적인 문화혁명을 도모하고 계급투쟁을 주장한다는 점에서 당시의 혁명관과 맞닿아 있었다.

물론 초현실주의 선언과 그에 잇단 몇 가지 선언 형식의 글들이 처음 발표될 당시의 효력을 오늘날까지 그대로 유지하고 있다고 보기는 어렵다. 하지만 "산다는 것과 살기를 그친다는 것, 그것은 상상의 해결책이다. 삶은 다른 곳에 있다"[159]라는 초현실주의의 변함없는 원칙은 인간의 자유이다. 인간을 자유롭게 하고 인간 능력 전체를 이 자리에 불러내기 위해 먼저 시작해야 할 일은 언어를 대상으로 삼는, 언어의 힘을 빌린, 언어의 작업이다. 언어의 개혁은 시의 개혁으로, 인간의 개혁으로, 세계의 개혁으로 연결된다.[160] 이 점에서 초현실주의는 20세기 전위예술운동 중에서 존재의 전체성을 문제삼은 거의 유일한 운동이었다 할 수 있다. 어쩌면 초현실주의는 시의 선동력과 언어의 잠재력에 모든 역량을 기울였을지도 모른다.

한편 선은 존재와 우주의 실체에 대한 해답을 추구하는 수행의 방법으로서, 진정한 깨달음의 세계를 지향한다. 또한 깨달음의 방편으로서의 선시는 기존의 습관과 낡은 인식의 틀을 깨뜨리고 새로운 감각과 표현, 창조적 형식과 사유를 형상화하는 데 본래 목적을 갖는다. 이 점에서 선시적 발상과 상상력은 초현실주의 시의 새로운 지향성

---

[159] 황현산, 위의 책, p.42.
[160] 황현산, 위의 책, p.47.

및 창조적 인식의 정신과 서로 상통하며, 나아가서 그에 새로운 시야를 열어줄 수 있는 것으로 판단된다. 물론 현실을 넘어서 '초'현실을 추구하는 초현실주의와 언어를 넘어서 지극한 '날'현실을 추구하는 선은 분명히 다르다. 초현실주의는 현실의 굴레를 벗어나 '초'현실의 자유를 지향하기 때문이다. 따라서 '날'현실을 통해 현실에 대한 대긍정의 시선을 여는 선법과 '초'현실을 통해 현실 너머의 새로운 현실을 여는 초현실주의는 같을 수 없다.[161] 이러한 점을 고려하면, 선은 초현실주의처럼 기존의 형식, 가치, 체계에 대한 부정이 되기도 하지만 '참나', 즉 절대 순수하고 무구한 자유로운 세계를 찾는 데 목적이 있기 때문에 초현실주의와는 근본적으로 입장이 다르다. 하지만 양자의 입장이 현실의 문제로부터 출발한다는 점에서 다분히 공통점을 지닌다 할 수 있다.

요컨대 만해는 일제 강점기의 시대적 아픔을 아픔 그대로 바라보며, 당대의 누구보다도 국가와 민족이 처해 있는 현실에 대해 적극적인 관심을 가지고 이를 극복하고자 하는 부단한 노력을 보임과 동시에 중생사랑의 자비실천을 보여주었다. 만해의 이러한 깨달음과 실천의 모습은 '산을 산, 물을 물'이라고 하는 '평상심시도'의 선적 세계를 표현한 시문학에서 한결 잘 드러나고 있다. 나아가 만해는 이성의 통제가 없는 초현실성을 인정하여 이를 화엄의 사상과 선적 직관의 심미안을 통하여 시를 창작함으로써 동양적인 초현실주의의 새로운 시적 세계를 개척하였다 할 수 있다.

---

161 고영섭, 「선과 쉬르리얼리즘」, 『만해축전자료집 2012』, 백담사 만해마을, p.355.

제9장 실천의 자비행:
「심우송」에 나타난 깨달음과 보살도

1. 「심우도」의 연원

'소'는 일반적으로 풍요와 생산의 상징으로 언급된다. 인도에서 소는 에너지와 생명력, 역동의 상징인 동시에 잠재력, 내적인 힘을 뜻한다. 불교에서의 소는 석가모니 붓다와 긴밀한 관계가 있다. 고타마 싯다르타(Gotama Siddhartha)의 'go'는 우牛, 우왕牛王, 수우水牛를 뜻하며, 여기에 '-tama'의 최상급이 붙어서 '최고의 우왕'의 뜻으로 '가장 좋은 소', '거룩한 소'란 의미를 포함하고 있다. 뿐만 아니라 4세기 말에 번역 제작된 『증일아함경』「목우품」에는 붓다가 열한 가지 소치는 법을 수행자에게 적용시켜 소를 다루는 일이 수행자에게 필요함을 강조하고 있다. 이처럼 소에 대한 은유는 제자들을 인도하기 위한 선승들에 의해 광범위하게 사용되었고, 선승들의 어록에서 자주 발견된다.

사찰 외벽에 그려진 「십우도」에는 화제에 해당하는 「심우송」이 대부분 곁들여 있다. 농경사회가 중심이었던 당시의 사람들은 함께 살며 일하던 소를 사찰에서 다시 그림으로 만나온 것이다. '소' 그림의 주제 중에서 많이 등장하는 장면은 목동이 소를 타고 있거나 소를 끌고 어디론가 가는 모습을 담은 것이다. 이는 일반 회화에서 흔히 볼 수 있는 주제이지만, 사실 그 연원은 열 폭의 소와 동자의 관계를 중심으로 한 그림과 제화를 통해 뭇사람들이 알 수 있도록 설명한 「십우도十牛圖」 혹은 「심우도尋牛圖」에 두고 있다. 이 「심우도」는 '소'로 비유되는 불성을 찾아가는 수행 과정을 10단계의 그림으로 표현한 것으로, 목우도牧牛圖 또는 십우도十牛圖라고도 한다.

중국의 경우에 「십우도」 대신에 말을 묘사한 「십마도十馬圖」를 그린 경우도 있고, 티벳에서는 코끼리를 묘사한 「십상도十象圖」가 전해져 오고 있으나 우리나라에서는 거의 찾아볼 수 없다. 그런데 「심우도」는 남조南朝의 보명 스님의 「목우도」와 임제 선사의 12대 법손 곽암 스님의 「십우도」가 가장 널리 알려져 있다. 보명의 「십우도」는 소를 길들인다는 뜻에서 '목우도'라고 한 반면, 곽암의 것은 소를 찾는 것을 열 가지로 묘사했다고 하여 '십우도'라고 한 점에서도 차이가 있다. 그 외에도 송나라 청거 선사의 「십이목우도」와 불국 유백 스님의 「팔목우도」 등이 있다. 그리고 보명의 「십우도」와 곽암의 「십우도」 등 두 종류가 우리나라에 전래되었다. 조선시대까지는 이 두 가지가 함께 그려졌으나 최근에는 대체로 곽암의 것을 많이 그리고 있으며, 주로 사찰의 법당 벽화로 많이 묘사되고 있다.

『경덕전등록』에 기록된 백장 회해(784~814)와 장경 대안(793~883)

사이의 대화에서도 소를 통해 수양하고 깨우침을 얻는다는 내용을 볼 수 있다. 장경은 백장 화상을 뵙고 예를 갖추어 "학인이 부처를 알고자 하는데, 어떻게 해야 합니까?"라고 물었다. 백장 화상이 대답하기를, "흡사 소를 타고 소를 찾는 것과 같다"라고 하였다. 장경이 "알아챈 뒤에는 어떠합니까?"라고 묻자, 백장 화상은 "사람이 소를 타고 집에 가는 것과 같다"라고 답했다. 이에 장경이 "처음부터 끝까지 어떻게 보임保任해야 합니까?"라고 물음에 백장 화상은 "목동이 채찍을 들고 지키면서 남의 곡식밭에 들지 않게 하는 것과 같으니라"라고 답했다. 이 말을 듣고 장경은 깊은 뜻을 깨달았다. 이를 '기우귀가'에서는 길들여진 소를 타고 피리를 불며 돌아오는 모습으로 표현한다.

이처럼 불교에서는 수행에 있어 마음을 다스리는 것에 대해 소를 길들이는 것으로 비유해 왔으며, 이러한 내용이 반영되어 그려진 그림이 「심우도」이다. 보명의 「목우도」 단계별 내용은 다음과 같다.

①미목未牧: 아직 억세고 길들여지지 않음은 소와 사람의 갈등을 나타낸다.

②초조初調: 일차로 소를 조복받음, 소를 길들이기 시작함은 닦음이 있기 때문이다.

③수제受制: 소가 목동의 말을 듣는 것은 곧 끝없는 닦음으로 자기를 이겨나가고 있음을 보임. 이 증거로 소의 머리 부분이 백색으로 바뀐다.

④회수廻首: 자신을 돌이켜 반조하는 마음, 계속되는 소의 정진으로 소의 반이 백색으로 바뀐다.

⑤ 순복馴伏: 순순히 잘 따르니 고삐조차 필요 없는 단계로, 자신에게 채찍을 가하지 않아도 수행이 절로 된다.

⑥ 무애無碍: 소와 목동이 서로 하나되어 더 이상의 회초리가 필요 없으며 서로 자유롭게 된다.

⑦ 임운任運: 임운자재하여 내버려두어도 저절로 되는 상태로, 목동은 편안히 잠을 잔다.

⑧ 상망相忘: 무심하게 서로 존재마저 잊어버리게 되는 경지에 달한다.

⑨ 독조獨照: 나 홀로 비추니 유희삼매의 경지를 향유한다.

⑩ 쌍민雙泯: 마침내 소가 사라지고 나마저도 사라진 최고의 견성 경지에 이른다.

한편 곽암의 「십우도」는 다음과 같은 단계로 이루어져 있다.

① 심우尋牛: 동자승이 소를 찾아 나서는 장면이다. 자신의 본성을 잊고 찾아 헤매는 것은 불도 수행 입문을 일컫는다.

② 견적見跡: 동자승이 소의 발자국을 발견하고 그것을 따라간다. 수행자는 꾸준히 노력하다 보면 본성의 발자취를 느끼기 시작한다.

③ 견우見牛: 동자승이 소의 뒷모습이나 소의 꼬리를 발견한다. 수행자가 사물의 근원을 보기 시작하여 견성에 가까웠음을 뜻한다.

④ 득우得牛: 동자승이 드디어 소의 꼬리를 잡아 막 고삐를 건

모습이다. 수행자가 자신의 마음에 있는 불성을 꿰뚫어보는 견성의 단계에 이르렀음을 뜻한다.

⑤ 목우牧牛: 동자승이 소에 코뚜레를 뚫어 길들이며 끌고 가는 모습이다. 얻은 본성을 고행과 수행으로 길들여서 삼독의 때를 지우는 단계로 소도 점점 흰색으로 변화된다.

⑥ 기우귀가騎牛歸家: 흰 소에 올라탄 동자승이 피리를 불며 집으로 돌아오고 있다. 더 이상 아무런 장애가 없는 자유로운 무애의 단계로 더할 나위 없이 즐거운 때이다.

⑦ 망우재인忘牛在人: 소는 없고 동자승만 앉아 있다. 소는 단지 방편일 뿐 고향에 돌아온 후에는 모두 잊어야 한다.

⑧ 인우구망人牛俱忘: 소도 사람도 실체가 없는 모두 공空임을 깨닫는다는 뜻으로 텅 빈 원상만 그려져 있다.

⑨ 반본환원返本還源: 강은 잔잔히 흐르고 꽃은 붉게 피어 있는 산수풍경만이 그려져 있다. 있는 그대로의 세계를 깨닫는다는 것으로 이는 우주를 아무런 번뇌 없이 참된 경지로서 바라보는 것을 뜻한다.

⑩ 입전수수入廛垂手: 지팡이에 도포를 두른 행각승의 모습이나 목동이 포대 화상과 마주한 모습으로 그려진다. 육도 중생의 골목에 들어가 손을 드리운다는 뜻으로 중생제도를 위해 속세로 나아감을 뜻한다.

위에서 보듯이 보명과 곽암의 「십우도」의 내용은 다소의 차이는 있다. 하지만 기본적으로 서로 근원적 동일성을 지닌다. 차이점은 곽암의 「심우도」는 마지막에 입전수수立廛垂手, 즉 중생을 교화하러 저잣거리로 나가는 대승적 실천의 모습을 강조하고 있는 점이다. 또한 보명의 「십우도」에서는 검은 소가 길듦에 따라 하얀 소로 변해가는 과정을 그리고 있는 데 반해, 곽암의 경우에서는 처음부터 흰 소로 시작된다는 점이다. 이에 홍용희는 "전자가 수행정진을 통한 성불을 강조한다면 후자는 이미 부처인 자신의 본모습을 깨닫는 것이 궁극임을 가리키는 것"으로 해석하고 있다.[162] 이 점은 곽암 선사가 「십우도」 서문序文에서 "애초에 잃지 않았는데 어찌 찾을 필요 있겠는가. 깨달음을 등진 결과 멀어지게 되었구나. 티끌세상을 향하다가 길을 잃고 말았네(從來不失 何用追尋 由背覺以成疎 在向塵而遂失)"라고 적고 있는 데서 확인된다.

2. 구도와 깨달음의 미학 「십우도」

'소'는 경전에서의 비유로 깨달음의 속성을 담고 있다. '소'는 눈에 보이지 않는 깨달음의 대상이기 때문에 자아가 실재로서의 '소'를 찾았을 때 비로소 그것을 추구하는 주체가 '소'에서 해방될 수 있는 역설을 함유하고 있다. 이 점에서 「십우도」는 깨달음의 수행 과정을 은유적으로 서술하고 있는 치유와 구도의 시학이라 할 수 있다. 즉 「십우도」는 '소 찾기'라는 은유로 출발하여 '참나'를 찾는 치유와, 변용, 초월의 여정을 순차적으로 보여주면서 수행의 층위를 확인하는 역동적

---

[162] 홍용희, 「목우牧牛, 공空을 찾는 여정」, 『불교평론』 제25권 제1호(통권 93호), 2023, p.219.

인 선시 텍스트이다. 앞서 언급한 바와 같이, 곽암의 「십우도」는 깨달음을 향한 수행 단계를 10장으로 나누어 알기 쉽게 만든 것이다.

선은 불립문자, 언어도단이 화두이기 때문에 문자로 선을 표현한다는 것이 부질없는 일이다. 그럼에도 불구하고 개오 체험과 오도의 과정을 전달하기 위해서 시라는 메커니즘을 사용하고 있다. 때문에 선시 「십우도」는 승속일여의 시학을 구축하면서 곽암 이후 승가에서뿐만 아니라 문학의 정신사적 계보를 언급할 만큼 세속 시인들의 구도시에 융합되어 왔다. 서산, 경허로부터 만해의 「십우도」를 거치면서 많은 현대 시인들이 「십우도」를 통해 작가-작품-독자의 관계에서 상호 텍스트성을 유지하면서 새로운 의미의 구도시학을 재현해 내고 있다.[163]

「십우도」의 '소'는 근원적 존재의 기표이며, '마음', '성품', '불성', '진여', 마음 소(心牛)로 상징된다. 즉 소는 본래의 자기이며 마음인 것이다. '소'는 눈에 보이지 않는 깨달음의 대상이기 때문에, 자아가 실재로서의 '소'를 찾았을 때 비로소 그것을 추구한 주체와 '소'에서 해방되는 것이다. '소'라는 환유적 상징의 발견은 수행의 정점이 아니라 수행의 출발이며 '발자국'은 수행의 흔적이다.[164] 「십우도」에서 '소'를 찾는 일은 역설적으로 말하면 '소가 소 아님을 아는 일'이라고 할 수 있다.

고려시대 보조국사 지눌(1158~1210)의 호가 소를 기르는 사람이라는 의미를 가진 목우자牧牛子인 것과 만해가 말년에 서울 성북구 성북동

---
163 김덕근, 『한국 현대 선시의 맥락과 지평』, 도서출판 박이정, 2005, p.218 참조.
164 김덕근, 위의 책, p.24.

심우장尋牛莊으로 거처의 이름을 지은 것 등도 불교에서 소가 내 마음, 즉 불성을 찾아가는 여정을 상징하는 것에 기인한다. 만해는 자신의 거처를 '심우장'이라 지었고 같은 제목의 시조까지 남겼을 만큼 '심우'의 함의에 관심이 많았다.

'소'를 찾는 과정은 길고 지난하다. 우리나라의 선사들 역시 적지 않은 심우도를 남겼다. 치열한 구도 과정을 거쳐 득도한 선법을 심우도를 통해 남긴 대표적인 선사로 경허, 만해, 무산 등을 들 수 있다. 물론 이들의 심우도는 보명과 곽암의 것을 근간으로 하고 있다. 만해의 「심우송」 역시 곽암의 「심우도송尋牛圖頌」의 운韻을 따서 지은 것으로, 칠언절구의 총 10편의 연작 한시이다. 그 전체적인 구성은 사람이 진리를 깨쳐 가는 과정을 잃어버린 '소'를 찾는 과정에 비유한 것으로 곽암의 「심우도송」과 주제가 크게 다르지 않다. 그러나 만해의 「심우송」은 곽암의 것에 비해 역동적이고 표현력이 뛰어나다. 여기에서 필자는 곽암의 「십우도」와 만해의 「심우도」를 통해 구도와 깨달음, 그리고 회향의 실천 미학을 살펴보고자 한다.

(1) 심우(尋牛: 소를 찾아 나서다)

「십우도」에서 발견, 탐구, 갈등, 화해, 변용과 초월의 과정을 거쳐 깨달음을 확보하는 수행은 시작된다. 심우는 발심 수행자가 소를 찾으러 가는 모습을 담고 있는데, 곽암의 심우는 망망한 산길을 헤치며 '소'를 찾아 나서는 것으로 시작된다.

우거진 풀 헤치며 아득히 찾아 헤매니	茫茫撥草去追尋

물은 넓고 산은 멀고 길은 더욱 아득하다.　　水闊山遙路更深
힘이 다하고 마음도 지쳐 갈 곳 찾기 어려운데　力盡神疲無處覓
다만 늦가을 단풍 숲에 매미 소리만 들리네.　　但聞楓樹晚蟬吟
　- 곽암「심우」

수행자에게 본래부터 갖추어져 있는 원성圓成인데, 마음의 소(心牛)를 잃어버린 뒤 그것을 찾으러 나선 것을 비유한 것이다. 애초에 없어지지 않은 것을 없는 것으로 알고 찾는다니 망망할 수밖에 없다. 미망의 출발에서 비롯된 이 수행의 여정은 순탄할 수가 없는 것이다. 곽암의 마음 '소'는 찾아 나서는 것 자체가 마음의 눈을 내면으로 향하고 있기에 수행의 방향에 놓여 있다. 그러나 번뇌와 무지에 둘러싸인 중생의 입장에서 '소'를 찾는 일은 고된 수행일 수밖에 없다. 찾으러 나섰다는 것 자체에 의미가 있다. 적어도 지금의 '나'라고 생각하는 '나' 너머에 '참나'가 존재한다고 인식하고 있다는 것이다. 잃어버리지도 않은 '소'를 찾는 과정에서 늦가을 매미는 소 찾는 작업을 재촉한다. 지금 필요한 것은 발심이다.[165]

수풀 우거진 광활한 들판을 헤쳐 나가는 것처럼, 길도 없는 산속에서 헤매는 것처럼, 본심本心을 찾는 건 아득하기만 하다. 엄습해 오는 절망과 초조감, 들리는 건 처량하게 우는 늦가을 해질녘의 매미 소리뿐이다. 이 말은, 우리의 청정한 자성을 찾는 길은 차라리 시작조차 하지 않았더라면 더 좋았을 것이라고 생각될 정도로 좌절감에 사로잡

---
165 김덕근, 위의 책, p.221.

히는 순간의 심리상태를 잘 보여준다. 그러나 스승들은 바로 그 순간이 오히려 진정한 탐구의 시작이었음을 체험을 통한 지혜로 일러준다. 수풀이나 깊은 자연경관의 표현은 우리가 욕망으로 인해서 소(本性)를 잃어버린 곳임을 게송을 통해 확인할 수 있다.

법명에서부터 깨달은 소를 내세운 경허 성우(鏡虛惺牛, 1849~1912)는 두 편의 「심우도」를 남겼다. 경허는 두 번째의 경우 첫 계제인 심우尋牛에서부터 다음과 같이 노래하고 있어 주목을 환기한다.

가히 우습구나, 소 찾는 이여	可笑尋牛者
소를 타고 다시 소를 찾네.	騎牛更覓牛
볕 비낀 방초 길에	斜陽芳草路
이 일이 실로 길고 길구나.	那事實悠悠

– 경허 「심우」

소를 찾는 과정은 길고 지난하다. 그러나 소를 찾아 돌아오는 것은 큰 의미도 없지만 가능하지도 않다. 이미 소를 타고 있기 때문이다. 내가 찾아 헤매는 것이 이미 나의 가장 가까이에 함께하고 있는 것이다. 본래부터 잃지 않았는데 굳이 찾을 필요도 까닭도 없다. 자신이 부처라는 것을 자각하는 것이 핵심이다. 이를 모르면 무명無明이고 이를 알면 광명이다.[166]

만해는 "잃은 소 없건마는 찾을 손 우습도다 / 만일 잃을시 분명하다

---

166 홍용희, 위의 글, 2023, p.222.

면 찾은들 지닐소냐 / 차라리 찾지 말면 또 잃지나 않으리라"(「심우장」 전문)[167]라고 노래함으로써 '심우도'가 궁극적으로 말하고자 하는 메시지를 압축하여 형상화하고 있다. 심우장은 만해가 말년에 거처했던 곳으로서 실제 삶의 공간이면서 구도를 얻고 버린 공간이다. 그래서 만해는 소가 외부에 있는 것이 아니라 내부에 있음을 표현하고 있다.

이 물건 원래 찾을 곳 없는 것 아니나	此物元非無處尋
산속엔 다만 흰구름만 깊게 끼어 있구나.	山中但覺白雲深
깊은 골 깎아지른 벼랑 오를 수 없고	絶壑斷崖攀不得
바람 일자 범이 울고 용마저 우짖누나.	風生虎嘯復龍唫

— 만해 「심우」

이 게송은 처음 발보리심 하여 수행을 시작한 단계에서 겪는 상황을 묘사하고 있다. 만해는 자신의 거처를 '심우장'이라 했듯이 '소가 외부에 있는 것이 아니라, 이미 내부에 있는데도 자기에는 없는 줄 알고 그것을 찾아 나선 형국이다. 이는 곽암이 게송의 서문序文에서 "애초에 잃지 않았는데 어찌 찾을 필요 있겠는가(從來不失 何用追尋)"를 상기시킨다. 이에 만해는 "이 물건 원래 찾을 곳 없는 것 아니다"라고 언급하고 있다. 그리고 흰구름이 산을 뒤덮고 있어 길을 잃고, 벼랑이 앞을 막는데다 호랑이와 용의 울음에 몸을 떨어야 하는 깊고 깊은 숲이다. 즉 오성은 내부에 이미 존재하고 있기 때문에 외부에서 구할 게 아니라

---

167 한용운, 『한용운 전집』 1, 불교문화연구원, 2006, p.92.

는 것을 알고 있음에도 호랑이와 용의 울음에 몸을 떨어야 하는 미망의 숲이다. 하지만 숲은 열린 공간이고 흰구름과 벼랑은 범접하기 어려운 경이로운 곳임을 알고 있다. 만해는 '원래 못 찾을 리 없다'는 처음 시구로 보아 찾을 수 있다는 확신을 가진 것으로 보인다.

한편 무산 오현의 자아 찾기 과정을 담아낸 「심우도」 연작에는 '소'에 대한 언급은 없다. '소' 대신에 도주한 범인을 수배, 체포하는 상황으로 설정하여 묘사하고 있는 점이 이채롭다.

누가 내 이마에 좌우 무인拇印을 찍어 놓고
누가 나로 하여금 수배하게 하였는가.
천만금 현상으로도 찾지 못할 내 행방을.

천 개 눈으로도 볼 수 없는 화살이다.
팔이 무릎까지 닿아도 잡지 못할 화살이다.
도살장 쇠도끼 먹고 그 화살로 간 도둑이어.
— 「심우尋牛 – 무산 심우도 1」

다른 「심우도」에서는 산간 계곡을 그 출발점으로 하고 있으나 여기서는 저잣거리에서 나를 찾고 있는 상황의 어려움에 대한 언급으로 출발하고 있다. "내 이마에 좌우 무인拇印을 찍어 놓고, 나로 하여금 수배하게" 한 그는 "누구일까"라는 화두를 들고 소를 찾아 나서는 단계이다. 이마에 좌우 무인을 찍어 놓은 이는 다름 아닌 자기 자신임을 암시해 주고 있다. 이는 소를 찾아 나서는 분명한 이유이다. 하지만 내가 내 이마에 죄인이라는 손도장을 찍어 놓고서 내가 나를 수배하는데도 내가 내 행방을 찾을 길 없으니 그저 막막할 따름이다. 이어 "천만금 현상"으로도 찾지 못하는 이유를 언급하고 있다. 관세음보살의 묘지력을 시험하기 위해 자성을 "화살"에 비유하고 있다.

자기를 찾는 화살은 관세음보살의 천안통(천 개의 눈)으로도 볼 수 없고, "팔이 무릎까지 닿아도 잡지 못"한다고 언급함으로써 부처의 신통력으로도 "화살"을 잡지 못한다고 한다. "도살장의 쇠도끼"는 하루같이 살생하지 않고서는 살아갈 수 없는 것을 상징하고 있다. 하물며 그 "쇠도끼 먹고" 그 "화살로 간 도둑"이라니 그 마음 하나가 어떤 모습인지 도무지 알 길 없다. 무산은 여기서 소를 찾아 발길을 옮길 것인지 아니면 그 자리에 서서 찾아 나설 것인지에 대해서 전혀 알 수 없음을 표현하고 있다.[168] 천 개의 눈으로도 볼 수 없고 아무리 긴 팔을 가졌다고 해도 잡을 수 없는 화살, 그것은 곧 자성을 찾는 일이 어려울 수밖에 없음을 의미한다.

(2) 견적(見跡: 소의 발자국을 보다)

'심우'에 이어서, '견적'에서는 수행자가 이제 소의 발자국을 발견한 것을 그리고 있다. 선수행이 점차 진전을 보이면서 어렴풋하게나마 진실이 눈에 들어오는 단계이다.

소를 찾는 동자가 왼손에 정진력을 상징하는 고삐를 들고 있으며, 오른손으로는 좌측 숲길 사이로 보이는 소의 발자국을 가리키고 있다.

---

[168] 석성환, 「무산 조오현 시조시 연구」, 『빈 거울을 절간과 세간 사이에 놓기』, 시와세계, 2013, p.355.

그 뒤로는 수풀이 있고 계곡 뒤로 멀리 원산遠山이 펼쳐져 있다.

물가의 숲속에 발자국 유난히 많은데	水邊林下跡偏多
그대는 보았는가, 무성한 방초의 숲을.	芳草離披見也麼
비록 깊은 산 더욱 깊은 곳일지라도	縱是深山更深處
하늘 향한 콧구멍 어찌 그를 숨기랴.	遼天鼻孔怎藏他

– 곽암 「견적」

'소'의 본질은 아니지만 '소'의 흔적을 발견한 것은 한줄기 희망이다. '소'의 발자국이 그렇게도 많은데 '소'를 보지 못함은 무성한 번뇌의 잡초에 가려져 있기 때문이다. 발자국의 흔적은 '소'가 있는 곳으로 안내하는 동시에 번뇌 망상의 흔적도 함께 보여준다. 망상의 깊이는 발자국이 많을수록 더 깊어지는 형상이다. 그러나 '하늘을 향한 콧구멍'이 있어 '소'를 찾을 수 있다는 믿음을 가진다. 콧구멍은 대지와 나를 연결시켜 주는 소통의 통로이다. 그 콧구멍이 무한한 하늘로 연결되어 있음을 알고 곽암은 '소'의 존재에 대해 확신을 가진다. 첫 번째의 '심우'에서는 마음의 욕망을 가리켜 곧 우거진 숲이라 했다. 그런데 '견적'에서는 풀밭(마음의 욕망)에서도 소의 발자국을 찾아볼 수 있다고 한다.

여우 살쾡이 득실대는 산 무수히 지났는데	狐狸滿山凡幾多
머리 돌려 다시 묻기를 '이 뭐꼬?'	回頭又問是甚麼
홀연 풀 헤치고 보니 꽃 밟은 자취	忽看披草踏花跡

군이 다른 길에서 다시 찾을 필요 있으랴.　別徑何須更覓他
　- 만해「견적」

곽암이 애초부터 발자국을 발견한 것에서 게송을 지속해 간 것과는 달리, 만해는 이를 뒤로 미룬 채 게송의 전반부를 소를 찾아 나선 수행자의 애타는 심정으로 그려내고 있다. 그래서 여우와 살쾡이 등의 동물이 득실대는 산이 풀어야 할 과제로 떠오른다. 여우와 살쾡이가 득실대는 산은 의혹으로 가득 찬 마음을 비유한 것이다. 이에 대한 수행자의 대응은 고개를 돌려 "이 뭣고"라고 묻는 것이다. 그 의혹이라는 이름의 풀(披草)은 선어록에 많이 나오는 '발초첨풍撥草瞻風'의 발초와 같은 말이다. 따라서 의혹이라는 이름의 풀숲을 헤치고 선 특유의 가풍에 접합이 첨풍이었다면, 이 게송에서는 견적이었던 것이라 할 수 있다.[169] 또한 이 자취가 "꽃 밟은 자취"인 까닭은 불성, 자성, 본래면목 등의 이름으로 불리는 '소'였기 때문이다. 풀밭에서도 소 발자국을 찾아볼 수 있다는 것은 사실 소는 한 번도 잃어버린 적이 없고, 늘 우리 곁에 있었음을 말한다. 왜냐하면 소란 바로 우리 자신이기 때문이다.

(3) 견우(見牛: 소를 보다)

'마음 소'를 찾아 나선 후, 험하고 깊은 골짜기를 넘어 발견한 '소'이기에 추운 겨울을 이기고 봄을 만난 듯 기쁨에 차 있다.

---

[169] 이원섭, "만해 스님의 심우도송", 〈불교신문〉 2249호(2006년 7월 29일자).

노란 꾀꼬리 가지 위에서 지저귀고 　　　黃鶯枝上一聲聲
따뜻한 봄바람에 강 언덕 버들잎 푸르네. 　日暖風和岸柳靑
다만 다시 피할 수 없는 곳에 　　　　　只此更無回避處
늠름한 쇠뿔은 그리기 어려워라. 　　　森森頭角畵難成
　- 곽암 「견우」

만물이 소생하는 봄날 꾀꼬리 소리와 강가 언덕 푸른 버들잎이 하늘거리는 정경에 어울려 있는 '소'는 그리기 어려울 정도로 두각頭角이 삼삼하다. 사실, 화창한 봄날 아름다운 경치에 두두물물이 불성 아닌 것이 없다. 곽암은 자연 속에 어우러진 풍경으로서의 '소'를 바라보고 있는 것이다. 주체로서의 '소'가 아니고 대상으로서의 '소'를 보고 있는 것이다. 물아일체로서 자연과 소가 하나의 풍경 속에 있고, 자아이며 타자인 '소'를 보았지만 아직도 외부에서 '진아'를 찾고 있다.

지금 하필 그 소리를 다시 들어야 하나 　　至今何必更聞聲
푸른 풀밭 딛고 선 희고 흰 모습. 　　　揖白白兮踏靑靑
한 걸음도 떼지 않고 그를 보노라니 　　 不離一步立看彼
털과 뿔 원래 여기에 이르러 이루는 것 아니네. 毛角元非到此成
　- 만해 「견우」

발자국을 발견하고 추적한 끝에 드디어 마음의 본체인 소를 찾아낸 단계를 묘사하고 있다. 그런데 첫 구 "지금 하필 그 소리를 다시 들어야 하나"는 곽암이 게송에서 "노란 꾀꼬리 가지 위에서 지저귀고"라고 한 그 소리에 대응하여 이를 부정한 말이다. 선가에서는 '문성오도^{聞聲悟道}'라 하여 소리를 듣고 도를 깨친다고 한다. 그런데 지금은 그럴 필요가 없다고 한다. "푸른 풀밭 딛고 선 희고 흰 모습"이 이를 방증한다. 그토록 애타게 찾던 소가 이제 눈앞에 서 있으니 꾀꼬리 지저귀는 소리 따위에 기울일 필요가 없다. 그것은 한 걸음도 떼지 않고 발견한 소였고, 그 소의 털과 뿔은 원래 이런 것이 아니라는 것이다. 소의 정체가 본디 자성이라 할 때, 이는 곧 나의 진면목임을 의미하기 때문이다.

(4) 득우(得牛: 소를 얻다)

'견적'과 '견우'가 수행의 초발심 과정이었다면 '득우'와 '목우'는 본격적인 수행의 실체 핵심과정으로 들어가는 과정이다. '득우'는 수행자가 소(本性)를 잡았지만 아직 길들여지지 않아 소에 채찍질하는 모습이나 고삐를 잡고 소를 다루는 모습으로 그려진다.

온 정신 다 쏟아 그 소를 붙잡았지만	竭盡精神獲得渠
거센 마음 거친 행동 조복받기 어렵네.	心强力壯卒難除
어떤 땐 고원을 뛰어오르는 듯싶더니	有時纔到高原上
또다시 구름 속 깊은 곳으로 숨고 말았네.	又入烟雲深處居

– 곽암「득우」

'이 뭐꼬?'의 화두를 놓지 않고 날카롭게 파고 들어가는 강한 의지와 '알아차림' 그리고 '방하착'을 적시적소에 활용하는 지혜를 발휘해야 하는 힘든 수행 과정이 그려지고 있다. '소'를 발견한 기쁨은 즐길 새도 없이 반가움에 달려가 '소'를 잡으려 했지만 소는 거칠게 도망치려 몸부림을 친다. 애타게 찾고 있던 '마음 소'를 잡았지만 번뇌 망상과 분별 속에서 고착된 이기적 성품과 생존과 관련된 원초적 야성의 힘은 감당하기 힘들 정도로 강력하다. 의식 속에 각인된 업습業習의 역공인 것이다.

그래서 화송和頌에서는 "튼튼한 밧줄을 잡고 놓치지 말게(牢把繩頭莫放渠). 아직도 수많은 나쁜 버릇이 없어지질 않았네(幾多毛病未曾除)"라 하였고, 서序에서도 "완고한 마음이 아직도 드세고 야성이 그냥 그대로 남아 있네(頑心尙勇 野性猶存). 온순하고 부드럽게 하고자 하거든 반드시 채찍질을 가해야지(欲得純化 必加鞭楚)"라고 한 것이다. 곽암은 '소'를 잡았으나 제압할 준비할 새도 없이 구름 속으로 더 깊이 숨어들었다고 말하고 있다. 즉 이제 본성을 찾았지만, 아직 번뇌가 완전히 없어지지 않았으므로 더욱 열심히 수련해야 한다는 것을 비유한 것이다.

이미 보고도 그를 얻지 못할까 다시 의심하니	已見更疑不得渠
흔들리는 나쁜 마음 없애기 어려워라.	擾擾毛心亦難除
그 고삐 내가 쥐고 있음 단박 깨치니	頓覺其轡已在手
원래 떨어져 있던 것 아님과 크게 같도다!	大似元來不離居

- 만해 「득우」

만해는 이미 보고도 그를 얻지 못할까 다시 의심하니 소의 야성은 참으로 제어하기 어렵다고 말한다. '득우'에서는 마음의 공함을 보는 깨달음과 망상이 공존한다고 했다. 소에게 야성이 남아 있는 한 당연한 결과이다. 그 대신 한결 커진 의혹 혹은 야성이 터져 나오고, 거기에 새로운 경지가 열린다. 그 고삐를 본디 내가 쥐고 있음을 단박에 깨친다는 것은 날뛰는 저 소가 내 마음이었듯이 이를 제어할 고삐 또한 내 마음 말고 어디에서 찾을 것인가를 알게 된 것을 의미한다. 소는 나의 외부 어디인가에 있는 것이 아니라 나 자신의 마음속 깊은 곳에 있는 불성이었다.

(5) 목우(牧牛: 소를 길들이다)

목우는 삼독의 때를 지우는 보임保任의 단계로 '심우도'의 핵심이라고 할 수 있다. 그 까닭은 한번 유순하게 길들이기 전에 달아나 버리면 그 소를 다시 찾는다는 것은 더욱 어렵기 때문이다. 곽암의 '목우'는 여전히 '소'를 살피느라 고삐와 채찍을 그의 손과 눈에서 떼지 않고 있다. 깨달음 뒤에 오는 방심을 더욱 조심해야 함을 비유하고 있다.

> 채찍과 고삐 잠시도 몸에서 떼지 않는 것은　　鞭牽時時不離身
> 그가 흙먼지 속으로 들어갈까 두려운 것이라.　恐伊縱步入埃塵
> 서로 잘 길러내어 온순해지면　　　　　　　　相將牧得純和也
> 묶어 놓지 않아도 스스로 사람을 따르리.　　　羈鎖無拘自逐人
> - 곽암 「목우」

채찍은 각성의 상징이고 고삐는 내면의 수행정진을 의미한다. 소를 길들이고 그것을 타고 가되 걸림이 없게 되는 이것은 정신적 편력에 있어 가장 중요한 일이다. '참나'의 깨우침은 얻기보다 지키기다 어렵다는 수행의 진수를 알고 있기에 여전히 조심스레 채찍과 고삐를 놓지 않는다. 아직 목동과 소의 관계가 하나되지 못했기 때문이다. 하지만 '득우'에서처럼 고삐와 채찍에 목동과 소의 긴장감이 증폭되어 있지는 않다. '온순해지면 묶어 놓지 않아도 사람을 따를 것'을 알고 있기 때문이다. '소가 목동을 얌전히 따라간다는 것은 귀가를 예고하는 것이다. '목우'의 도관을 보면 '소'의 색깔도 흑우에서 반백의 백우로 바뀌면서 깨달음의 과정을 시각화하고 있다.[170] 목동은 '소'를 길들이기 위해 마음을 다스리고 '참나'를 지속적으로 유지하기 위해서 꾸준히 정진과 수행을 다짐한다.

> 먹이고 길들이며 두 가지로 공을 들임은 　飼養馴致兩加身
> 행여 저 야성 되살아나 날뛸세라. 　　　　恐彼野性逸入塵
> 한시라도 고삐와 멍에에 기대려 말고 　　片時不待羈與絆
> 이제는 만사가 사람의 몫인 것을 알라. 　事於今必須人
> - 만해 「목우」

'소'를 길들임은 번뇌 망상의 씨앗을 제거하는 일이다. 이 수행이 다하였을 때 '소'를 구속하려는 애씀이 없이 스스로 하얀 소와 하나되어 주체와 대상 사이에 간격이 없어지고 긴장감이 흐르던 간격의 공간에

---

[170] 흑우와 백우는 깨달음의 여정을 보여주는 것으로 깜깜한 무명에서 밝은 깨침으로 변용되는 과정이다. 흑우는 서서히 흰색으로 바뀌게 된다. 흑우는 중생을 상징하고 백우는 본래면목인 진여본성을 상징한다.

친밀감이 들어선다. 스스로를 '목우자'라고 지칭한 보조 지눌은 깨달음을 얻은 후 모름지기 조찰(照察: 지혜로 비추어 자신을 살펴봄)과 목우행을 강조하고, 그럴 경우 고삐를 풀어줘도 주인을 잘 따를 것임을 강조하였다. 만해는 고삐와 채찍으로 쉴 사이 없이 거친 소를 기르고 길들여서 자연스럽게 놓아두면 저절로 가야 할 길을 갈 수 있음을 읊고 있다. 이것은 삼독의 때를 여읜 보임保任의 단계이며, 이 보임의 단계에서 마음을 잘 단속해야지, 그렇지 않으면 애써 길들인 소(본성)를 놓칠 수 있음을 묘사하고 있다.

3. 회향의 미학 「십우도」

(1) 기우귀가(騎牛歸家: 소를 타고 집으로 돌아오다)

'기우귀가'에서는 소와 사람이 하나가 되어 본가(本家: 곧 본래의 성품)로 돌아가는 모습으로 그려진다. 목동이 소를 타고 한가로이 피리를 불며 본래의 집으로 돌아오고, 더 이상 소를 놓칠까 걱정하지 않는다.

> 소를 타고 한가로이 집으로 향하니　　　　騎牛已邐欲還家
> 목동의 피리 소리마다 저녁노을 보내네.　　羌笛聲聲送晚霞
> 한 박자 한 가락 그 무한한 뜻을　　　　　一拍一歌無限意
> 소리를 아는 이여 굳이 무슨 말이 필요하랴.　知音何必鼓脣牙
> - 곽암 「기우귀가」

'소'는 고향에 돌아오고 목동은 집으로 돌아온 것이다. '마음 소'라고 하는 자기 자신은 더 이상 걸림돌이 되지 않으며 집과 고향이라는 생명의 자연스러운 본연으로 돌아온 것이다. 소와 소를 기르는 사람은 주객이 일치되어 서로를 비추는 가운데 둘이 아닌 하나로 통합되고 깨달음과 현실도 일치되는 경지에 이른다. 말이 필요 없고 한가롭고 평안한 가운데 생명의 소리 음악이 한 박자 한 가락, 저절로 흐른다.

채찍 그림자도 안 거치고 귀갓길 맡겨두니	不費鞭影任歸家
산천을 연기와 노을이 막아도 아무 탈 없네.	溪山何妨隔烟霞
날 저물도록 긴 길에 풀 다 뜯어먹으니	斜日吃盡長程艸
봄바람 불지 않아도 그 향기 입으로 들어오네.	春風未見香入牙

- 만해 「기우귀가」

기를 것도 없고 길러질 것도 없으니 채찍 또한 필요 없다. 주관과 객관, 사람과 소가 함께 삼매에 들면 시비의 득실에서 해방된다. 무심의 사람이 무심의 소를 타고 본래의 깨달음이란 집으로 돌아간다(本覺無相).[171] 여법如法의 길이기에 안개나 노을이 길을 가려도 상관하지 않는다. 집에 돌아온 소가 한가로이 풀을 먹는 풍경은 분주함이 없는 평화로운 상태이며 형체도 없는 봄바람의 향기조차 입에 씹힐 정도의 여유와 신명을 보여준다.

---

171 김덕근, 위의 책, p.234.

(2) 망우존인(忘牛存人: 소를 잊고 사람만 있다)

'망우존인'은 소는 잊었으되 사람은 남아 있다는 단계이다. 소로부터 해방되었으나 그 '소 없음'을 바라보고 있는 자신으로부터는 아직 벗어나지 못하고 있다. 아직 길 위에 머물러 있는 것이다.

소를 타고 이미 고향집에 돌아오니	騎牛已得到家山
소는 이미 없고 사람 또한 한가롭네.	牛也空兮人也閒
해 오른 지 석 자인데 아직 꿈에 있고	紅日三竿猶作夢
채찍과 밧줄, 쓸데없어 던져두니 초당은 한가하네.	鞭繩空頓草堂閒

- 곽암 「망우존인」

'소'는 없고 사람만 있다. 애초에 없었던 '소'였기 때문에 찾으려 했던 것도 환상이고 착각이었음을 안다. 망상과 번뇌 마음의 상징이었던 '마음 소'의 임무는 완성되었다. '소'를 길들이던 채찍과 밧줄이 하릴없이 초당에 걸려 있다. '소'는 더 이상 보이지 않는다. 적정에 잠겨 열반락을 누릴 수 있는 경지에 있지만 목동은 존재의 우물 끝에서 한 단계 더 나아가려 한다.[172]

마음껏 물 건너고 산을 넘어야 하지만	自任逸蹄水復山
푸른 물 푸른 산은 종일토록 한가롭고	綠水靑山白日閒
도림의 들판 휘돌던 일 잊고 난 뒤에도	雖然已忘桃林野

---

[172] 김덕근, 위의 책, p.226.

꿈은 초당의 작은 창가를 맴돌곤 하네.　　片夢猶在小窓間

- 만해 「망우존인」

　소는 잊었으되 사람은 남아 있다는 것은 무언가 장애물이 남아 있다는 게 분명하다. 그렇다면 어떻게 물을 건너며 산을 넘는 과정에서 벗어날 수 있을 것인가. 이상이 아직도 기우귀가의 단계라면, 둘째 구 "푸른 물 푸른 산은 종일토록 한가롭"다는 망우존인의 전경이다. 그것은 건너고 넘어야 할 물과 산인 것과는 달리, 그대로 눈앞에 나타난 녹수청산이었다.[173] 도림桃林은 섬서성 화산華山의 동쪽에 있다는 지명이다.

　『사기』에 주나라 무왕은 은나라를 쳐서 멸망시키고 나자 징발했던 말들을 화산의 남쪽에서 놓아주고, 소를 도림의 언덕에서 놓아주었다는 기록이 있다. 만해는 애써 찾고 붙들고 길들이고 했던 소마저 망각한 경지임을 비유함에 있어 이를 적절히 활용하고 있다.

(3) 인우구망(人牛俱忘: 소와 사람 모두 잊다)

소를 얻은 사람도 없으니 얻은 소도 없는 것이 '인우구망'의 핵심이다. 결국 소를 잡으려던 노력도, 소를 찾으려던 집착도 모든 것이 아무 것도 아닌 것이 되고 만다. 이것은 궁극적인 깨달음의 순간이다. 그래서 '망우존인'에서 남아 있던 사람의 모습도 없이 모두 다 텅 비어 있다. 모든 망상이 사라지고 고요함만이 남아 있는 경지이다. 본래무일물이

---

[173] 이원섭, 위의 글.

니 자성본원의 모습 또한 텅 빈 원상圓相이라는 것이다.

  채찍과 고삐 사람과 소 모두 속이 다 비어   鞭牽人牛盡屬空
  푸른 하늘 멀고 넓어 진실로 통하기 어렵네.   碧天遼闊信難通
  붉은 화롯불 속에 어찌 눈을 용납하랴.   紅爐焰上爭容雪
  이곳에 이르면 능히 조종에 계합되네.   到此方能合祖宗
  - 곽암 「인우구망」

소도 없고 소를 찾는 이도 없다. 채찍, 소, 사람 모두가 사라져 버리고 텅 비었을 뿐이다. 지금까지는 모든 주체와 대상들이 나와 대상, 자연과 분리되어 있었다면 지금 여기에서는 하나의 원으로 설정되어 있어 일체의 것들이 해체된 상태이다. 즉 인식은 궁극적 실체에 닿아 있으며 해체되어 비어 있으면서도 꽉 차 있는 진공묘유의 상태로 놓여 있다. 공은 우리로 하여금 대상화의 자유, 즉 '참나'에 대한 대상화로부터의 자유를 의미한다. 공의 관점에서는 '가득 차다'와 '없다'의 의미는 반대의 개념이 아니라 원래 그대로의 본질을 의미하는 것이다. 붉은 화로와 눈의 관계가 바로 '인우구망'의 상태로서 눈이 불에 녹아 하나가 되는 경지이다. '색즉시공'이요 '공즉시색'의 경지에 이른 것이다. 길들인 소에 대한 집착을 벗어나 진정한 본체를 인식하는 곽암의 공에 대한 인식은 만해의 경우와 이렇게 표현되고 있다.

  색만 공한 게 아니라 공 또한 공이거늘   非徒色空空亦空
  막힌 곳 없었으니 뚫린 곳도 없으리.   已無塞處又無通

가는 먼지도 세우지 않아 하늘에 기댄 칼이니 　纖塵不立依天劍
천추에 조종 있었음을 그 어찌 용납하랴. 　　　肯許千秋有祖宗
　- 만해 「인우구망」

만해의 경우, '인우구망'에서 공의 원리가 적용되어 취모검으로 수행에 나타나는 득(得: 뚫림)과 실(失: 막힘)을 전부 베어버리고 이 칼날을 성역으로 옮겨 불조에 까지 미치는 상황이 되고 있다.[174] 정情을 잊고 세상의 물物을 버려 공空에 이르렀다는 것을 비유한 것은 곽암의 사유와 동일 선상에 있다. 여기에는 색을 비롯한 오온만이 공한 것이 아니라 공도 또한 공하다는 것을 자신의 반야지의 불길로 용해시킨 예리한 칼날이 숨어 있다. 그 예리한 명검이 칼날 위에 털을 올려놓고 입으로 훅! 하고 불기만 해도 잘려지고 만다는 취모검吹毛劒이 되는 까닭이 여기에 있다. 선가에서 취모검은 끊임없이 갈고닦아 번뇌망상과 탐진치 삼독을 단번에 베어버리는 지혜의 칼을 의미한다. 그래서 선승들이 구족해야 할 지혜 작용을 '검'으로 비유하고 있다. 이 검은 '지금 여기' 자신의 일을 지혜로 활발하게 작용하는 방편수단의 칼이다.

　곽암의 '심우도'는 이 경지를 '일원상'으로 표상하고 있다. 일원성이 나의 본성이며 모든 것과 하나였다. 이것의 이름이 공이었으며 한계가 없는 존재의 근원이었다. 본래 공이니 막힌 곳이 없고 통할 곳도 없다. 막힘과 통함의 분별 이전의 공이다. 따라서 "천추에 조종이

---

[174] 이원섭, 위의 글.

있"을 리도 없다. 그리하여 소도 없고 나도 없고 없음도 없다. 없음에 대한 강박도 집착도 없는 경지, 있는 것이라곤 둥글고 둥근 하나의 원이다. 그 자체가 본래무일물本來無一物이고 원만하고 구족된 구경의 깨달음을 함축한다.

한편 자아 찾기에 나선 무산 오현은 힘든 고행 끝에 청정한 본래 자리로 돌아온다. 그것은 득도의 만족감에서 오는 법열을 나타낸 「인우구망人牛俱忘 - 무산 심우도 8」에서 파안대소로 시작되는 부분에서 선명히 드러난다.

히히히 호호호호 으히히히 으허허허
하하하 으하하하 으이이이 이 호호호
껄껄껄 으아으아이 우후후후 후이이

약 없는 바른 버짐이 온몸에 번진 거다.
손으로 집는 육갑六甲 명씨 박힌[175] 전생의 눈이다.
한 생각 한 방망이로 부셔버린 삼천대계三千大界여.
- 「인우구망 - 무산 심우도 8」

무산은 "한 생각 한 방망이로 부셔버린 삼천대계'의 득도 순간을 위와 같이 표현하고 있다. 무엇보다 깨달은 자의 환희에 찬 통쾌한

---

[175] 관용구로 쓰이는 '명씨박이다'를 말한다. 원래 '명씨'는 목화씨(면화씨)의 속음으로, 여기서는 눈병으로 말미암아 눈동자에 하얀 점이 생겨 시력을 잃게 되는 것을 말한다.

웃음이 눈길을 끈다. 「심우尋牛 - 무산 심우도 1」에서 보았던 찾을 수 없는 천하의 도둑을 찾았기 때문이다. 이 점은 온몸에 마른버짐이 번지고 명씨 박힌 전생의 눈으로 눈덩이같이 불어나던 한 생각을 한 방망이로 깨뜨리고 "삼천대천세계"를 밀어젖힌 부분에서 확인된다.[176] 즉 한 생각 한 방망이로 "삼천대계"가 사라지니 소도 사람도 없는 경지에 이른 것이다. 결국 소로 표상되는 객관과 사람으로 표상되는 주관의 분리 이전의 텅 빈 원상만이 남게 되는 것이다.

(4) 반본환원(返本還源: 본래 자리로 돌아오다)

'반본환원'은 말 그대로 근원으로 돌아간다는 의미이다. 그런데 이 근원 자리는 어디에 따로 있는 자리가 아니라 본래부터 떠난 적이 없는 자리이고, 한 번도 잃어본 적이 없는 자리이다. '소'를 찾아 동분서주하고 길들여 집으로 돌아와 결국 '소'도 없고 '나'도 없는 경지로 돌아와 보니 텅 빈 상태도 아닌 자연의 아름다운 풍경이 펼쳐지고 있다. 진정 근원으로 돌아와 보니, 있는 그대로의 모습이다.

근본 자리로 돌아오고자 무던히도 애썼구나.	返本還源已費功
어찌 바로 장님과 귀머거리와 같겠는가?	爭如直下若盲聾
암자 안에서 암자 앞의 물건을 볼 수 없으니	庵中不見庵前物
물은 스스로 흐르고 꽃은 스스로 붉게 피네.	水自范范花自紅

- 곽암 「반본환원」

---

[176] 최동호, 「심우도와 한국현대시-경허, 만해, 오현의 심우도를 중심으로」, 『빈 거울을 절간과 세간 사이에 놓기』, 시와세계, 2013, p.937.

본래 떠난 적도 없고 잃은 적도 없는 자리이지만, 이것을 모르는 입장에서는 이 근원 자리를 찾기 위해 무던히도 애쓰고 그것을 향해 달려온 것이다. '나'를 내세우며 '자기 식'의 노력을 기울여 왔기에, 참나를 보지도 못하고 참나의 소리를 듣지도 못했던 것이다. 이것은 마치 암자 속에 앉아서 오직 '자기 식'으로만 암자 밖의 사물을 인지하는 것과 같기에, 귀와 눈이 있어도 귀머거리와 장님과 다를 바가 없는 것이다. 항상 냇물은 저절로 망망히 흐르고 붉은 꽃은 붉은 꽃을 피우고 있다. 모든 것이 자연스러워 본래면목 그대로의 흐름이다. 저절로 피는 붉은 꽃은 자연의 섭리이자 오도의 완성이고 시작인 진여의 세계이다.

반면, 만해의 '반본환원'에서는 성자에게 따라붙는 신통을 파괴하고 장님, 귀머거리 그것보다 낫다고 하면서 본래의 자기로 돌아간 경지란 우리가 늘 목격하는 일상사가 그것이라 표현하고 있다.

삼명육통은 원래 힘쓸 것이 아니거늘　　三明六通元非功
어찌 눈멀고 다시 귀 먼 것처럼 하랴.　　何似若盲復如聾
돌아보니 털과 뿔이 나지 않았는데　　回首毛角未生外
여전히 봄은 와서 백화가 만발하구나.　　春來依舊百花紅
- 만해 「반본환원」

본심은 본래 청정하여 아무 번뇌가 없어 산은 산대로 물은 물대로 있는 그대로를 볼 수 있는 참된 지혜를 얻었음을 비유한 것이다. 따라서 신통이 수행을 통한 인위적인 노력과는 차원이 다른, 깨달음에

만 직결되어 있음을 인정하고는 있는 것이다.[177] 선사들이 문제삼는 암자나 고향은 그분들이 되돌아간 제 마음의 본 자리이다. 그렇다면 거기에는 어떤 보고 듣는 따위 기능은 남아 있지 않다. 그래서 그것은 견문각지見聞覺知를 떠난 경지였다. 그래서 지금까지 객관으로 여겨온 그것이 바로 마음의 본 자리 자체임이 된다는 것이다. 만해의 "모각미생 외毛角未生外"의 경지에는 '외'라는 것도 있을 리 없기 때문에 지금까지 마음의 본 자리에서 먼 것으로만 여긴 외부 세계는 바로 마음의 본 자리임이 된다는 것이다. 이리하여 "산은 산이요 물은 물이라" 함이 곧 본래면목의 풍경이 되며, "복사꽃은 붉고 버들은 푸르다"는 본지의 풍광이 되기에 이르는 것이다.[178]

평범한 일상이 바로 '도'인 그런 경지로 돌아왔고 '도'가 일상의 평범인 것을 아는 '창조적 자기'로 거듭난 상태라고 할 수 있다. '나'를 내세워 지식을 자랑하지도 않고 무엇을 취하려 안간힘을 쓰지도 않는다. 무위자연의 도의 경지와 다름없다.[179] 나는 텅 비어 있어 무엇이든 담을 수 있는 그릇이 된 것이다. '텅 빈 충만'으로 "자기실현"을 이룬 존재는 저잣거리에 나가서 누구와도 무엇과도 하나가 될 수 있는 불이不二와 중도中道를 실천할 준비가 되어 있는 것이다.

(5) 입전수수(入廛垂手: 시중에 들어가 중생을 제도하다)

저잣거리에 나가 손을 내미는 행위는 동체대비의 자비 실현이다.

---

[177] 이원섭, 위의 글.
[178] 이원섭, 위의 글.
[179] 이부영, 위의 책, 2012, p.297.

'상구보리 하화중생'의 보살도를 실현하는 장은 깨우침과 구도의 행위가 변별되는 것이 아니라 승속불이의 구도의 장인 것이다. '입전수수'는 중생제도를 위해 자루를 들고 자비의 손을 내밀며 중생이 있는 곳으로 향하는 모습을 그렸다. 즉 이타행利他行의 경지에 들어 중생제도에 나선 것을 비유한 것이다.

> 가슴을 풀어헤치고 맨발로 시중에 들어와서　　露胸跣足入廛來
> 흙먼지 묻은 얼굴 웃음이 가득하네.　　　　　　抹土塗灰笑滿腮
> 신선의 진짜 비결 쓰지 않고도　　　　　　　　不用神仙眞秘訣
> 그냥 저절로 고목에 꽃을 피우네.　　　　　　　眞敎枯木放花開
> － 곽암 「입전수수」

있는 그대로의 세계에서 그대로의 자기로서 살아가는 경지이다. 지금까지 모든 수행의 최종 목표를 드러내 주는 자리이다. '전廛'이란 많은 사람들이 오가는 '저잣거리'를 뜻한다. '수수垂手'는 자연스럽게 손을 내미는 자세를 의미한다. 인간人間이란 한자어를 보면 '사람 사이'라는 의미를 가지고 있는 것을 볼 수 있다. '참나'는 연기적 '사이성' 속에서 '너'와 '나'가 함께 공존하며 '나'는 '나 아닌 나'의 고유한 내면으로 되어 있다. 여기에서 '사이'는 '참나'의 내적 활동 근거가 된다. '참나'는 열반에 갇혀 있지 않고 절대무를 저버리지도 않으며 많은 이들이 오가는 저잣거리에 있게 된다. 저잣거리에 나가 손을 내미는 행위는 동체대비의 자비 실현이다. '참나'는 예토와 정토의 장을 자유롭게 드나들며 중생들과 동고동락하는 자유로운 상태로 있게 된다. 진흙탕에서 피어나는 연꽃이며 신선의 비결을 쓰지 않고도 고목에서 꽃이 피어나는 상태는 불가능을 가능하게 하면서 동시에 부정에서 긍정으로의 대전환을 의미하는 것이다.[180]

진흙이나 물속이나 마음대로 드나들며 　　　入泥入水任去來
끝없이 울고 웃는 모습 얼굴에 드러내지 않네. 　哭笑無端不盈腮
앞으로 넓고 넓은 고해 속에 들어가 　　　　他日茫茫苦海裏
다시금 불길 속에 연꽃으로 피게 하리라. 　　更教蓮花火中開
　- 만해 「입전수수」

심우도의 각 단계가 비단 궁극적 경계에만 국한하지 않더라도 일상 속의 모든 일을 완성해 가는 단계와도 상통하고 있다. 따라서 위로는 깨달음이라는 것에서부터 아래로는 이루고자 하는 모든 일을 완성해 가는 과정에 이르기까지, 즉 주변에서 그 중심에 이르는 것에 대한 가르침이 되고 있음을 알 수 있다. '입전수수' 단계에서 주체와 객체는 평면적 차원에서의 관계가 아니라 무한한 무근거성의 깊이에서 열려 있는 관계이다. 그것은 오직 활짝 열린 연기적 '사이성' 속에서 '너'와 '나'가 된다. '입전수수'의 원리는 하나됨이면서 동시에 개별성이 수용되는 다중적 시선으로 개방됨을 의미한다.[181]

만해의 영향을 받은 것으로 평가되는 무산 오현은 2012년, 동안거 해제 법문에서 "삶의 스승이 내 주위에 있다는 것을 알아야 한다.

---

180 김덕근, 위의 책, p.324.
181 김덕근, 위의 책, p.333.

내가 늘상 만나는 사람들이 나의 스승이고 선지식이다. 그들의 삶이 살아있는 팔만대장경이다"[182]라고 산문을 나가 만나는 사람들과 노숙자들의 가슴 아픈 삶 속에서 진리를 찾고, 중생들 속으로 들어가 그들의 고통을 보고, '상구보리 하화중생'의 자비실천을 하라고 설했다. 곽암의 「십우도」에는 포대 화상이 '포대'를 걸치고 있는 모습이 나타나는데, 무산은 "삶도 올가미도 없이 / 코뚜레를 움켜잡고 / 매어둘 형법形法을 찾아 헤맨 걸음 몇 만 보냐"(「득우得牛 - 무산 심우도 4」)를 거쳐서 "한 생각 한 방망이로 부셔버린 삼천대천세계"를 가득 담은 '견대'를 차고 중생이 모여 사는 "생선 비린내" 나는 시장거리에 다시 돌아온다. 이는 곧 보살의 자비실천행이다.

생선 비린내가 좋아 견대 차고 나온 저자
장가들어 본처는 버리고 소실을 얻어 살아볼까.
나막신 그 나막신 하나 남 주고도 부자라네.

일금 삼백 원에 마누라를 팔아먹고
일금 삼백 원에 두 눈까지 빼 팔고
해 돋는 보리밭머리 밥 얻으러 가는 문둥이여, 진 문둥이여.
- 「입전수수入廛垂手 - 무산 심우도 10」[183]

소를 매이둘 형법形法을 찾아 헤매던 화자가 서 있는 곳은 중생의

---

182 무산 오현, "2012년 설악산 신흥사 동안거해제 법문."
183 무산 오현, 『설악시조집』, 2006, p.123.

생생한 삶의 터전인 저잣거리이다. "장가들어 본처는 버리고 소실을 얻어 살아볼까" 하는 은근한 바람을 가지고 있기에 아직도 삶의 미망을 벗어나지 못한 평범한 소시민이지만 "나막신 그 나막신 하나 남 주고도 부자"인 인정미 넘치는 화자이다. 이 역시 모든 집착을 놓아버린 보살행이다. 이어 제 몸 하나 간수하기도 힘든 "진 문둥이"의 극한적인 삶의 현장을 노래한다. "일금 삼백 원"의 적은 돈을 받고 마누라와 두 눈까지 팔아먹을 수밖에 없는 "진 문둥이", 그리고도 밥을 얻으러 가야 하는 참으로 눈물겨운 중생의 참담한 현실, 그 현장으로 들어가라는 것이다. 화광동진和光同塵의 철저한 보살의 삶 속에 진리가 있음을 무산은 일갈하고 있다.

무지에서 오는 중생의 힘겨운 삶을 연민의 눈으로 지켜보고 있는 깨달은 자의 눈이 거기에 있다.[184] 일체의 번뇌와 생사와 속박과 애증과 갈등의 뿌리인 '마누라'와 '두 눈'까지 다 팔아버렸으니 분별이 없고 막힘이 없다. 그물을 찢고 자유를 얻는 금빛 물고기(錦鱗)와 같은 경계, 이쯤 되면 고승대덕/속인, 정상인/병자, 산문/세속, 형법/파탈 등의 경계는 해체되고 만다. 이름 하여 생멸불이生滅不二의 '진 문둥이'이고, 승속일여僧俗一如의 '아득한 성자'이며, 본래면목本來面目 참나의 부처인 것이다. 나막신도, 마누라와 두 눈이 사라진 자리는 비로소 탁발하는 문둥이가 되는 것, 이는 곧 무산의 시적 세계에서 표현한 '입전수수'의 실천적 양상이다. 이처럼 모든 대립적 경계선이 지워진 곳에 무산의 궁극적인 생명존중과 평등성의 시학이 놓이게 된다.

---

[184] 권현수,「설악의 무애가」,『지혜의 언덕 너머 춤추는 기호』, 시와세계, 2019, pp.100~101.

중생들과 함께 일하고 생활하면서 그들을 깨침의 세계로 이끄는 것이 동사同事다. 입전수수는 시장에 들어가 손을 내민다는 뜻이다. 산사에 고요히 앉아서 명상하는 것이 아니라 번뇌 가득한 중생들의 삶 속으로 직접 들어가 그들과 함께하는 것을 최고의 경지로 삼은 것이다. 한국불교의 대성大聖으로 추앙받는 원효는 고요한 산사에 안주한 것이 아니라 시끄러운 시장 속으로 들어가 술집 작부들의 애환을 들어주고 거지들과 함께 생활하면서 그들을 불법의 세계로 인도하였다. 많은 사람들이 원효를 존경하는 이유다. 동사同事는 불교의 지향점이 어디에 있는지를 분명하게 보여주는 실천이다. 이러한 맥락에서 만해는 동사의 자비실천을 분명히 보여주고 있다 할 수 있다. 요컨대, 만해의 '심우송'은 '있음'과 없음, 성聖과 속俗의 영역을 구분하지 않았던 그의 사상적 지향을 담았다는 점에서 의의가 있다.

4. 동체대비의 자비실천

무엇보다도 하나의 문학작품으로 우리의 가슴을 울리는 것은 세간과 출세간의 사이에서 갈등하고 절망하는 시인의 인간적 모습이다. 역시 문학은 인간의 이야기이기 때문이다. 깊은 명상의 철학에 토대를 둔 만해의 존재론적 의미 탐색은 불교적 세계관과 만남으로써 비로소 구도의 시가 탄생된다. 그런데 그의 시학의 무게중심은 지상으로부터의 일방적 몰입이나 초월에 있지 않고, 세속과 탈속의 경계 지우기를 증언하면서 동시에 사실과 허구가 궁극적으로 한통속임을 시적으로 표상하는 데 있다.

저잣거리에 나가 손을 내미는 행위는 동체대비의 자비 실현이다. '상구보리 하화중생'의 보살도를 실현하는 장은 깨우침과 구도의 행위가 변별되는 것이 아니라 승속불이의 구도의 장인 것이다. '입전수수'는 중생제도를 위해 자루를 들고 자비의 손을 내밀며 중생이 있는 곳으로 향하는 모습이니, 이타행利他行의 경지에 들어 중생제도에 나선 것을 비유한 것이다. 산사에 고요히 앉아서 명상하는 것이 아니라 번뇌 가득한 중생들의 삶 속으로 직접 들어가 그들과 함께하는 것을 최고의 경지로 삼은 것이다. 이는 곧 불교의 궁극적인 지향점인 동사同事이다.

이러한 맥락에서 만해는 동사의 자비실천을 분명히 보여주고 있다 할 수 있다. 여기에 차별과 대립을 뛰어넘어 세상을 경이롭게 바라보며 찬탄하고, 때로는 괴로워하며 비판하고 보듬는 우주적인 삶의 확대로 나아가려는 만해의 적극적인 몸짓이 내재되어 있다. 요컨대, 만해의 '심우송'은 '있음'과 없음, 성聖과 속俗의 영역을 구분하지 않았던 그의 사상적 지향을 담았다는 점에서 의의가 있다.

제10장 근대 아시아 불교중흥 기수: 만해와 다르마팔라의 미학적 삶

1. 불교중흥과 자비실천의 서원

불교는 아시아 민중들의 삶의 토양과 문화의 중요한 원천이었고 사회통합의 구심점이었다 할 수 있다. 물론 그러한 불교신앙의 형태는 그 나라의 역사적 배경과 문화적 영향, 그리고 그 나라 사람들의 의식과 사유체계에 따라 다소 다르게 나타난다. 실제로 아시아의 대부분의 국가들(태국 제외)은 19세기 말부터 20세기 중반까지 서구 열강에 의한 식민통치를 경험했고, 불완전한 근대화 과정을 겪었다.

다시 말해, 불교적 전통과 역사를 간직한 아시아 전역에 유럽의 식민주의가 도래하고 서구의 가치관과 문물제도가 무분별하게 유입되어 침투함으로써 아시아의 불교계에는 커다란 변화와 긴장의 분위기가 한결 고조되었다. 개인의 자유와 권리는 제한되고, 사회 지배층은 제국주의와 결탁하여 부와 권력을 누리면서 타락하고 부패한 나라가 대부분이었다.

이러한 시대적 상황은 근대화를 촉구하는 동인으로 작용하였으며, 또한 불교계로 하여금 자기반성과 개혁을 시도할 것을 요구하게 되었다. 따라서 선각자들은 폭력적이고 전근대적인 지배체제에 맞서면서 민족정체성을 찾고 정신문화의 고양을 위해 끊임없는 노력을 기울이게 되었다. 그 대표적인 인물이 우리의 만해 선사(1879~1944)와 스리랑카 출신의 아나가리카 다르마팔라(Anagarika Dharmapala, 1864~1933, 이하 다르마팔라)라 할 수 있다.

비록 두 선각자 간의 만남이 있었거나 직접적인 교류가 있었던 것은 아니지만, 비슷한 시대에 영국의 식민 지배와 일본의 식민치하에서 올곧은 수행자로 불교를 바탕으로 한 국민자각운동을 전개하고 불교중흥을 위해 일생 동안 헌신의 미학적인 삶을 마감한 점에서 중요한 위치에 있다 할 수 있다.

앞서 살펴본 바와 같이, 만해는 『조선불교 유신론』을 통해 민족불교·대승불교 정신을 구현하기 위해 불교가 새롭게 나아갈 길을 제시하였을 뿐만 아니라 팔만대장경을 요약 정리해 대중들이 쉽게 읽도록 한 『불교대전』(1914)과 『정선강의 채근담』(1917), 그리고 『유심』지를 발간하여 국민의 귀와 눈을 열게 하고자 하였다. 그 실천적 전개 과정으로 나타난 것이 3·1 독립운동이었다.

비록 『유심』지가 3호로 종간되었지만 83년의 긴 세월을 건너 2001년 복간되어 새로운 민족역사의 창조에 기여하고 있는 점은 의미가 있다. 나아가 만해는 불교 대중화 및 혁신을 위한 단체인 조선불교회, 불교동맹회 등을 조직해서 불교의 자주적 발전을 모색하고자 하였다. 만해의

제10장 근대 아시아 불교중흥 기수: 만해와 다르마팔라의 미학적 삶

이러한 불교중흥을 위한 노력은 식민지 지배구조에 능동적으로 대응하고 반성과 극복원리를 제시한다는 중요한 의미를 지닌다 할 것이다.

한편 1155년 이슬람교도들의 침입으로 인도의 불교는 탄생지에서 그 자취를 감추었다. 하지만 그 회생을 도모하는 기운은 인도 내부가 아니라 스리랑카에서 일어났다. 그 이전에도 인도 내에서 불교부흥운동의 기미가 전혀 없었던 것은 아니지만, 19세기 말 다르마팔라를 통해서 이 운동이 본격적으로 시작되었다 할 수 있다. 그는 비록 스리랑카에서 태어났지만 불굴의 의지로 스리랑카와 인도, 그리고 전 세계에 불교부흥운동을 역동적으로 전개하였다. 1891년 1월, 그의 부다가야 성지순례는 마하보디협회(The Maha Bodhi Society)[185] 창립에 결정적인 계기가 되었다.

이미 영국시인 에드윈 아놀드(Edwin Arnold, 1832~1904) 경은 『아시아의 빛(Light of Asia)』[186]이라는 시집을 통하여 황폐한 부다가야 사원의

---

[185] 인도 캘커타에 본부를 둔 마하보디협회는 다르마팔라의 유지를 받든 데바푸르야 바리싱하, 판냐 티샤 두 장로에 의해 크게 성장하여 영국과 미국, 일본, 스리랑카에 지부를 두고 있으며, 불적의 관리 보존, 불탑의 보수, 학교와 유치원, 도서관, 성지 순례객을 위한 게스트 하우스, 사회복지시설 운영 등의 다양한 인도불교 중흥사업을 펼치고 있다. 또한 티베트의 달라이라마의 인도 활동에도 많은 도움을 주고 있다.

[186] 에드윈 아놀드의 붓다의 삶과 가르침을 그린 서사시 『아시아의 빛』(Light of Asia, 1879)은 기존 붓다의 전기를 그 자신만의 영어로 재창조하여 인간 고타마 싯다르타를 징신적 영웅으로 묘사하고 있다. 후에 수많은 서양 사람들이 이 책을 통해 불교를 처음 접하게 되었다. 에드윈 아놀드는 영국 정부가 인도의 푸나에 세운 대학의 학장으로 재직했으며, 1873년부터 런던에서 발행되는 「데일리 텔레그래프」의 편집장으로 근무했고, 1888년 기사 작위를 받았다. 간디는

근황을 전하며, 인도 정부에 이 중요한 불교 성지의 복구를 촉구한 적이 있다. 부다가야 사원이 힌두교 관리의 소유 하에 있었다는 사실은 그에게 큰 충격이었다. 이를 계기로 부다가야를 비롯한 인도의 불교 성지들을 회복하고 인도에 불법을 널리 전파하겠다는 서원을 하게 된 그는 스리랑카 콜롬보에서 '마하보디협회'를 설립하여 세계 각지를 돌아다니며 불적부흥의 중요성을 알렸다. 이것은 불교의 발상지에서 불교부흥운동이 실질적으로 시작되는 중대한 사건이었다. 또한 그는 오늘날 최고의 세계적인 불교 저널이 된 「마하보디 저널(The Maha Bodhi Journal)」을 창간하여 인도의 불적과 불교가 소중한 문화유산으로 보존될 수 있었던 중요한 계기를 마련하였다.

인도의 시성 타고르가 「동방의 등불」이라는 시를 통해 "한국이 동방의 밝은 빛이 되리라"고 설파했던 1913년, 다르마팔라는 한국을 다녀가면서 한국불교계에 대한 감명의 표시로 자신이 모시고 다니던 부처님의 진신사리 1과를 기증하였다.[187] 그 후 그는 서신을 통하여 인도불교의 중흥운동에 대하여 조선불교도의 지지와 성원을 간청한 바 있었다.

한국불교계와 이러한 인연을 지닌 다르마팔라와 만해 선사는 비록

이 장편 서사시를 읽고 불교를 처음으로 배우게 되었다고 한다.

187 인도 아쇼카왕이 세운 8만 4천 탑 중에서 나온 이 사리는 태국 황실에서 모셔오다 태국 국왕이 다르마팔라 스님에게 기증한 진신사리로 알려져 있다. 당시 조선불교계는 각황사(현 조계사) 법당에 모셔오다 1930년에 7층 석탑을 조성하여 그곳에 봉안하였다. 그리고 2009년 10월 8일 조계사 창건 100주년 기념사업의 일환으로 8각 10층 석탑을 건립하여 그곳에 봉안하였다.

공간적으로는 멀리 떨어져 있었지만, 그들은 거의 동시대의 불교계 선각자로 서구 열강의 식민지하에서 불굴의 정신으로 민족 독립과 불교중흥을 위해 헌신하였다. 조선왕조의 오랜 숭유억불정책과 일제 강점기를 거치면서 위축되고 왜색화된 한국불교를 개혁하기 위해 앞장섰던 만해였다. 그는 3·1 독립운동의 주역으로 많은 민족지도자들과 지성인들이 일제의 회유에 변절했지만 끝까지 지조를 지키며 불굴의 정신으로 국가와 민족을 위해 그리고 불교중흥의 기수로서의 당당한 면모를 보여주었다.

이상에서 살펴본 바처럼, 아시아 근대불교는 각 나라마다 다양한 모습으로 나타나지만, 그 반면에 불교의 가르침을 바탕으로 한 서구 열강의 침탈에 맞선 민족주의적 대응을 한 점에서 공통점을 지닌다. 여기에는 올곧은 선각자들의 나라사랑에 대한 열정과 헌신을 근간으로 한 불교중흥의 서원과 자비실천적 삶의 미학이 함축되어 있다. 이것이 곧 오늘날의 아시아 불교가 보다 새로운 모습으로 있게 한 중요한 요인이라 할 수 있다.

2. 만해와 다르마팔라의 삶과 사상

1) 만해의 삶과 사상

1879년 8월 29일 충남 홍성에서 한응준의 차남으로 태어난 만해는 6세 때부터 서당에서 한학 공부를 시작해 9세가 되던 해 『서상기』와 『통감』을 독파하고 『서경』에도 능통할 정도의 실력을 쌓았다. 그는 선친에게서 조석으로 위인과 의인들의 행적을 듣고, 또한 국내외

정세에 대한 가르침을 받았다. 이러한 위인들과 의인들의 삶과 결사에 대한 흠모는 그의 구세 충동을 자극하는 요인이 되었다.[188]

만해는 갑오농민혁명과 청일전쟁, 러일전쟁의 격동기에 민중과 함께 고통을 겪으며 암울한 역사의 현실을 절감하였다. 암울한 시대적 상황에서 인생의 문제를 심각하게 고민하던 만해는 "한학의 소양 밖에 없는 내가 무슨 지식으로 큰 뜻을 이룰 수 있나!"[189]라는 탄식에서 알 수 있듯이, 21세 무렵 만주 등 여러 지역을 방황하다 26세 때인 1905년 백담사로 들어가 김연곡 스님에게 득도하고, 영제 스님에게서 봉완이라는 계명을 받았다. 그의 사상 형성에 있어 중요한 전환점이 되는 것은 출가로 인한 불교와의 만남이라 할 수 있다.

유교적 서당교육을 받아 왔던 그로서는 불교에 귀의를 통해 세계관의 혁신과 확장을 도모하게 된 것으로 여겨진다. 특히 연곡 스님의 도움으로 청조 말 서양 근대사상을 소개한 양계초의 『음빙실문집』과 세계역사와 지리를 다룬 『영환지략』 등의 책들을 읽을 수 있었던 것은 그의 사상에 중요한 획을 긋는다. 물론 이 텍스트들은 당시 지식인들의 필독서였으며, 만해 역시 『영환지략』을 읽고 조선 이외의 또 다른 넓은 천지가 있음을 인식하게 되었다[190]고 회고하고 있다. 그리하여 만해는 원산에서 배를 타고 블라디보스토크의 항구에 도착을 하게 된다. 그런데 뜻하지 않게 친일 앞잡이 단체인 일진회 회원으로 오인을 받아 죽을 고비를 넘긴 그는 두만강을 건너 간신히 귀국하였다.

---

188 한용운, 『전집 1』, p.410 참조.
189 위의 책, p.254.
190 위의 책, p.255.

그 후 그는 일본의 각지를 돌아다니며 견문을 넓히고, 빠르게 변화하는 세계정세를 직감하고서 고국으로 돌아오게 되었다.

양계초식 진화론의 골자는 적자생존, 즉 생존경쟁의 공식을 사회적 이슈로 전환하여 국민들을 각성시키고자 하는 것이었는데, 그것을 통해 민지民智를 넓히고 민기民氣를 진작시키려 하였다.[191] 양계초의 사회진화론 수용을 통해 조선불교의 모순에 눈을 뜨게 되었던 만해는 백담사에서 불교개혁 이론의 완성이자 자신의 일생을 통해 지향했던 사상의 정수를 담았다는 평가를 받고 있는『조선불교 유신론』을 출간하게 된다. 그런데 사회진화론이 기대고 있는 적자생존의 논리로는 항구적인 세계평화를 기대할 수 없으며 침략과 대결이라는 피의 악순환만이 있을 뿐이라는 만해의 견해는 당시로는 세계주의를 지향하는 다분히 진보적이라 할 만하다.

한편 만해는 1910년 원종圓宗 종무원 이회광이 일본 조동종과의 밀약으로 한국불교의 정체성을 흐리려 하자, 그 이듬해에 박한영 등과 승려궐기대회를 개최해 이회광을 종문난적으로 규정하면서 원종에 대응되는 임제종을 창립하여 불교의 자주화 운동을 실천하였다. 이 활동을 통해 그전까지는 다소 불분명했던 그의 반제국주의적 사상이 뚜렷해진 것으로 진단된다.

그렇다면 만해가 불교의 개혁을 주도한 내적 논리는 무엇인가? 그것은 대승불교적 전통의 근대적 수용에 그 맥이 닿아 있다 할 수 있다. 만해는 산중으로 밀려난 불교는 본래의 입니입수入泥入水하는

---

[191] 이광린,『개화당연구』, 일조각, 1993, pp.255~287 참조.

중생제도를 몰각하고 사회와 격리된 채 그 명맥을 유지해 왔음을 밝히며 중생과 더불어 함께했던 부처의 본원을 회복해야 함을 역설하였다.[192] 만해가 여기에서 주목하고 있는 점은 중생구제를 위한 보살행과 자비사상의 실천이라 할 수 있다.

이러한 실천성의 근간이 되는 것이 『유마경』과 『화엄경』에서 적극적으로 표방하는 불이사상과 보살도 실천 사상이다. 따라서 만해에게 『유마경』과 『화엄경』은 다양한 사상을 융섭할 수 있는 포괄적 원리로 작용하며 대승적 자세를 견지하는 정신적 지주가 된다. 그가 『유마힐소설경강의』를 집필한 것도 『유마경』의 중심을 이루는 불이사상의 실천이다. 즉 모든 대립과 차별을 넘어서는 깨달음을 통해 묘유의 보살행을 보여주고자 한 것이다. 만해가 이들 경전에 주목한 것은 은둔과 탈속의 경향을 강하게 보이는 조선불교의 혁신을 위한 것이었다.[193] 이처럼 『유마경』과 『화엄경』은 만해사상을 구체화하는 데 있어 중요한 정신적 토대가 되었음을 짐작할 수 있다.

요컨대 만해사상이 형성되는 과정에는 서당교육을 통해 얻은 동양적 소양과 불가에 귀의하여 구도의 과정 속에서 형성되는 불교사상, 그리고 여기에 구한말에 물밀듯이 밀려온 서양사상의 영향이 혼융되어 있다. 여기에 더하여 만해는 불교의 대승적 교리를 내면화하여 중생구제를 위한 보살도의 실천과 자비의 실천에 주목한다. 이처럼 만해는 서구사상에 대한 인식과 함께 대승적 불교사상을 바탕으로 조선의

---

[192] 한용운, 『전집 2』, p.216 참조.
[193] 이선이, 「만해시의 생명사상 연구」, 경희대대학원 박사학위논문, 1999, pp.22~23 참조.

어려운 시대적 상황을 극복하고 항구적인 세계평화를 지향함으로써 새로운 역사의 장을 열고자 하였다.

2) 다르마팔라의 삶과 사상

다르마팔라는 1864년 9월 17일, 스리랑카의 전통적인 불교가문의 아버지 무달리야르 다르마팔라와 어머니 말리카에서 출생하였다. 어린 시절, 그는 매일 예불에 참석하고 어머니와 함께 정기적으로 코타헤나 사원에 다녔고, 저녁에는 『자타카』이야기를 큰 소리로 읽곤 하였다. 9세 때 그는 아버지를 따라 사원에 가서 '브라마차리'(Brahmachari: 출가수행자의 청정한 독신생활) 서약을 하고 무엇을 먹든 그것으로 만족할 것과 잠을 적게 자라는 가르침을 들었다. 이때 받은 깊은 인상으로 그는 훗날 어떤 음식으로도 배고픔을 달랠 수 있고 잠을 두세 시간만 자고도 잘 견딜 수 있었다고 한다. 그리고 그는 명상을 하지 않으면 먹지도 말라고 하였던 철저한 계율을 지키며 수행을 게을리 하지 않았다. 유년 시절의 이러한 종교적 체험은 그의 가치관 형성의 과정에 있어 중요한 역할을 하였던 것으로 판단된다.

한편 다르마팔라는 유년 시절부터 근 15년 동안을 줄곧 기독교 선교학교에서 교육을 받았다. 그 당시 콜롬보는 기독교가 성행하고 있었으며, 민족종교인 불교는 오히려 금기시되고 있었기 때문이다. 하지만 그는 가톨릭 신학교에 입학하여 성서를 공부하면서도 항상 5계를 지켰으며, 매년 '웨삭 데이'(부처님 오신 날)마다 학교에서 도망 나와 봉축행사에 참석하였다. 다른 한편으로, 학교 사감 선생의 술에 취해 흐트러진 모습을 보거나 나뭇가지에 앉은 새가 사감 선생의 총에 맞아 피를 흘리며 떨어지는 것을 볼 때마다 어린 다르마팔라는 "모든 생명을 가진 자, 죽이지 말라"는 부처님의 자비로운 말씀을 생각하게 되었다고 한다.

또한 어느 일요일, 그가 조용히 사성제에 관한 소책자를 읽고 있을 때 사감 선생이 책을 빼앗아 훑어보고는 창밖으로 던져버렸다. 이런 일은 사춘기로 접어든 그의 마음에 깊은 상처를 주어 반항심을 더욱 부채질하는 결과를 낳았다. 어쩌면 역설적으로 어린 시절 기독교 선교학교에서의 교육은 다르마팔라에게 불교도로서 자기 정체성에 대한 반성의 기회가 되었으며, 나아가서는 근대 인도불교 부흥운동을 결심하게 되는 한 요인이 되었다 할 수 있다. 아울러 10대의 민감한 문학소년 시절에 읽은 P. B. 셸리의 「마브 여왕」("Queen Mab")과 「풀려난 프로메테우스」("Prometheus Unbound") 등과 같은 시에서, 그는 끝없는 횡포와 불의, 서정적인 의분, 개인의 자유를 향한 열정을 배웠다고 회상한다. 문학적 세계로부터 그의 불의에 대한 저항과 자유에 대한 열망이 배태되었음을 생각해 볼 수 있는 대목이다.

인도불교 부흥운동의 도화선이 된 것은 근대 스리랑카의 가장 위대한 웅변가이자 토론자인 구나난다 스님의 유명한 '파나두라(Panadura) 논쟁'이다.[194] 구나난다 스님은 영국의 데이비드 실바 목사를 상대한

---

194 기독교인들은 구나난다 스님의 콧대를 꺾고 불교의 위신을 추락시키기 위해 1873년 콜롬보 근교 파나두라에서 대규모 공개 토론회를 개최하였다. 단합된 기독교 각 교파의 세력에 맞서는 단 한 명의 연사였지만 스님의 능변은 너무도 인상적이고 논법은 강력하여 청중들의 마음을 사로잡았다. 결과는 기독교의 참패로 끝났으며, 이는 실론 섬의 기독교 세력에 조종을 울리는 결과를 가져왔다.

논쟁에서 기독교 교리의 모순과 불교에 대한 그들의 비하를 연기법으로 논리정연하게 반박함으로써 참패시켰다. 그 결과 스리랑카에서 불교가 극적으로 회생하게 되었다. 신지학회(Theosophical Society)[195]의 설립자인 미국인 올코트 대령과 러시아의 박애주의자 블라바츠키 여사가 불교부흥을 돕기 위해 스리랑카에 와서 불교로 개종한 것도 바로 파나두라 토론회의 승리 때문이었다.

무엇보다도 다르마팔라는 당시의 고승, 사회운동가, 그리고 박애주의자가 지도하고 있던 '불교부흥운동'에 감명을 받았다. 특히 그는 1884년 올코트 대령과 블라바츠키의 두 번째 스리랑카 방문을 계기로 그들을 만나 인생의 전환점을 맞게 된다. 그는 신지학회의 실론 불교지부의 일원으로 일생을 집을 떠나 불법 수호와 홍포를 위해 노력하는 브라마차리(Brahmachari)가 되어, 블라바츠키의 권고로 신지학과 팔리어를 배워 스리랑카에 불교를 전파하고 불교의 세계화를 위하여 일생을 바치기로 서원한다. 전통불교의 가치관과 서구 기독교 가치관의 첨예한 대립을 몸소 체험한 그가 자신을 돌보지 않고 불교부흥에 매진할 수 있었던 저력은 일체 생명에 대한 자비심과 존중, 금욕적인 삶과 명상수행에서 비롯된 것이라 할 수 있다.

결국 다시는 구교나 신교가 그들의 독단론으로 불교의 지혜와 겨뤄 토론하려 들지 않았다. 수 세기에 걸친 식민 지배에 대항하는 최초의 저항이라고 할 수 있었다.

195 신지학회는 1875년 뉴욕에서 설립된 학회로 과학과 종교, 철학을 통합한 세계관의 제시를 목적으로 하는 사회단체이다. 신지학회는 인도, 미국, 영국에서 불교의 근본 교리를 도입하여 개척자적 활동을 하고 있다.

말년에 다르마팔라는 모든 재산을 정리하고 1931년 출가계를 수지했으며, 캘커타에 '물라간다쿠티 사원'을 개원하였다. 1932년 1월 실론에서 구족계를 받은 그는 "나는 죽어 베나레스의 브라흐만 집안에 환생하여 불타의 법을 전파하고 부다가야 성지를 되찾으리라"라는 메시지를 남기고 1933년 4월 29일 세수 70세로 입적하였다. 요컨대 다르마팔라의 일생은 영국 식민지하에서 지칠 줄 모르는 열정과 헌신으로 민족정신을 일깨우며 인도불교의 부흥과 불교의 세계화를 위한 끝없는 행원의 연속이었다 할 수 있다.

요컨대 비록 만해와 다르마팔라의 사상은 사유체계에서 다른 면모를 보이지만 제국주의에 대한 근본적 비판과 반성에서 출발하고 있다는 점은 부인할 수 없다. 제국주의를 포함한 근대 패러다임 전반에 성찰과 반성을 위한 사상적 실마리를 풍부하게 함유하고 있는 그들의 사상은 생명의 본성을 실현을 억압하는 반생명적 지배구조에 대한 저항과 극복을 지향하고 있다 할 것이다.

3. 만해와 다르마팔라의 불교중흥운동 실천 미학

1) 만해의 불교중흥운동
(1) 불교 유신론과 불교 대중화

만해의 불교관의 핵심은 대중불교이다. 스님만의 불교, 산중의 불교가 아니라 도심지로 나와야 하는 불교, 대중을 위주로 하는 불교가 되어야 한다는 것이다. 따라서 그는 "불교는 대중들이 살고 있는 현장으로 들어가 중생들의 삶을 구원하는 구세주의, 입니입수入泥入水하는 종교"라고 설파한다. 또한 이러한 이론을 바탕으로 선수행을 하고 깨달음을 얻은 후에는 당연히 구세주의로 나서야 함을 강조하고 있다.

불교의 대중화와 만해의 불교활동의 한 축을 이루는 것이 불교의 자주화 운동이다. 앞서 살펴본 것처럼, 불교 자주화 운동의 발단은 만해가 백담사에서 머무는 동안 불교 관련 서적뿐만 아니라 양계초의 『음빙실문집』 등을 접하면서 근대사상을 수용함으로써 이루어진다. 그 대표적인 산물이 당시 불교계에 폭탄선언과 같은 큰 파문을 던진 『조선불교 유신론』이다. 조선불교 사찰령의 제정 반포와 함께 조선총독부의 전 조선 사찰 관리가 시행되자 만해는 『조선불교 유신론』을 통해 불교의 침체와 낙후성을 통렬하게 비판하고 염불당 등의 기존의 허례적인 의식들을 타파하고 산중에 있는 절이 도시로 나올 것, 승려들도 사취와 동냥질을 그만두고 스스로 생산활동에 참여할 것, 승려의 취처를 허락할 것 등의 개혁을 주장하였다.

『조선불교 유신론』의 간행과 임제종 운동을 계기로 한 민족의식의 고양은 이후 만해의 삶의 향방을 결정하는 계기가 된다. 만해는 교육, 종단, 독립운동단체 등에서 주도적인 역할을 담당하였고, 그 와중에 다시 시와 소설은 물론 불전의 번역에 이르기까지, 불교의 유신과 부흥에 관련된 일이라면 어떤 일도 마다하지 않았다. 이처럼 만해가 지향하는 바는 1931년 10월 『불교』 88호에 발표하였던 「조선불교 개혁안」에서 잘 드러난다.

「조선불교 개혁안」은 크게 일곱 가지의 내용을 담고 있는데, 그 요지는 조선불교를 총괄하는 통일기관을 설치하여 집단적 운용이 가능하도록 할 것, 산간 사찰을 폐하고 도시와 촌락 중심의 대중불교를 건설할 것, 경론을 번역하고 선교를 진흥할 것 등이다. 만해가 주장한 산중불교에서 도심불교 및 대중불교로의 전환은 단순히 사찰의 위치를 도심으로 옮기라는 것이 아니라 시대와 사회와 함께 호흡하는 전통문화공간으로서 사찰을 거듭나게 하라는 것이다. 또한 만해는 1914년 고려대장경의 요지를 우리말로 옮긴『불교대전』을 발간하여 불교교리의 대중화에 힘썼고, 조선불교회 회장에 취임하여 영호남의 명찰들을 순례하면서 불교 대중화와 현대화를 역설하는 한편 잠자는 민족혼을 일깨우려고 노력하였다.

다시 백담사로 들어간 만해는 1917년 12월 3일 오세암에서 참선 중 깨달음의 경지를 체험하고 오도송[196]을 남기게 된다. 만해는 오도 체험 이후 새로운 역사의식과 시대정신으로『유심』(1918)이라는 불교종합잡지를 창간하여 민중들의 귀와 눈을 열어 주며 불교 대중화에 힘썼다. 비록 이 잡지는 3호를 끝으로 폐간되었으나, 3·1 운동의 전위지 역할을 하였다.『유심』지는 2001년 다시 발행되어 새로운 불교 포교지로서의 역할을 하고 있다. 중앙학림에서 강사로 후진을 양성하기도 했던 만해는 용성 스님과 함께 불교계를 대표하여 3·1 독립운동을 주도하였다. 만해는 3년 동안 옥살이를 하면서도 유명한 「조선 독립 이유서」를 지어 일제의 총독정치와 식민통치의 부당성을 신랄하게 비판했다.

3년형을 받고 서대문형무소에 수감되었다가 출소한 이후에도 민립

---

[196] "사나이 가는 곳마다 바로 고향인 것을 / 얼마나 많은 사람이 나그네 근심에 쌓였던가 / 한 번 소리쳐 삼천세계를 깨뜨리니 / 눈 속에 복사꽃이 점점이 흩날리네."(男兒到處是故鄕 / 幾人長在客愁中/ 一聲喝破三千界 / 雪裡桃花片片飛).

대학 설립운동과 물산장려운동 등 민족운동에 참여하는 한편 1924년 조선불교청년회 회장에 취임하고, 1927년에는 신간회 결성에 적극 참여해 중앙집행위원과 경성지회장에 피선되어 활동했으며, 1931년 잡지 『불교』를 인수하여 사장으로 취임하였다. 또 같은 해 김법린·최범술·김상호 등이 조직한 청년법려비밀결사인 만당卍黨의 당수로 추대되었으며 3·1 운동으로 3년의 옥고를 치른 후 만해는 안국동 선학원에서 주석하며 노장철학, 육바라밀 등의 강연을 통하여 청년들의 나라사랑 정신을 고취하였다.

1923년 3월에는 '법보회'를 설립하여 대장경의 국역 사업에 힘썼고, 이듬해에는 불교 대중화 운동을 주도하기 위해 '조선불교청년회'를 창설하여 총재로 추대되었다. 1925년 오세암에서 『십현담주해』를 저술하여 선사상의 심화와 그 발현을 꾀하여 새로운 선풍을 진작하는 계기를 마련하는 한편 1928년에는 신간회를 발기하여 중앙집행위원과 경성지회장을 겸직하였고, '조선불교청년회'를 '조선불교총동맹'으로 개편함으로써 결속을 다졌다. 그의 불교 자주화 운동은 1931년 결성된 청년법려비밀결사인 '만당'의 당수로 추대되어 활동함으로써 극대화되었다.

(2) 유마의 정신으로 저술과 교육 실천

만해가 주장하는 불교의 근본정신은 '평등주의'와 '구세주의'였다. 그래서 그의 생애를 일관하고 있는 구세주의의 실천은 '세력'을 일으키기 위한 노력으로 구체화된다. 그 '세력'을 일으키는 구체적인 방법론으로서 불교의 부흥, 나아가 조선의 부흥이 반드시 전제되어야 한다고 생각한다. 따라서 그에게는 개혁(유신)을 통한 조선불교의 부흥이 조선불교만의 부흥이 아니라 조선의 부흥과 동일시되었던 이유이다. 만해의 그러한 불교중흥과 국가부흥에 대한 이론과 실천을 망라한 최대의 시론이 『조선불교 유신론』이다. 그는 불교 유신을 통해 무질서한 불교 교단의 자정을 역설하고 이른바 불교 현대화를 주장하게 된 것이다.

3·1 독립운동과 같은 특별한 경우를 제외하면, 만해는 늘 불교계에서 불교단체의 조직과 그를 통한 교육과 교화의 현장에 있었다. 앞서 언급했지만, 만해가 가장 심혈을 기울인 부분 가운데 하나는 팔만대장경의 우리말 번역이다. 대장경의 요지를 발췌하여 대의를 옮겨 적은 『불교대전』은 바로 그와 같은 시도의 결정판으로, 『불교성전』의 효시라 할 수 있다. 『불교대전』에는 불법을 실천하는 방법으로 자기 수양에 해당하는 '자치품'과 사회적 실천을 강조하는 '대치품'이 핵심을 이루고 있다. 여기에서 만해는 중생구제의 보살도가 자비심을 통해 구현될 수 있음을 강조한다. 중생을 구하고자 하는 자비의 원력은 우리 문학사의 찬란한 금자탑인 시집 『님의 침묵』을 쓰게 되는 직접적인 동기가 되었던 것으로 생각된다. 그의 이러한 대장경 국역의 중요성 강조는 역경원의 발족을 가져오게 한 것으로 여겨진다. 1918년에는 불교잡지 『유심』을 창간하여 불교 논설뿐만 아니라 계몽적 성격을 띤 글을 많이 발표하였다.

한편 불교의 홍포에 온 정열을 기울여 온 만해는 52세 때 권상로가 맡아오던 『불교』지를 인수하여 사장에 취임한 후 많은 논설을 발표함으로써 민족종교로서의 불교의 역할과 시대정신을 일깨워 주었다.

특히, 고루한 전통에 안주하는 불교를 통렬히 비판하였으며, 승려의 자질향상, 기강확립, 생활불교 등을 제창하였다. 교육에 대한 남다른 관심을 가졌던 만해는 1930년 2천만의 피와 정성을 모아 민립대학 설립을 통해 오늘보다 내일의 삶을 위해 철저한 교육으로 내일을 준비하고자 역설하였다. 만해의 교육사상은 『조선불교 유신론』의 '승려의 교육(論僧侶之敎育)'에 보이듯이, 보통교육, 사범교육, 외국유학을 가장 급선무라고 하였다. 또한 「조선불교 개혁안」에서는 교과서 개편과 교수법의 과학화를 주장하여 당시 불교 교육계에 큰 영향을 미쳤다.[197]

만해가 자유를 추구하는 방향에서 불교혁신을 추진하고 민족의 독립을 되찾기 위해 노력한 것은 유마 거사의 대승불교 정신을 구현한 것이라 할 수 있다. 그러한 정신을 담고 있는 저술이 1933년 발간한 『유마힐소설경강의』이다. 만해의 이러한 노력은 여전히 포교와 교육, 그리고 불교의 세력을 확장하는 데 그 목표가 있음을 여실히 보여주며, 이는 근대를 향한 전통불교의 개혁을 통한 불교중흥의 커다란 몸짓이라 할 수 있다.

2) 다르마팔라의 불교부흥운동
(1) 불교 성지의 성역화와 불교의 세계화
에드윈 아놀드(Edwin Arnold)[198]의 1885년 〈데일리 텔레그래프〉지에

---

[197] 동국대학교 불교문화연구원 지음, 『근대동아시아의 불교학』, 동국대학교출판부, 2008, p.294.
[198] 각주 186 참고.

부처님이 깨달음을 얻은 부다가야의 마하보디 사원의 비참한 실상에 대한 자세한 보도와 이와 관련해 인도정부에 이 중요한 불교 성지의 복구를 촉구한 기사는 다르마팔라에게 불교부흥운동을 시작하는 단초가 되었다. 1891년 1월, 인도로 성지순례를 떠난 그는 부처님의 성도지인 부다가야가 돼지들 사육장으로 방치되고, 불교미술 조각품들이 도난당하고 불상의 파편들이 여기저기 흩어져 있는 모습을 목격하게 된다. 금강보좌의 보리수 앞에서 그는 힌두교도의 수중으로부터 방치된 부다가야를 구하는 데 목숨을 바치기로 맹세하고 귀국하여 불적부흥운동을 시작하게 된다.

우선, 그는 세계 각국의 불교도들에게 "어찌 우리가 부처님께서 깨달음을 이루신 이곳 부다가야를 이렇게 황폐한 상태로 방치할 수 있는가?"라며 스리랑카, 버마, 인도의 불자들에게 부다가야의 성역화의 필요성을 역설하는 호소문을 보냈다. 그해 5월, 그는 수망갈라 스님을 의장으로, 올코트 경을 이사로, 자신을 사무총장으로 하는 '마하보디협회(The Maha Bodhi Society)'를 결성하고, 불교부흥 문제를 국내에서 국외로 확대하고자 하였다. 또한 그는 그해 7월 스리랑카 승려 4명을 부다가야에 머무르게 하였다. 이러한 일련의 일들은 불교의 발상지에서 불교부흥운동이 실질적으로 시작되는 신호탄이 되었다.

이어 다르마팔라는 1892년 '마하보디협회' 사무실을 콜롬보에서 캘커타로 옮기고 불교국가들 사이의 정보교환과 세계적으로 불법을 전파하기 위한 매체로 「마하보디 저널(The Maha Bodhi Journal)」을 창간하였다. 그는 이 저널을 통해 불교국가의 소식과 불교의 국제교류 내용 등을 실었으며, 부다가야 성지를 구입하기 위해 자금을 모으고

회의를 주재하였다. 불과 몇 달 만에 이 잡지는 아시아뿐만 아니라 유럽과 미주 지역에 폭넓은 판매 부수를 기록했으며, 100여 년이 지난 오늘날까지 지속적으로 발간되고 있다.

다르마팔라가 불교의 세계화에 결정적으로 기여하게 된 것은 1893년 시카고에서 열린 '세계종교대회(the World Parliament of Religions)'의 참석이다. 그 대회에는 불교계에서 두 사람이 대표로 참석했는데, 다르마팔라와 일본의 스즈끼의 스승인 샤쿠 쇼엔이었다. 다르마팔라의 「부처님에게 세계가 지고 있는 빚(The World's Debt to Buddha)」이라는 발제 논문은 세계 각처에서 온 종교계 대표들을 감동시켰다.[199]

철학과 비교종교학에 일생을 바쳤던 스트라우스는 그의 연설에 깊은 감동을 받아 미국인 최초의 불교 개종자가 되어 후에 '마하보디협회'의 든든한 후원자가 되었다. 다르마팔라는 귀국하는 길에 하와이의 카메하메하 왕의 후예이며 부호인 포스터(Elizabeth Mary Foster) 부인을 만났는데, 그 후 그녀는 다르마팔라의 가장 아낌없는 후원자가 되었고, 그녀의 기부금은 백만 루피에 달했다. 지금 캘커타에 있는 '마하보디협

---

[199] 옥스퍼드에서 공부한 다르마팔라는 "you are all my brothers and sisters"라고 말하면서 더 큰 중생이라는 개념으로서 모든 살아있는 생명들의 평화와 안녕과 복지를 이야기하자 청중들은 깜짝 놀라며 깊은 감명을 받았다. 화려한 민족의상과 장엄한 제식복을 차려 입은 많은 종교 대표자들에게 둘러싸인 그는 콜럼버스 홀에 모인 4천여 명의 청중들에게 4억 7천5백만 불교도를 대표하여 축원하고 평화의 메시지를 전했다. 그는 바로 전형적인 전법사의 모습이었고, 청중은 이 사람이 바로 붓다의 모든 제자들을 하나로 뭉치게 하고 아시아의 등불을 온 문명 세계에 전파하는 운동의 선구자라는 사실에 더욱 감동했다. (『세인트 루이스 옵저버』, 1893년 9월 21일, 조준호 역, p.116 재인용).

회' 본부 빌딩의 구입을 위시하여 인도, 스리랑카, 그리고 영국의 사원, 수도원, 학교, 병원, 포교당, 그 밖의 여러 기관들이 그녀의 도움으로 건립되었다. 그래서 그녀의 이름은 인도와 스리랑카에서 다르마팔라의 이름만큼이나 불교도들의 마음속에 남아 있다.

1885년부터 1889년까지 그는 '산다라사'의 경영자와 '불교방위 협의회'의 간사 등으로 종사하면서 '산다라사' 확대 정책의 일환으로 불교계 최초의 영자지 〈The Buddhist〉[200]를 창간하였다. 1926년, 그는 영국을 방문하여 불교전도회관과 영국 마하보디협회를 창설하고, 본부를 런던 교외 일링(Ealing)에 두었다. 다음해 그는 세일론 비구 세 사람을 2년간 계약으로 영국에 파견하여 영국 최초의 불교사원을 건립하게 하였다.

1931년, 그는 세일론을 떠나 인도로 가서 사르나트에 거주하면서 11월 이곳에 보드가야에 있는 마하보디 사원을 모방하여 물라간다쿠티 사원을 지었다. "8백 년 동안의 유배 끝에 불교도들은 신성한 녹야원으로 돌아왔습니다. 카스트나 종교의 구별 없이 부처님의 자비로운 가르침을 인도 국민 모두에게 전하는 것이 마하보디협회의 사명입니다"라는 그의 개원식 연설에서 알 수 있듯이, 물라간다쿠티 사원의 회향은 다르마팔라의 불적부흥의 완결을 보여주는 것이었다.[201]

---

200 1888년에 창간된 *The Buddhist*는 불교와 서양에서 들어온 자연과학과 심리학 등과 연관된 내용으로 구성되어 있었다. 이 때문에 영국식 교육을 받았거나 영어를 배웠던 신지식층들에게 불교를 알리는 데 크게 기여했을 뿐만 아니라 유럽, 인디아, 미국, 호주, 일본 등에도 상당수의 독자를 확보하고 있었다.
201 개원식에서 행한 연설에서 다르마팔라는 그가 사르나트를 처음으로 방문했을

(2) 국민자각운동과 교육 및 사회사업

'신지협회' 초대 이사장인 올코트 경이 1886년 학교설립 자금을 모으기 위해 스리랑카에 왔을 때 3개월간 그를 수행하며 통역을 담당했던 다르마팔라는 스리랑카인들의 가장 큰 병폐는 국민들의 나약함과 절망감, 그리고 무기력한 것임을 인식하였다. 그 나라의 내륙 깊숙이까지 파고든 비불교적 서양 관습이 국민정신의 가장 고귀한 것들을 좀먹어 가고 있었고, 붓다의 가르침에 대한 주민들의 믿음과 규율은 서서히 무너져 가고 있었다. 그래서 그는 단순히 올코트 경의 말만을 통역하는 것이 아니라 국민에게 무지를 일깨우고 자신감을 고취하고자 하였다.

나아가 그는 스리랑카에 체류할 기회가 있을 때마다 국민들의 종교적, 문화적 자부심을 호소하면서 민족부흥운동을 전개하였다. 1899년 초 인도 북부 여행을 하면서 그와 함께 지냈던 대중의 고통을 얼마나 예민하게 받아들였는지는 사하란푸르에서 보낸 공개장 발췌문만 봐도 잘 알 수 있다.

눈을 뜨고 보라. 1억 4천백만 명의 울부짖음 소리를 들어보라. 그들의 눈물이 그대의 메마른 가슴을 적시게 하라. '신의 섭리'가

때 그곳이 돼지를 사육하는 최하층민들의 거주지였다고 회상하였다. 병든 몸을 휠체어에 의지한 다르마팔라는 감격에 차 떨리는 목소리로 말했다. "8백 년 동안의 유배 끝에 불교도들은 신성한 녹야원으로 돌아왔습니다. 카스트나 종교의 구별 없이 부처님의 자비로운 가르침을 인도 국민 모두에게 전하는 것이 마하보디협회의 사명입니다. 세존의 성스러운 법을 인도 전역에 보급하는 데 여러분이 앞장서리라 믿습니다."

그대들을 돌보리라 생각하지 말라. …

깨어나라, 나의 형제들이여. 이생의 삶이란 정녕 짧으니 허망한 철학과 타락을 가져다주는 의식을 버려라. 수백만의 사람들이 날마다 굶주림으로 고통받으며 신음하고 있다. 숲속의 동물들조차 마시지 않을 물을 마시고, 형편없는 집에서 잠자고 생활하며 매일같이 독을 빨아들이고 있다.

인도에는 이 모든 사람들을 배부르게 할 충분한 부가 있다. 그러나 카스트와 썩은 종교의식의 추악한 짓거리가 수백만 사람들에게 고통을 주고 있는 것이다.

인용문에서 알 수 있듯이, 그의 연설과 글은 식민지 지배가 민족이 쇠퇴한 주요 원인이라는 것을 깨닫고 있었음을 분명히 보여준다. 그래서 그는 청년들이 허망한 생각과 타락한 의식을 경계하고 스스로 일어설 것을 역설하였다. 또한 그는 북인도와 남인도를 차례로 방문해 불교를 중심으로 한 평화와 문화의 재창달을 호소하고, 특히 남인도에서는 카스트 제도와 불가촉천민들의 처우에 대한 부당함을 지적하였다. 여기에는 평등주의와 구세주의를 표방하는 불교의 핵심적 사상이 내재되어 있다.

다르마팔라의 이러한 실천적 주장은 일체만물의 차별상을 넘어선 평등을 강조하고 보살도 실현을 통해 중생구제를 역설한 『화엄경』의 핵심적 내용에 맞닿아 있다. 불교에 기초한 그의 이런 운동의 전개는 많은 사람들로부터 절대적인 지지와 호응을 얻었다. 그것은 곧 국민계몽운동으로 나타났는데, 어쩌면 이 운동은 오늘날까지 스리랑카의

제10장 근대 아시아 불교중흥 기수: 만해와 다르마팔라의 미학적 삶 283

정치, 경제, 문화운동의 맥을 잇고 있다 할 수 있다.

아울러 그는 〈싱할라 바우다야〉지에 '알아야 될 것들'이란 고정 논설을 계속 써 나감으로써 싱할라 사람들에게 민족정신을 다시 각성시켰다. 한편 그는 기독교들에 의해 저질러지고 있는 많은 파괴적인 만행을 인식하고, 서구의 기독교 물결화로 생겨난 비행, 육식, 음주, 외국을 모방한 이름, 외국식 복장의 애용 등을 해서는 안 된다고 하며 국민자각운동을 전개하기 시작하였다.

그는 불교 포교에만 전념한 것이 아니라 스리랑카 민족자본의 형성을 위한 노력에도 심혈을 기울였다. 런던, 네덜란드, 덴마크, 일본 등 서구의 훌륭한 교육기관을 수차례 방문한 다르마팔라는 서양이 동양의 정신을 필요로 하는 것과 마찬가지로 동양은 서양의 기술이 필요하다는 것을 절감하였다. 그래서 그는 선진국들의 산업시설을 시찰하고 돌아와 1906년 직조기술과 그 밖의 다른 공업, 농업, 수공예 교육을 위해 사르나트에 실업 전문학교를 세워 젊은이들에게 취업의 기회를 마련해 주었다. 후에 이 학교는 고등학교 인가를 받게 되었고, 나중에는 대학으로 발전하여 그의 꿈은 실현되었다.

다르마팔라가 무엇보다 관심을 기울인 것은 인재의 양성이었다. 그는 "우리는 두뇌를 가진 교육받은 사람들이 사람들을 이끌고 술을 주며 우리 대중을 망치러 여기에 오는 서양 약탈자로부터 대중의 이익을 보호하기를 요구한다"고 말하고, 또한 "실론에서 우리가 필요한 것은 열정을 지니고 정체된 삶을 살고 있는 실론의 잠자는 대중을 깨우기 위해 나아가는 인간의 몸이다"[202]라고 말하며 실론의 젊은이들에게 정치, 철학, 역사, 산업, 경제를 공부하고 국가의 쇠락의 근본

원인을 해결하길 촉구하였다. 따라서 인도불교의 장래가 이들에게 달렸다고 생각한 그는 실론에서 10명의 사미승을 선발하여 라빈드라나트 타고르가 경영하는 아름다운 시골의 학원 산티니케탄에 보내어 청정과 자기희생의 삶을 영위하도록 가르쳤다.

이 중에 한 사람이 뒷날 사르나트에서 다년간 사무총장직을 수행하게 된 M. 상가라트나 스님이다. 다르마팔라는 서양의 대학교육 체제가 장점도 있지만 윤리적 가치를 결하고 있으며, 마음의 무한한 잠재력을 개발시키지 못한다고 생각하여 부친을 설득하여 콜롬보 근처에 부지를 마련하여 '실론 윤리심리학 대학'을 설립하고, 참배와 명상, 그리고 비교종교학 등을 교육하였다.

정신적 운동 이외에도 다르마팔라는 민중을 위한 실제적 봉사사업에도 혼신의 힘을 기울였다. 1913년 다르마팔라는 하와이의 포스터 부인을 방문하여, 그녀의 부친을 추모하는 콜롬보에 자선병원 설립을 위해 6만 루피를 보시 받아 귀국 즉시 아버지에게서 상속받은 자신의 큰 저택을 병원으로 개조하여 서양 의술과 스리랑카 토착 전통 의술을 병행하여 시료함으로써 일반의 후생복지를 위해 노력하였다. 또한 여성 불자들에게 사회복지 교육을 시키기 위해 상카미타 여자 수행원도 건립하였다.

임종이 가까워지자 그는 측근 제자에게 "나의 죽음을 막으려 애쓰지 말라. 약이나 주사로 나의 고통을 더 이상 연장시키지 말라. 나는 죽어 바라나시의 브라흐만 집안에 환생하여 부처님의 법을 전파하고

---

202 조준호 역, 『인도불교 부흥운동의 선구자, 아나가리카 다르마팔라』, p.374.

부다가야 성지를 되찾으리라"고 말했다. 그의 이 마지막 언급에서 알 수 있듯이 그는 영원한 전법사였다.

4. 불교중흥운동의 역사적인 의미

만해와 다르마팔라는 자국이 열강들의 식민 지배를 받고 있었던 시대에 민족 독립과 불교중흥을 위해 일생을 바친 올곧은 선각자이다. 그들은 식민지하의 피폐된 국민들에게 민족자존의 의식과 활력을 불어넣고, 그들을 교육시키기 위해 실업학교와 불교 교육기관을 세우기도 한 사회개혁가였다. 또한 그들은 고국의 전국 각지를 돌아다니며 사자후로 깊이 잠들어 있는 사람들을 깨우고자 노력했으며, 과학의 경이로움, 서양의 물질적 풍요, 현대사회의 정법 포교의 필요성, 독립의 영광, 자신감을 고양할 필요성에 대해 역설하였다. 그렇다면 그들의 거룩한 행원行願이 우리에게 던져주는 메시지는 무엇일까?

첫째, 만해와 다르마팔라는 평등주의와 구세주의를 근본으로 하는 불교를 바탕으로 국민계몽운동을 전개하고 민족의 정체성과 자긍심을 회복시켜 식민 지배에서 벗어나 근대 독립국가를 이루는 데 정신적, 문화적 기틀을 마련한 점이다. 다르마팔라의 부다가야(성도지)와 사르나트(초전법륜지) 같은 인도불교 성지의 복원, 1893년 시카고 '세계종교회의'에서 불교가 모든 생명에 대한 비폭력과 불가촉천민들에 대한 자격박탈 철폐의 강조, 그리고 만해가 3·1 운동의 주역으로 『조선불교유신론』을 통해 입니입수入泥入水하는 중생제도를 몰각하고 사회와 격리된 채 그 명맥을 유지해 왔음을 밝히며 중생과 함께했던 부처의 본원을 회복해야 함을 역설[203]하고 있는 점은 평등사상과 중생구제를 위한 보살행과 자비사상의 실천적 삶이라 할 수 있다.

둘째, 만해와 다르마팔라는 불교중흥운동을 전개하기 위해 단체를 만들고 잡지를 발행하여 불교의 자주적 발전을 모색하고자 했다는 점이다. 만해가 '법보회'와 '조선불교회'를 세우고, 『유심』지를 창간하고, 『불교』지를 인수하여 불교관계의 많은 논설을 발표하여 민중의 눈과 입을 열게 함으로써 한국불교의 중흥을 위해 진력하였다면, 다르마팔라는 '마하보디협회'를 창립하고 기관지 「마하보디 저널」과 불교계 최초의 영자신문 〈The Buddhist〉[204]를 발행하여 인도불교의 불교중흥을 위해 노력하였다.

셋째, 만해와 다르마팔라는 역경의 중요성을 인식하고 역경사업에 심혈을 기울인 점이다. 만해는 용성 스님과 '대각회'를 창립하여 본격적인 역경사업을 전개하였다. 무엇보다도 만해는 팔만대장경을 일람하며 중요하다고 생각되는 구절 1,740여 개조를 뽑고 여러 항목으로 분류하여 『불교대전』을 출간하였는데, 이는 팔만대장경의 핵심을 근대적인 편제의 책으로 출간한 그야말로 획기적인 시도였다. 만해의 국역의 중요성 강조는 다양한 불교성전의 편찬과 함께 역경원의 발족을 가져왔다. 다르마팔라는 '마하보디협회' 산하 사르나트에 출판국을 두고 여러 종류의 빠알리 성전을 힌디어(현재의 인도 언어)로 번역 출판하여 특히 인도 지식층으로 하여금 불교에 대한 관심을 높이는 데 크게 공헌하였다.

---

[203] 한용운, 『전집 2』, p.216 참조.
[204] 각주 200 참고.

넷째, 불교 포교의 현대화를 추진한 점이다. 만해는 유마의 정신으로 저술과 교육 실천을 주장하였다. 특히 『조선불교 유신론』을 통해 무질서한 불교 교단의 자정을 역설하고 산중불교에서 도심불교로, 법보회를 설립하여 대장경 국역사업, 민립대학 설립과 물산장려운동을 통한 불교 포교의 현대화를 주장하였다. 다르마팔라는 인도불교를 부흥시키기 위해 새로운 사원의 건립과 각종 연구소의 설립, 학교, 도서관, 박물관, 의료시설, 순례자를 위한 숙박시설 등을 신설하여 불교 포교를 위한 온갖 방법을 다 동원하였다. 두 사람의 이러한 행보는 종교의 수행이자, 보살행의 실천 과정이라 할 수 있다.

이상에서 살펴보았듯이, 만해와 다르마팔라에게 종교란 삶에서 분리된 것이 아니라 삶의 모든 부분과 밀접히 연관된 것이었다. 그들의 포괄적 안목에 비추어 보면 종교의 중흥, 도덕의 고양, 그리고 민족의 정체성 찾기에 대한 헌신적인 노력은 시대정신이며, 중생사랑과 자비 실천적 삶의 미학이라 할 수 있다.

5. 자유와 생명존엄의 인류사랑 지향

만해와 다르마팔라는 비록 공간을 달리하여 살았지만, 거의 동시대의 선각자로서 제국주의 열강의 식민지 상황에서 자국민들에게 영원히 꺼지지 않을 자존감과 민족혼을 불어넣어 주며 위기에 처한 불교의 부흥운동을 새롭게 전개한 애국자인 동시에 영원한 전법사임을 살펴보았다. 만해와 다르마팔라의 불교중흥운동은 그것을 실천해 나갔던 그들의 삶에 그대로 녹아 있으며, 그 실천의 결과는 인류에 대한 사랑과 구세주의로 나타났다. 다르마팔라가 인도에서 힌두교도와 지방 토호들의 사유물이 되어버린 불교 성지를 회복하고 인도 땅에 불법을 재건하겠다는 큰 원을 세워 범세계적 불교기구이며 자선단체인 '마하보디협회'를 창설하고, 세계적 불교잡지 「마하보디 저널」을 창간하여 성지 회복의 기금을 모으고 불법을 세계적으로 포교하였던 업적은 실로 위대하다. 그는 분명 불교 르네상스 운동의 아버지였고, 불교계 전체가 그에게 깊이 빚지고 있다. 그가 창립을 주도한 '마하보디협회'는 전 세계 지부를 가지고 있는 거대한 학회 조직으로, 불교 포교를 위해 다양한 활동을 하고 있다.

오늘날 인도에서 진실로 불교가 살아 숨 쉬고 있다는 느낌을 주는 곳은 다르마팔라의 숨결을 느낄 수 있는 부다가야와 사르나트이다. 최근 성도재일에 맞춰 보드가야에서 정기적으로 기념비적인 불사를 거행하고 있는 것은 그의 덕분이며, 이는 불교의 세계화를 활성화하는 계기가 될 것이다. 다르마팔라 스님의 흉상이 모셔진 곳은 델리의 '마하보디 소사이어티'라는 절이다.

한국불교 유신의 기수였던 만해는 『조선불교 유신론』에서 단적으로 드러나 있듯이, 한국불교의 비종교적, 비시대적, 비사회적인 인습을 타파하고 혁신하며 시대적 발전에 따라 새로운 활로를 모색하지 않으면 안 된다고 역설했다. 그래서 산중불교, 승려 중심의 불교에서 벗어나 도심불교, 대중불교를 주장하였던 것이다.

'법보회'를 조직하여 불교 대중화 운동에 앞장섰고, 특히 청년불교운동에 관심이 많아 불교청년회를 조직하고 이를 불교청년총동맹으로 확대 개편하였다. 그리고 시와 소설, 산문 등을 통하여 적극적인 대중교화를 실천함으로써 불교의 자주적 역량 강화를 위하여 민족종교로서의 역할과 불교의 시대정신을 일깨워 주었다.

만해의 이런 사상을 선양하기 위해 '만해사상실천선양회'에서 다각적인 사업을 펼치고 있는데 그 주요한 사업이 만해마을 건립과 만해축제이다. 그 행사의 규모는 이미 아시아를 벗어나 세계적인 축제의 장이 되어 주목을 받아 왔다. 그것은 만해의 사상이나 정신이 이제 한국을 넘어서 아시아와 아프리카 등 지구촌의 자유와 평화의 상징으로 자리매김하고 있음에서 잘 드러난다. 만해와 다르마팔라라는 두 선각자의 불교 근대화 운동과 개혁사상은 오늘날에도 커다란 울림을 지니며 새로운 빛과 향기를 더해가고 있다.

만해와 다르마팔라가 추구했던 자유와 생명에 대한 존엄성과 평화, 평등사상은 모든 인류가 지향하는 언제나 살아있는 시대정신이며 또 당대를 초극하고자 하는 보편적 가치였다. 이 점에서 만해와 다르마팔라의 불교 근대화 운동과 개혁사상은 우리들의 가슴에 자유와 평화가 얼마나 귀중하고 인류에게 반드시 보장되어야 할 보편적 가치라는 것을 되새겨 주고 있다. 나아가 만해와 다르마팔라가 분열과 고립을 극복하고 명상과 행동의 일체화로 정신의 가열성을 보여준 점은 전근대적 분열상을 극복할 수 있는 모범적 한 예라 할 수 있다. 특히 자유와 평등의 회복에서 인간의 존엄성과 제국주의에 대한 대항으로서 자유와 평등이 갖는 의미에 주목하면서 평화적 세계주의라는 올바른 인류사의 방향성 설정으로 이어진 점은 커다란 의미를 지닌다. 이는 인간적 삶의 존립 기반을 상실해 가는 근대적 삶에 대한 반성에서 출발하며 고립과 대립을 넘어서 조화와 화해의 상생을 도모하는 우주

공동체를 지향하는 실천적 삶의 미학이라는 점에서 현재적 의의를 지닌다.

참고문헌

【기초자료】

『賢愚經』, 大正藏 4.
『金剛般若波羅密多心經』, 大正藏 8.
『妙法蓮華經』, 大正藏 9.
『大方光佛華嚴經』, 大正藏 10.
『維摩詰所說經』, 大正藏 14.
『현우경』, 동국역경원, 2009.
『선원청규』, 卍속장 111.
『조주록』, 卍속장 118.
의상, 『화엄일승법계도』, 한국불교전서 제2책, 동국대학교출판부, 1979.
『범망경노사나불설보살심지계품』, 한글대장경, 동국대학교.

【단행본】

고명수, 『나의 꽃밭에 님의 꽃이 피었습니다』, 한길사, 2009.
고영섭, 『연기와 자비의 생태학』, 연기사, 2001.
고재석, 『한용운과 그의 시대』, 역락, 2010.
고형곤, 『선의 세계』, 삼영사, 1976.
권영민 편, 『한용운문학전집3-박명』, 태학사, 2011.
_____ 엮음, 조오현문학전집 『적멸을 위하여』, 문학사상, 2012.
경봉, 『삼소굴일지』, 극락호국선원, 1979.
김광식, 『첫키스로 만해를 만나다』, 백담사 만해마을, 2004.
_____, 『한용운 연구』, 동국대학교출판부, 2011.
김광원, 『님의 침묵과 선禪의 세계』, 새문사, 2008.
_____, 『만해의 시와 십현담주해』, 바보새, 2005.
김달진 역, 『현대한국선시』, 열화당, 1987.

김덕근, 『한국 현대 선시의 맥락과 지평』, 도서출판 박이정, 2005.
김상용, 『만해 한용운 평전』, 시대의 창, 2006.
김옥성, 『한국 현대시의 전통과 불교적 시학』, 새미, 2006.
_____, 『한국 현대시와 종교 생태학』, 박문사, 2012.
김용덕, 『효봉 스님 이야기』, 불일판사, 2008.
김우창, 『궁핍한 시대의 시인』, 민음사, 1974.
김욱동, 『생태학적 상상력』, 나무심는 사람들, 2003.
김월운, 『전등록』 1, 동국역경원, 2008.
_____, 『증일아함경』 4, 동국역경원, 2007.
김윤식, 『한용운 문학연구』, 일지사, 1982.
김재홍, 『한용운문학연구 1』, 일지사, 1982.
김종욱, 『불교생태철학』, 동국대학교출판부, 2004.
김종인, 『날카로운 첫 키스의 추억』, 도서출판 나남, 2008.
김종회, 『디아포라를 넘어서』, 민음사, 2007.
노영덕, 『처음 만나는 미학』, RHK, 2015.
도법, 『화엄의 길, 생명의 길』, 선우도량, 1999.
동국대학교 BK21 불교문화사상사교육연구단, 『학제적 연구로서의 불교 생태학』, 동국대학교출판부, 2007.
데미언 키온, 허남결 옮김, 『불교와 생명윤리학』, 불교시대사, 2000.
데자르뎅, J. R., 김명식 옮김, 『환경윤리』, 자작나무, 1999.
러브록, J. E., 홍욱희 옮김, 『가이아』, 범양사, 1999.
롤프 엔센, 서정환 옮김, 『드림 소사이어티』, 한국능률협회, 2000.
마성, 「용성 스님과 다르마팔라」, 『大韓佛敎』 제33호, 1990.
만해, 「심우장서설」, 『불교』, 신제4권, 불교사, 1937.
무산 오현, 『설악시조집』, 설악문도회, 2006.
바슐라르, G., 정영란 역, 『공기와 꿈』. 이학사, 2000.
박경훈 역, 『유마경』, 동국대 불전간행위원회, 1982.
박병기, 『의미의 시대와 불교 윤리』, 씨아이알, 2013.
박이문, 『생태학적 세계관과 문명의 미래』, 미다스북스, 2016.

백원기, 『명상은 언어를 내려놓는 일이다』, 화남출판사, 2012.
_____, 『선시의 이해와 마음치유』, 도서출판 동인, 2014.
불교신문사 편, 『한국불교인물사상사』, 민족사, 1995.
서재영, 『선의 생태철학』, 동국대학교출판부, 2007.
석길암, 『불교평론』 2010. 12. 05.
석지현 역, 『숫타니파타』, 민족사, 1997.
송명규, 『현대 생태사상의 이해』, 따님, 2004.
성북구, 『만해한용운심우장 사적지정 요청 자료보고서』, 성북구, 2018.
송욱, 『시학평전』, 일조각, 1971.
신기철·신용철 편저, 『새우리말 큰 사전』, 삼성출판사, 1975.
아놀드, 에드윈(저), 백원기 역, 『아시아의 등불』, 동국대학교출판부, 2006.
안옥선, 『불교윤리의 현대적 이해』, 불교시대사, 2002.
오쇼 라즈니쉬, 『십우도(근원을 찾아 떠나는 구도 여행)』, 태일출판사, 2011.
원오극근, 석지현 주 해설, 『벽암록』, 1-4, 민족사, 2007.
원오극근, 정성본 역해, 『벽암록』, 한국선문화연구원, 2000.
염무웅, 「한용운의 민족사상」, 『한국근대사논고』 3, 1977.
윤영해, 「불교의 생명 이해」, 『신학사상』 제92호, 한국신학연구소, 1996.
이광린, 『개화당연구』, 일조각, 1993.
이명재, 「만해소설고」, 『현대소설 연구』, 정음사, 1982.
이민수 역해, 『신역 법화경』, 홍신문화사, 1995.
이브 디프레시, 임갑 역, 『초현실주의』, 양문사, 1963.
이선이, 『생명과 서정』, 하늘연못, 2001.
_____, 『만해시의 생명사상 연구』. 도서출판 월인, 2001.
이운허 역주, 『묘법연화경』, 동국역경원, 2005(개정판).
이혜원, 『생명의 거미줄』, 소명출판, 2007.
인권환, 『한국불교문학의 연구』, 고려대학교출판부, 1999.
전재성 역, 『쿳다카파타』, 한국빠일리성전협회, 2016.
정산 법진, 고희기념논총집 『청산은 말이 없고 봄 하늘 저무네』, 한국불교선리연구원, 2022.

정선본, 『선의 역사와 사상』, 시대불교사, 1999.
조오현, 『아득한 성자』, 시학, 2007.
조준호 역, 『인도불교 부흥운동의 선구자, 아나가리카 다르마팔라』, 불사리탑, 2010.
지눌, 김달진 역, 「진심직설」, 『보조국사전서』, 고려원, 1987.
진교훈, 『환경윤리: 동서양의 자연보전과 생명존중』, 민음사, 1998.
차차석, 『다시 읽는 법화경』, 조계종출판사, 2010.
최광진, 『미학적 인간으로 살아가기』, 현암사, 2022.
최동호, 『한용운』, 건국대학교출판부, 2002.
최법혜 역주, 『고려판 선원청규 역주』, 가산불교문화원출판부, 2001.
최송설당기념사업회 엮음, 『松雪堂全集』 II, 도서출판 명상, 2005.
타고르, 김양식 역, 『기딴쟈리』, 샨띠, 2013.
퇴옹 성철, 『백일법문(하)』, 장경각, 2014.
한명숙 역, 『법구경』, 홍익출판사, 1999.
헬레나 노르베르-호지, 『지식기반사회와 불교생태학』, 아카넷, 2006.
홍순석 외, 『지역문화와 콘텐츠』, 한국문화사, 2019.
한용운, 「심우장 3」, 『님의 침묵』, 이상규 역, 상아출판사, 1992.
_____, 『한용운 전집』 1-6집, 신구문화사, 1973.
_____, 『한용운 전집』 1-6권, 불교문화연구원, 2006.
황현산, 「해설: 상상력의 원칙과 말의 힘」, 앙드레 브르통, 『초현실주의 선언』, 미메시스, 2012.

Baskin, Yvonne, 이한음 옮김, 『아름다운 생명의 그물』, 돌베개, 2016.
Bookchin, M., 문순홍 옮김, 『사회 생태론의 철학』, 솔, 1997.
_____, 문순홍 역, 『생태의 담론』, 솔출판사, 1999.
Capra, Fritjof, 김용정·김동광 옮김, 『생명의 그물』, 범양출판부, 1995.
Carson, Rachel, 김은령 옮김, 『침묵의 봄』, 에코리브르, 2002.
Devall, B. and Session, G.(1985), *Deep Ecology*, Gibbs M. Smith.
Hardy, F. E.(1982), *The Life of Thomas Hardy*. 1840-1928. London: Macmillan.

Lovelock, James, 홍욱희 옮김. 『가이아』, 갈라파고스, 2007.
Merchant, C., 허남혁 옮김, 『래디칼 에콜로지』, 이후, 2007.
Singer, Peter. Mason Jim, 함규진 옮김, 『죽음의 밥상』, 산책자, 2008.

【논문류】

고영섭, 「선과 쉬르리얼리즘」, 『만해축전자료집 2012』, 백담사만해마을, 2012.
구본술, 「불교 생명론의 현대적 이해」, 한국국민윤리학회 Vol.47 No.1, 2001.
권성훈, 「조오현 단시조 연구」, 『지혜의 언덕 너머 춤추는 기호』, 도서출판 시와세계, 2019.
권성희, 「불교설화에 나타난 생명살림과 보살도 실천 연구」, 동방문화대학원대학교 박사학위논문, 2018.
권영민, 「만해 한용운 소설과 도덕적 상상력」, 『현대시의 반성과 만해 문학의 국제적 인식』, 만해사상실천선양회, 1999.
권현수, 「설악의 무애가」, 『지혜의 언덕 너머 춤추는 기호』, 도서출판 시와세계, 2019.
김성연, 「한용운의 독립운동과 자유·평등사상의 역사적 맥락」, 『선문화연구』 제26집, 2019.
김영호, 「휘트먼, 타골, 한용운의 시에 나타난 나무의 정치적 이미저리」, 『영어영문학』, 한국영어영문학회, 2006.
_____, 「한용운, 휘트먼, 타골의 시와 식물의 혁명적 심상」, 『국제어문』 제36집, 국제어문학회, 2006.
김옥성, 「한국 현대시의 불교생태학적 상상력 연구」, 『한국문학이론과 비평』 제13권 제1호, 한국문학이론과 비평학회, 2009.
김완수, 「자타카에 나타난 생명존중과 자비실천 연구」, 동방문화대학원대학교 박사학위논문, 2017.
김용범, 「만해 한용운의 소설 『흑풍』 연구」, 『한양어문연구』 제8집, 1990.
김용희, 「여보게, 저기 낙조를 보게」, 『빈 거울을 절간과 세간 사이에 놓기』, 도서출판 시와세계, 2012.
김재홍, 「만해의 문학세계와 문학사상」, 번역시선집 『님의 침묵』, 만해학술원,

2005.

_____, 「만해사상의 구조와 특성」, 『만해학연구』 제2호, 2006.

김종주, 「욕망과 생명」, 『생태적 상호 의존성과 인간의 욕망』, 동국대학교출판부, 2006.

백원기, 「하디의 시학: 불교생태학과의 관련성」, 『동서비교문학저널』 15호, 한국동서비교문학회, 2006.

_____, 「화엄적 생명사랑의 실천: 하디와 만해의 시학」, 『동서비교문학저널』, 가을·겨울호, 2009.

_____, 「무산 오현, 성자는 아득한 하루살이 떼」, 『선시의 이해와 마음치유』, 도서출판 동인, 2014.

_____, 「일제 강점기 후반 문학계 동향과 후반기 만해 문학사상」, 『선문화연구』 17, 한국불교선리연구원, 2014.

서재영, 「선의 생태철학 연구」, 동국대학교대학원 박사학위논문, 2004.

석성환, 「무산 조오현 시조시 연구」, 『빈 거울을 절간과 세간 사이에 놓기』, 시와 세계, 2012.

안병직, 「한용운의 민족사상」, 『한용운 사상연구』, 민족사, 1980.

안옥선, 「심층생태학과 불교의 생태적 지혜」, 『지식기반의사회와 불교생태학』, 동국대학교 불교문화연구원, 2006.

윤재웅, 「한용운의 불교사상과 한시에 나타난 불이론」, 『동악어문학』 제84집, 동악어문학회, 2012.

이거룡, 「근대 인도불교의 부흥. 기독교, 힌두교에 대한 반감이 부흥운동 촉발」, 〈불교신문〉 3월 21일자.

이명재, 「만해소설고」, 『현대소설 연구』, 정음사, 1982.

이선이, 「만해시의 생명사상 연구」, 경희대 박사학위논문, 1999.

_____, 「평화의 밤을 공양한다는 것」, 『불교평론』 제26권 3호(통권 99호), 2024.

이양희, 「선의 생명관과 실천윤리 연구」, 동국대학교대학원 박사학위논문, 2019.

이찬훈, 「불교생태학의 현황과 과제」, 『동아시아불교문화』 제19집, 동아시아 불교문화학회, 2014.

_____, 「화엄의 불이사상과 과정 형이상학」, 『대동철학』 제23집, 대동철학회,

2003.

이향순, 「한용운의 『박명』에 나타난 보살도의 이상과 비구니의 근대성」, 『한국불교학』 51집, 2008.

장영우, 「심우장 시절의 만해문학」, 『한국문학연구』 47권, 동국대학교 한국문학연구소, 2014.

장영희, 「한국 현대 생태시의 영성 연구: 이성선, 고진하시를 중심으로」, 부산대학교 박사학위논문, 2008.

전보삼, 「만해 한용운선사의 민족정신에 대하여」, 만해축전 만해사상실천선양회, 2003.

_____, 「한용운의 3·1 독립정신에 관한 일 고찰」, 『만해학보』 3호, 만해사상실천선양회, 2005.

전한성, 「문화적 기억의 공간과 장소, 심우장尋牛莊」, 『어문논집』 vol.88, 민족어문학회, 2020.

조성택, 「불교와 생태학: 그 가능성과 한계」, 『철학연구』 제29집, 고려대철학연구소, 2005.

진순애, 「1920년대 연애시와 사랑의 정치학」, 『비평문학』 제32호, 2009.

차차석, 「만해의 '대중불교론과 그 교학적 배경」, 『선문화연구』 제16집, 한국불교선리연구원, 2014.

홍용희, 「목우牧牛, 공空을 찾는 여정」, 『불교평론』 제25권 제1호(통권 93호), 2023.

Capra, Fritjof (1995), "Deep Ecology: A New Paradigm", in George Sessions, ed. Murray Bookchin(1995), *The Philosophy of Social Ecology*, New York.

Devall, B. and G. Sessions(1985), *Deep Ecology: Living As If Nature Mattered*, Salt Lake City: Gibbs Smith Publisher.

Dhammananda, K. Sri.(1999) *What Buddhists Believe*. Buddhist Foundation of Sabah, Malaysia.

Eckel, Malcolm David.(1997). *"Is There a Buddhist Philosophy of Nature?"*, in *Buddhism and Ecology-The Interconnection of Dharma and Deeds*. MaryEvelyn Tucker and Duncan Ryūken Williams(eds). Cambridge; Harvard

University Press.

Hardy, F. E.(1982), *The Life of Thomas Hardy*. 1840-1928. London: Macmillan.

Naess, Arne(1995), *Ecology, Community and Lifestyle*, D. Rothenberg trans. and ed., Cambridge: Cambridge Univ. Press.

【기타】

〈조선일보〉, 1935. 4. 9~1936. 2. 4.

〈조선일보〉, 1938. 5. 18~1939. 3. 12.

〈조선중앙일보〉, 1936. 6. 27~1936. 7. 31.

이원섭, "만해 스님의 심우도송", 〈불교신문〉 2249호(2006년 7월 29일자)

BBS 불교방송 특집, 2023 광복절 다큐, 눈밭에 홀로 푸른 소나무여, 「불교적 삶과 자비보살의 정신 "최송설당, 그녀는 누구인가?"」(2023. 8. 16. 22:30 방영).

찾아보기

【ㄱ】

『개벽』 43
건봉사 36
견우見牛 228
견적見跡 228
『경덕전등록』 226
경봉 정석 88
경이감(sense of wonder) 77
경이적 미감 205
경허 성우 232, 234
『경허집』 94
계월향 68, 148
「계월향에게」 72
「고대苦待」 159, 162
고타마 싯다르타 225
『고통의 수도』 200
공동운명체 171
곽암 스님 226
곽암의 「심우도송」 232
곽암의 「십우도」 228
구나난다 스님 270
구세주의 162, 273, 275
군국주의 57
「군말」 31
권동진 93

『금강경』 195
『기딴쟈리』 131
기우귀가騎牛歸家 229
김동삼 93
김법린 275
김상호 275
김시습 44
김영랑 96
'꽃'의 이미지 67

【ㄴ】

나룻배 169
「나룻배와 행인」 31, 121, 169
「나의 꿈」 157, 183
「낙원은 가시덤불에서」 179
「낙화洛花」 103
남전 스님 40
논개 68, 148
「논개의 애인이 되어서 그의 묘에」 69
눈 속의 복사꽃 161
니체 65
「님의 침묵」 76, 134
『님의 침묵』 20, 31, 276

【ㄷ】

다르마팔라 263, 269, 279
「당신을 보았습니다」 218
대승불교 정신 277
대장경의 국역 사업 275
대중불교 272, 288
도심불교 288
독립민족 53
〈독립신문〉 43, 62
독립정신 57
독조獨照 228
「동방의 등불」 264
동양적인 초현실주의 224
동체대비의 자비심 168
동학농민운동 34
득우得牛 228
「떠날 때의 님의 얼굴」 217

【ㄹ】

로베르 데스노스 198

【ㅁ】

마르크스 196
마르크스 에른스트 203
마음의 자동현상 195
마이트리(maitri) 21
마하보디 사원 280
마하보디 소사이어티 288
「마하보디 저널(The Maha Bodhi Jour-nal)」 264, 278
마하보디협회(The Maha Bodhi Society) 263, 278
만공 선사 39
만당 46, 275
만유평등성 51
만주사변 95
만해대상시상 87
만해사상 268
만해사상실천선양회 289
만해의 교육사상 277
만해의 독립사상 81
만해의 시문학 82
만해의 '시적 비전(poetic vision)' 138
만해의 「심우도」 232
만해의 「심우송」 232
만해의 우화시 104
만해축전 87
만해축제 289
만화 선사 37
망우재인忘牛在人 229
매월당 44
메타(metta) 21
「메타숫타」 22
「명상」 175
명진학교 36
「모기」 107
목우牧牛 229
목우도牧牛圖 226

목우자牧牛子 231
「목우품」 225
「무궁화無窮花 심고자」 42
무단정치 체제 95
무산 오현 232, 236
무애無碍 228
문자반야의 시적 변용 102
『문장』 96
문화정치 62
물라간다쿠티 사원 272, 280
물산장려운동 275
미목未牧 227
미의 형상 67
미학 17
미학적 삶 31
민립대학 설립운동 274
민족계몽운동 104
민족대표 33인 94
「민족문화의 설계」 63
민족운동 275
민족자결 54
민족자결주의 54
민족해방 146
민중사관 57

【ㅂ】
바움가르텐(A. G. Baumgarten) 17
박광 113
『박명』 47, 118, 121

박용철 96
박한영 267
반본환원返本還源 229
『반야심경』 217
발고拔苦 21
방응모 86, 91
백담사 35
백장 회해 24, 226
『범망경』 24
법보회 275
「벗에게 보내는 선화(贈古友禪話)」
  146, 165, 219
보명 스님 226
보명의 「목우도」 227
보살의 자비실천행 257
보살행 124
보살행 실천 59
보조국사 지눌 206, 231
보현행 23
「복종」 137
「부처님에게 세계가 지고 있는 빛(The
  World's Debt to Buddha)」 279
북향집 99
『불교』 46, 93
불교개혁 146
『불교대전』 38, 88, 262, 276
불교 대중화 운동 146
불교 르네상스 운동 288
불교 유신 276

불교 자주화 운동　273, 275
불교중흥의 서원　265
불살생계　26, 162
불이론不二論　217
불이법문　213
블라바츠키　271
비悲　21

【ㅅ】
사라짐의 시학　218
「사랑의 끝판」　154
사무량四無量　23
사무량심四無量心　23
사벌등안捨筏登岸　169
산은 산, 물은 물　208
산중불교　288
『삼국지』　48
3·1 운동　41, 275
상구보리 하화중생　257
상망相忘　228
상호 연기적 인식　159
상호 의존　159
「새로 밝은 날에(新晴)」　212
「생명」　78, 150
생명 노래　159
생명사랑　31, 155
생명연대　29
생명윤리　29
생명의 근원　160

생명의 저울　30
생명존중　171
샤쿠 쇼엔　279
서계여徐繼畬　36
석가모니 붓다　225
선과 초현실주의　191
선사들의 문답　200
「선사의 설법」　216
『선원청규』　24
선적 직관　224
선학원　275
설악 무산　87
'설중매雪中梅'적 정신　166
세계종교대회(the World Parliament of Religions)　279
쇼펜하우어　65
수망갈라 스님　278
수제受制　227
순복馴伏　228
순수문학　96
『숫타니파타』　22
숭고미　70
숭고함　77
스리랑카　263
스즈끼　279
스트라우스　279
승려 중심의 불교　288
시대정신　19
시문학파　96

시조 부흥운동　109
신간회　45, 275
『신불교』　86, 93
신지학회　271
신지협회　281
「심心」　40
심우尋牛　85, 228
「심우도尋牛圖」　226
「심우도」 연작　236
심우장尋牛莊　46, 85, 232
「심우장만필」　47, 86
「심우장 목부 야월문답」　88
심우장 산시散詩　47, 86
심우장 시대　47, 85
「심은 버들」　80
「십마도十馬圖」　226
「십상도十象圖」　226
「십우도十牛圖」　226
「십이목우도」　226
『십현담』　44
『십현담주해』　44, 275
쌍민雙泯　228

【ㅇ】
아나가리카 다르마팔라　262
아시아 근대불교　265
아시아 불교　265
『아시아의 빛(Light of Asia)』　263
아폴리네르　187

「알 수 없어요」　77, 160, 164
앙드레 브르통　191, 187, 198
양계초梁啓超　36, 91
양계초의 사회진화론　267
「어디에서라도」　167
에드윈 아놀드(Edwin Arnold)　263
에스테틱(Aesthetics)　17
엘뤼아르　200
여락與樂　21
역설의 미학　217, 218
연곡 스님　36
연대의식　155
『영환지략』　36, 38
「오도송」　144, 204, 210
오도 체험　144, 162
「오세암」　45
오세암　36, 144, 210
「오세요」　66
오세창　93
올코트　271, 281
『운문록』　199
웨삭 데이　269
유마 거사　277
『유마경』　59, 101
유마의 침묵　213
『유마힐소설경강의』　47, 86, 277
유마힐의 '침묵'　134
유백 스님　226
유심사唯心社　39

『유심』 39, 41, 262, 276
『유심』 창간호 75
『음빙실문집』 36, 38, 91
이광수 93
이미지 구성에 205
이회광 267
인간 정신의 해방 195
인도불교 부흥운동 270
인드라망 관계 160
인류 평화 159
인우구망人牛俱忘 229
「일경초」 111
일본 조동종 267
『임꺽정』 113
임운任運 228
『임제록』 199
임제종 267
입전수수入廛垂手 229

【ㅈ】
자慈 21
『자기장』 187
자기희생 124
자동기술법 188, 197
『자비경』 25
자비실천 31, 60, 124, 171
자비실천적 삶의 미학 265
자애로움(loving-kindness) 171
자유론 51

「자유의 결합」 196
자유의지 19
자주독립 53
『자타카』 58, 269
장경 대안 226
절망인 희망의 노래 172
『정법념처경』 25
『정선강의 채근담』 262
정지용 96
제국주의 53
제임스 깁슨(James Gibson) 170
조선 독립 55
「조선 독립에 대한 감상의 개요」 43, 62
「조선 독립의 서」 43, 48, 63
「조선 독립 이유서」 48
「조선불교 개혁안」 277
조선불교 사찰령 273
『조선불교 유신론』 20, 38, 63, 267
「조선불교의 진로」 63
조선불교청년회 275
조선불교총동맹 46, 275
조선인 학병 출정 반대운동 93
〈조선일보〉 86, 91
조지훈 93
「조춘早春」 109
조화와 합일 160
「주갑일즉흥周甲日卽興」 113
『죽음』 118

중생사랑의 자비실천 224
중일전쟁 95
「쥐」 104
『증일아함경』 225
「지는 해」 103
진보사관 57
징병령 95

【ㅊ】
「착인錯認」 171
「찬송讚頌」 173, 176
「참아주세요」 178
창씨개명 95
창씨개명 반대운동 93
『채근담』 38
청거 선사 226
청원 유신青原惟信 208
「청한清寒」 101, 156
초조初調 227
초현실주의 187
초현실주의자들의 '문답 놀이' 200
「초현실주의 제1차 선언문」 188
「초현실주의 제2차 선언」 188
『초현실주의 혁명』 187
최규동 92
최남선 93, 132
최린 94, 147, 165
최범술 275
「춘조春朝」 110

「춘주」 2수 213
출출세간의 문학정신 124
치유적 미학 170
침략주의 53

【ㅋ】
카루나(karuna) 21
칸트 70
캘커타 279
코로나바이러스 감염증(Covid-19) 29
콜롬보 269
『쿳다카파타』 22

【ㅌ】
타고르 176, 264
「타골의 생의 실현」 131
「타골의 시 'GARDENISTO'를 읽고」 132, 141
「타골의 시관」 131
태평양전쟁 95
태화관 43
「테레지아의 유방」 187
『통도사 사적』 94

【ㅍ】
파나두라(Panadura) 논쟁 270
「파리」 107
「팔목우도」 226
평등주의 162, 275

평상심 208
평상심시도平常心是道 207
평정平靜 23
평화주의 53
폴 엘리아르 198
프로이트 190
프로이트-마르크스 190
필립 수포 187

【ㅎ】
「한산시寒山詩」 215
항일투쟁 104
『현우경』 29
「호안 미로」(Joan Miro) 203
홍명희 93, 113

『화엄경』 23, 59, 101
화엄론적 존재론 179
화엄의 사상 224
화엄적 사유 170
화엄적 생명사랑 161
화엄적 세계 161
화엄적 세계관 178
화해와 공존 195
활선活禪의 사자후 215
회수廻首 227
효봉 선사 204
『후회』 47, 118
휴머니즘 196
『흑풍』 47, 117
희흠 23

고법古法 백원기白元基 석좌교수님의
유고집遺稿集에 한 자루 향을 사룹니다

◀ 중앙승가대학교 교수 철우

　백원기 석좌교수님께서 동국대 후배인 소승과 동방대학원대학교에 교수로 면접을 볼 때가 어제 같은데… 선배님께서는 늘 동방문화대학원대학교 발전을 위해 물심양면 무한 지혜로 노력하시고, 인재양성의 큰마음으로 후학을 위해 덕을 베풀고 이끌어주셨으니, 그 모습이 놀라울 뿐이었습니다.

　당신의 그 많은 논문들과 책들을 한 땀 한 땀 고생하며 인생 역작을 만들어가는 것이 삶의 보람이라고 모범을 보이시며, 소승에게도 인생 역작들을 논고에 남길 것을 권고해주시던 은혜가 사무칩니다. 그리고 대담할 때는 언제나 쾌활한 웃음과 함께 투명한 차관으로 차를 끓여주면서 올바른 통찰력과 식견으로 불교계 발전을 위해 논평하며 노력하시는 모습을 보고 참으로 대승보살의 화현임을 느낄 수 있었고, 한국불교계의 혼란한 세상에 계셔주어서 무한 행복과 감사한 마음이었습니다. 그런데 얼마 전 갑자기 부음訃音을 접하고 황망하기 그지없어 하면서 부처님 전에 향을 사루어 극락왕생을 두 손 모아 기원드리며 추모드립니다.

고법古法 백원기白元基 석좌교수님! 당신의 삶을 돌이켜보면 '보살도의 삶' 그 자체였습니다. 청정수행 도량으로 유명한 청암사가 위치한 경북 김천시 증산면에서 태어난 백원기 교수님은 전생의 불은佛恩을 입고 이 생에 오신 듯 지역의 명문고인 김천고등학교를 졸업한 후 조계종립 동국대학교 영어영문학과에서 학사와 석사, 박사학위를 받으셨습니다. 김천고등학교 시절에도 지역의 고등학교 불교학생회에서 활동하며 직지사를 비롯한 지역의 사찰을 다니며 신행활동을 왕성하게 하셨습니다. 그 인연을 이어 대학 졸업 후 용인에서 고등학교 교사로 활동하며 용인불교학생회 창립의 산파역을 해 당시 조계종 총무원장 스님으로부터 표창패를 받으셨습니다. 모교인 동국대학교 교수로 부임한 후에도 반야회를 창립, 지도교수를 맡으며 신행활동을 지도하셨습니다. 2000년에는 조계종 국제포교사회 회장으로서 한국불교를 세계에 알리는 전법사의 수장으로도 활동하셨습니다.

2006년 동방문화대학원대학교로 이직移職을 한 후에는 불교문화와 문학을 융합한 학문영역을 개척해 100여 명에 이르는 석사와 박사 제자들을 양성하며 전화위복轉禍爲福의 저력을 보여주셨습니다. 그 어려운 과정에서도 학문연구를 게을리 하지 않고 50여 편의 논문과

20여 권의 저서를 남기셨고, '한국숲과문학명상협회'를 창립해 숲치유와 문학치유를 통한 선명상 전문가를 양성할 수 있는 길을 열어 놓으셨습니다. 만해 스님의 연구에도 적극적이었던 교수님은 대한불교진흥원으로부터 우수 불교컨텐츠 저술자로 선정되어 병상에서도 이번에 출간할 책에 대해 애정을 보이셨습니다. 황망하게도 이 책이 백 교수님의 마지막 유작遺作이 돼 눈을 감으시니 안타까운 마음 금할 수 없습니다.

부디 도솔천에 가셨어도 그곳에 오래 머물지 말고 다시 사바세계로 내려오셔서 이 생에서 못 다한 불교학과 불교문학의 가르침을 지도해 주시고, 후학들과 당신이 좋아하는 사찰답사도 함께 하고 보이차도 함께 나누며 불교문학과 숲치유와 문학치유의 가르침을 널리 전해주시기를, 그리고 이 사문沙門이 이 땅을 불국정토로 만들어가는 데 힘을 보태주시기를 부처님 전에 발원하고 발원하옵니다.

불기2569년(2025년) 8월
사문 철우 焚香

지은이 백원기

1954년 경북 김천 출신으로 동국대학교 영어영문학과를 졸업(문학박사)했다.

1978년 용인 태성고등학교 영어교사와 동국대학교 전산원 교수(1990년)를 거쳐 동방문화대학원대학교 교수(2006년)로 재직하다 퇴임, 미래교육원 원장과 석좌교수로 재직하며 30여 명의 박사와 50여 명의 석사를 배출하는 등 후학들을 지도하다 2025년 4월 8일 별세했다.

김천에서 고등학교 때부터 불교학생회에 가입, 왕성한 신행활동을 했으며 교사로 재직 시 용인지역에서 용인불교학생회를 창립해 지도교사로 활동하며 포교에 앞장섰다. 동국대학교 교수로 재직하던 1992년에는 불교학생회 반야회를 창립해 지도교수를 맡아 전법활동을 했다. 2000년부터는 국제포교사회 회장으로 2년간 한국불교를 국내외에 알리는 데 진력했다. 2018년에는 한국숲과문학명상협회를 창립해 회원 100여 명과 함께 숲치유와 문학치유를 통한 선명상 보급에 앞장서 왔다.

저서로는 『자연 관조와 명상, 시가 되다』, 『명상은 언어를 내려놓는 일이다』, 『선시의 이해와 마음치유』, 『불교설화와 마음치유』, 『숲 명상시 이해와 마음치유』, 『최신전산영어』, 『하디 시의 이해』, 『하디의 삶과 문학』, 『시골집에 새가 있는 풍경』 등 20여 권이 있다.

| 대원불교 학술총서 36 | 만해 한용운 미학의 철학 |

초판 1쇄 인쇄 2025년 9월 4일 | 초판 1쇄 발행 2025년 9월 12일
지은이 백원기 | 펴낸이 김시열
펴낸곳 도서출판 운주사

(02832) 서울시 성북구 동소문로 67-1 성심빌딩 3층
전화 (02) 926-8361 | 팩스 0505-115-8361

ISBN 978-89-5746-898-2 93220　값 22,000원
http://cafe.daum.net/unjubooks 〈다음카페: 도서출판 운주사〉